O MARTÍRIO DA FÉ

Coleção Judaica
Dirigida por J. Guinsburg
Planejamento gráfico Wollner

Para esta edição contribuíram: J. Guinsburg, com introdução e revisão; Ana Lifschitz, com tradução; Moysés Baumstein, com trabalhos técnicos; José V. Montebéller e Geraldo Gerson de Souza, com revisão literária e tipográfica.

O Martírio da Fé

Três relatos de Scholem Asch

Editôra Perspectiva S. A.
Av. Brigadeiro Luís Antônio, 3025
São Paulo — 1967

Copyright 1966: Ruth Shaffer, Moses
Asch and John Asch

Direitos exclusivos para a língua portuguêsa
Editôra Perspectiva S. A.

INTRODUÇÃO

Em Scholem Asch, a literatura de ficção em língua ídiche teve um de seus maiores valores. Escritor de excepcional fecundidade, incursionou por quase todos os gêneros literários e pelos mais variados aspectos do temário judaico. Daí resultou um conjunto de romances — seu campo preferido — novelas, contos, dramas e ensaios, que constitui quase uma suma artística da trajetória de Israel através das épocas e dos lugares e que, por outro lado, é um testemunho de um momento particularmente criativo do estro judaico em seu moderno renascimento nacional e cultural.

Esta obra multíplice, que traz o sêlo de um talento vigoroso, às vêzes mal-contido por ditames formais, rompeu desde cedo as fronteiras idiomáticas do ídiche e, largamente traduzida e representada, conquistou o reconhecimento internacional. O triunfo de Asch significou, sem dúvida, o triunfo da jovem literatura ídiche que, por seu intermédio, começou a emergir de sua obscura província "dialetal" e a reivindicar, inclusive para os seus clássicos, fôro de cidadania nessa república tão pouco democrática como era até há não muito tempo a república das letras sob a tutela dos numes ocidentais.

Scholem Asch nasceu em Kutno, Polônia, em 1880. Educado segundo o sistema então vigente, baseado fundamentalmente no *heder* e na *ieschiva*, impregnou-se desde a infância de elementos bíblicos, talmúdicos e cabalísticos. Aos dezessete anos, descobriu por acaso uma tradução alemã dos Salmos, escrita em caracteres hebraicos. Dado o parentesco lingüístico entre o alemão e o ídiche, pôde iniciar-se no idioma de Goethe. Como sucedeu em seu tempo e antes a tantos outros filhos do gueto, foi êste o caminho pelo qual obteve ingresso no espírito europeu e nas suas grandes obras literárias. Os estímulos daí provenientes e mais os de seu temperamento irrequieto levaram-no a abandonar a casa paterna, onde se sentia deslocado, e a cidade natal. Para ganhar o sustento, começou a lecionar hebraico e a escrever cartas por encomenda, o que lhe permitiu, segundo a sua expressão, "espiar os cantinhos secretos da vida". Com menos de vinte anos, dirigiu-se para Varsóvia, na época um dos grandes centros da efervescência intelectual e criação artística judaicas, no oriente europeu. Na capital polonesa, ligou-se ao círculo de jovens escritores que se agrupava em tôrno de I. L. Peretz, já então mestre indiscutível das letras ídiches. Sob a sua égide, encetou a carreira literária.

Asch estreou em 1903, com a coletânea intitulada *Em Tempos Difíceis*. Contos imersos num clima sombrio e melancólico, não pressagiavam *A Cidadezinha (Dos Schtetl)*, primeiro relato seu de maior repercussão e cujo tom idílico e primaveril contrastava agudamente com a tristeza incolor e miúda das narrativas anteriores. Era uma explosão de energia e juventude, onde vinha à tona pela primeira vez o assim chamado "elemento sabático" de Asch, isto é: a afirmativa solene e festiva em face da vida, a visão positiva do judeu como indivíduo e coletividade, a celebração de seus valores espirituais e de sua ação histórica.

A Cidadezinha, esta pintura romântico-realista do *schtetl*, das gerações de judeus aí radicados, de seu modo de vida e de sua unidade orgânica com aquêle solo, não constituiu apenas uma inesperada revelação da pujança artística de Asch, mas também do "impulso vital" de uma nova época na literatura judaica. Encarnava o espírito dos jovens que se dispunham a transformar pela base as formas de existência de seu povo e que, ao alvorecer do século XX, começaram a exigir, ao invés de lamúrias, pessimismo e sarcasmo, uma atitude mais ativa, menos distante e conformista em face dos problemas sociais, políticos e culturais. Ultrapassando o criticismo ilustrado da Hascalá e o seu programa de reformas liberais e pedagógicas, já então nìtidamente gorado, lançaram-se à ação efetiva: socialismo e sionismo saíram do campo das especulações acadêmicas e estruturaram-se em correntes cada vez mais definidas e poderosas. Ora, êsse inquieto despertar, essa vontade de rasgar perspectivas e conquistar valores, não se coadunava com o sombrio realismo da fase anterior, em que, no dizer de um crítico, "quase tôda a literatura ídiche e hebraica... era uma literatura de negação e diminuição", envôlta na atmosfera pesada do gueto decadente, com seus eternos espectros humanos perambulando na miséria e na ignorância de séculos de degradação. As novas tendências, que importavam num deslocamento sensível do tono psicológico, reclamavam obras com mais sangue nas veias coletivas e individuais, a exaltação física e espiritual do judeu, de sua pertinência à vida. *A Cidadezinha* respondeu a tais aspirações e, por isso mesmo, embora não fôssem poucas as suas falhas de construção e de linguagem, tornou-se um marco da nova época nas letras ídiches.

Com êste romance, Asch iniciou a escalada que o conduziria a uma posição dominante entre os ficcionistas judeus de nossa época. No curso de meio século de criação, abordou com igual mestria o romance histórico (*Kidusch ha-Schem, A Feiticeira de Castela, O Judeu dos Salmos, O Nazareno, O Apóstolo, Maria, O Profeta, Moisés*), a novela psicológica (*A Volta de Haim Lederer, Sentença de Morte*), os retratos sociais e de emigração (*Motke, o Ladrão, Schloime Hanaguid, Tio Moses*

Introdução

Mary, A Mãe), os quadros histórico-sociais da vida contemporânea (*Antes do Dilúvio* — trilogia que é talvez a sua obra-prima — *A Guerra Prossegue, A Canção do Vale* e outros), o drama (*O Mentiroso, Nos Tempos do Messias, O Deus da Vingança* — que foi encenado no teatro alemão por Max Reinhardt — além de várias adaptações cênicas de seus romances), os contos bíblicos e numerosos relatos. É um imenso painel literário, pintado com um fôlego e uma riqueza que surpreendem, e no qual um criador de gênio fixou um retrato multifacetado das vicissitudes da vida e do espírito do judaísmo.

Asch, porém, foi uma das personalidades mais discutidas e até negadas do mundo judaico. Periòdicamente, em tôdas as fases de sua carreira, a figura e a obra do autor de *O Nazareno* atraíram o fogo por vêzes acirrado da polêmica. Os "escândalos" de Asch tornaram-se proverbiais.

Já antes da Primeira Guerra Mundial, *O Deus da Vingança* suscitou enorme celeuma. A peça abordava cruamente o problema da prostituição no ambiente judeu e foi objeto de rudes ataques, sob a alegação de que levava lenha à fogueira anti-semita. De outra feita, Asch condenou, em jornais poloneses, a prática da circuncisão, o que provocou uma onda indignada de protestos. Mais tarde, após o conflito de 1914, voltou a estarrecer a opinião pública judaica: numa palestra proferida em Tel Aviv, o então principal autor vivo de língua ídiche declarou-se contrário ao cultivo dêsse idioma utilizado pela numerosa população judia que na época ainda se concentrava na Europa Oriental. Asch viu-se, de nôvo, no pelourinho.

Mas foi a publicação de *O Nazareno* que desencadeou o maior dêsses "escândalos". A imprensa judaica serviu de arena a uma acesa controvérsia. Zelotas modernos quiseram negar inteiramente o judaísmo do autor, lançando-lhe a pecha de apóstata... Em contrapartida, Asch foi vivamente defendido, com esta ou aquela reserva, pelas correntes liberais e livres-pensadoras que atribuíram as características do livro às tendências românticas e místicas de Asch e sustentaram o seu sentido judaico. A discussão acalorou-se ainda mais com o aparecimento de *O Apóstolo* e *Maria,* romances que pareciam assinalar uma franca adesão ao cristianismo.

O próprio Asch, porém, negou reiteradamente o fato, reafirmando sempre com ênfase a sua fidelidade às tradições de seu povo e, ao fim da vida, fixou-se em Israel, cuja reimplantação na Terra Prometida merecera de sua pena contínua atenção (*A Canção do Vale* etc.) e onde, segundo as suas palavras, veio encontrar finalmente "a paz espiritual".

É difícil dizer até que ponto tais palavras correspondem à realidade, pelo menos enquanto desfecho para as inquietações e os conflitos que distinguem a personalidade artística e o pensamento do autor de *Antes do Dilúvio*. Talvez não passem de um fecho aceitável à guisa de epitáfio preparado pelo próprio Asch. Uma coisa, porém, é certa. Elas revelam o que foi, até êsses derradeiros anos, a sua existência de escritor: uma busca e uma luta incessantes.

A idéia de que Asch é um romancista fácil, que escreveu a sua vasta obra ao acaso de uma veia e uma imaginação românticas de jôrro abundante, é muito difundida, mesmo entre os críticos. Trata-se, entretanto, de meia verdade. Nela se englobam juízos parciais e impressões superficiais, que se apegaram e se arrastaram à cola de um longo trabalho em que o achado e o procurado, o inspirado e o premeditado se equivalem.

Com efeito, um ficcionista que concebeu e erigiu um edifício romanesco como o de *Antes do Dilúvio* ou de *O Nazareno*, que dispôs a seu talante das grandes massas de composições históricas e coletivas e dos destaques individuais dos enfoques psicológicos, das técnicas contrapontísticas e das harmônicas, que utilizou os efeitos de côr, a suntuosidade pictórica de *Kidusch ha-Schem* ou *A Feiticeira de Castela* e do traçado severo, despojado, de *Sentença de Morte* ou *A Volta de Haim Lederer*, não pode ser encarado meramente como um instintivo. E mais do que isso: um autor que transitou por tantas fases, que sofreu tantas transformações, que cultivou tantas formas diversas de expressão, não pode, embora romântico de cêpa que jamais renuncia a si mesmo, ser analisado como um simples transcritor dos automatismos e dos caprichos de seu estro particular. Há muito suor e muito afã envolvidos.

Na verdade, o caminho literário de Asch é o de um desenvolvimento progressivo, de um domínio cada vez maior de sua arte e de seus meios. E não só por causa do amadurecimento e da experiência. Ao lado dêsses fatôres, cabe discernir também a busca deliberada de novos recursos. Sem que tenha as preocupações críticas ou estéticas dos grandes inovadores do romance moderno, Asch empenha-se, a seu modo, em armar a sua pena de um maior poder de captação e representação. Seja por influência de suas amplas leituras européias ou de sua vida decorrida em grande parte na Europa Ocidental e nos Estados Unidos, é visível o seu esfôrço neste sentido, sobretudo entre a metade da década de 20 e o fim da Segunda Guerra Mundial. O relato simples e a bem-aventurança lírica são abandonados. A construção e a análise romanescas tornam-se elaboradas e complexas. Os quadros — servidos por uma rara capacidade de contar estórias, como a de um Jorge Amado, e um estilo que fascina mesmo nos desregramentos — adquirem planos de fundo cada vez mais pronunciados, quer nos desdobramentos sociais e psicológicos, quer nas implicações históricas e filosóficas. Ao contrário do que ocorria antes, quando o *pathos* e o pincel colorístico mal disfarçavam a linearidade da narrativa e a tipicidade dos personagens, o relato aschiano faz-se tridimensional e, em certos momentos mesmo, abre-se com uma dimensão para o infinito, para o mistério, mormente quando tenta sondar o nexo de Deus nos homens e o dos homens em Deus. Sob tais aspectos, e na medida em que dá conta de suas efabulações com uma perícia, uma ousadia e uma largueza que o convertem num ponto eminente de tôda a ficção judaica, Asch supera criticamente as formas herdadas (em especial, as dos "clássicos" da literatura ídiche do período anterior) e contribui decisivamente para renovar a arte narrativa judaica na primeira metade do século XX.

Para êste seu papel, concorrem não apenas o fato de ter-se formado no círculo da "prosa artística" de Peretz e nos anos em que se acelerava o processo de modernização estrutural das letras judaicas, ou o de ser êle o primeiro romancista ídiche que nutriu a ambição de apresentar-se, enquanto autor de língua ídiche, no palco literário internacional, tentando abordar os temas específicos, sociais ou históricos, com a amplitude de quem não escreve para a sua "cidadezinha". Semelhantes motivos talvez hajam influído com maior ou menor intensidade em certas etapas de sua carreira, mas não parecem determinantes. Os impulsos primordiais são, queremos crer, intrínsecos. Residem na lógica interna da personalidade artística de Asch.

Com efeito, lírico ou épico, paisagista da sociedade ou retratista da alma individual, Asch é antes de tudo um romântico, e na mais ampla acepção do têrmo, pois nutre, inclusive, o romantismo de pretender ser também realista. E de certo modo, desde que visto apenas em primeiro plano, êle o é, principalmente quando focaliza o que lhe é contemporâneo. Mas ainda aqui é carregado por indagações que, através dos conflitos e desajustes de suas *dramatis personae,* de suas posições e reações em face dos acontecimentos e do meio, referem tudo às inquietações que lhe dividem o ser e o impelem pelo espaço geográfico ou pelo tempo histórico em busca de "respostas". Não é à toa que nenhum de seus heróis principais é inteiriço, nem está inteiramente resolvido, exceto quando salta para a esfera intangível do mítico, religioso ou não, e adquire a completude do que está acima ou fora do fluxo do devir, à altura e no halo simbólico do transcendente; na condição terrena, cotidiana, no âmbito de seus desejos e necessidades "dêste mundo", sente-se acossado, incompleto, frustrado no âmago de sua alma, nas suas aspirações mais elevadas, as únicas que podem realizá-lo totalmente. As tensões dêsses personagens são bàsicamente as mesmas que percorrem todo o trabalho criativo de seu autor e engendram, ao nível artístico, o seu anseio sempre renovado de novos horizontes. Portanto, no impulso romântico de um talento vigoroso, que toma, à discrição, de tudo o que o cerca para satisfazer as suas procuras, é que reside o nervo da irrequieta expansão temática e expressiva de Asch.

Mas, em essência, o que procura êle? O "real", o perfeito, a "paz", a resposta plena. Mas, como todos os que pertencem à sua estirpe estética, sabe que a unidade entre o divino e o humano está desfeita. E a sua consciência secular e ciente de sua secularidade, cindida e ciente de sua cisão, moderna e ciente de sua modernidade, é habitada pela nostalgia e pela utopia do que vem antes do "começo" e depois do "fim". Asch, entretanto, cujos anelos místicos e românticos também se abeberam no manancial judaico do cabalismo, não renuncia à velha empreitada. Tenta descobrir, em meio do terreno, as centelhas decaídas da fonte divina e, por vêzes, julga vislumbrá-las. São os grandes momentos, as realidades que lhe parecem essenciais, constitutivas, na vida de seu povo e de suas tradições e no ser humano. Engalana-se então com os mais suntuosos estofos e tintas de seu bazar de artista, para o fugaz, porém sublime relance do além, do duradouro. É o instante da ação redentora do justo dos Salmos, do martírio pela fé, da consubstanciação ética do espírito divino como sentido do homem na terra e da missão messiânica de seus profetas e apóstolos, do sacrifício da abnegação da *mater* eterna que vela sôbre a vida, do amor entre duas criaturas como via de ascenso a uma esfera mais pura de existência. Dêsses lampejos é que se ilumina, e no que ela tem de melhor, a obra de Asch.

O romantismo de Asch é, como se verifica, daqueles que se traduzem na busca não apenas da emoção pessoal, do lírico, mas também da qualidade nacional, do grande "sujeito" épico. Há nêle nìtidamente a vocação de bardo a querer celebrar os feitos de sua grei. Por outro lado, temperamento sensível ao seu tempo, reage prontamente às trágicas condições da vida judaica na era concentracionária. Mas sua resposta não se limita ao retrato ou ao protesto. Sua índole o induz a lançar o problema em têrmos artísticos cada vez mais largos, à medida que o drama de seu povo se amplia. Daí a crescente preocupação de Asch com o significado histórico e humano do judaísmo. Os seus romances históricos, que se multiplicam na derradeira fase de sua vida, não nascem apenas da necessidade de vazar em regiões exóticas suas inquietações pessoais e artísticas. Asch procura, na verdade, uma explicação "real" para o papel, ou melhor, para a "missão" de Israel na história humana. Pois a não ser assim, para algum desígnio especial, como se poderia entender que o judeu persista em meio a tantas e tão terríveis provações?

Asch pediu à História que lhe revelasse o segrêdo dessa sobrevivência. Simultâneamente desejava saber qual a reação dos perseguidores de Israel, diante da obstinada resistência da vítima. Essas duas indagações, centradas na dialética carrasco-vítima, corporificam-se em *Kidusch ha-Schem* e *A Feiticeira de Castela*, No primeiro Asch buscou no judeu do sábado a chave para a permanência do judeu de todos os dias. O judeu sabático mantém-se totalmente voltado para o divino. E, por seu intermédio, perpetua-se o espírito de Israel. O seu segrêdo consiste mais em saber morrer pela Santificação do Nome do que em viver por Êle. E o mundo, estarrecido ante a contradição existente entre o judeu sabático e o cotidiano, hesita em considerá-lo divino ou diabólico. Sente-se inclinado a torturá-lo, para determinar a sua essência.

E foi para determinar essa essência que o próprio Asch cedeu cada vez mais ao impulso místico de sua personalidade. O cabalista que sempre latejara em sua alma queria descobrir a "pedra filosofal" do ser e da vocação de seu povo, a fôrça que o conduzira através das épocas e dos países, que o reerguia no próprio momento em que sua queda parecia definitiva. Asch a encontrou na mensagem ética de que êste povo seria portador e testemunho, na "idéia judaico-cristã", cuja realização total e unidade em Deus só ocorreria quando se reunissem êsses "dois pólos do mundo que são sempre atraídos um pelo outro": o judaísmo e o cristianismo.

J. GUINSBURG

O MARTÍRIO DA FÉ

Kidusch Ha-Schem

Influenciado pelas matanças ucraínas dos anos 1918-1919, Asch pesquisou as crônicas e as lendas das perseguições de 1648 a 1655. Realista romântico, não enveredou pelo caminho que era trilhado por numerosos expoentes da nova geração literária surgida logo após a Primeira Guerra Mundial. Êstes, em sua amargura e desespêro, tornaram-se naturalistas, brutais narradores da vida nua e crua, desenfreada e meio vazia. Asch continuou fiel às aspirações românticas de antes de 1914 e opôs ao espírito negativo do após-guerra seu constante sim: ao desespêro, a fé; à dissolução, o espírito de auto-domínio do martírio da fé.

À sua maneira semi-realista e semi-romântica escreveu *Kidusch ha-Schem* (Editôra "Forwerts", Nova Iorque, 1920), um dos primeiros romances históricos na literatura ídiche, um romance que se apóia em parte sôbre obras históricas e em parte sôbre crônicas que registram os sacrossantos e terríveis eventos no tempo de Khmelnitski. Durante aquela rebelião dos camponeses e dos cossacos ucraínos contra os nobres poloneses, foram, como após a primeira grande guerra, por ocasião dos *pogroms* e da Guerra Civil, destruídas centenas de comunidades judias e dezenas de congregações religiosas pereceram pela santificação do Nome...

Qual o sentido dessa terrível e sagrada página da história judaica? Nunca ansiamos tanto por atinar com tal sentido como quando voltaram tempos tão sombrios e amargos...

"Poupai vossa fôrça" — diz o alfaiatezinho de Scholem Asch ao pequeno grupo de homens do povo, simples e sadios, que se entrincheiraram na sinagoga de Zlotschev e não queriam entregar-se, recusando-se a fugir como os demais judeus. "Poupai vossa fôrça; Deus precisará dela para fins mais elevados, quando chegar a hora e tivermos merecimento. Ela não vos pertence, pertence a Deus...". Isso significa que os judeus não devem dissipar seu vigor e seu orgulho em "bagatelas", em coisas dêste mundo. Sendo o povo de Deus, só a Deus e à Santa Fé, para que esta não seja enfraquecida, ou a outros grandiosos fins, é que podem sacrificar suas vidas... É o que diz o alfaiatezinho que aparece na obra de Asch como uma espécie de *lamed-vovnik*, um dos Trinta e Seis Justos, um símbolo da eternidade e da fé judaica, um guardião da última centelha, guardião dos restos que escaparam... É o que declara também o rabi de Nemirov em sua derradeira prédica na sinagoga: "... cada judeu, diz êle, tem o dever de salvar-se enquanto fôr possível. E aquêle que tira sua vida com as próprias mãos se perde e não tem direito ao Além. Não deveis demorar-vos por nada, Deus vos livre, nem por fortunas, nem por ouro e prata, nem mesmo pelos livros sagrados. Pois vós não vos pertenceis, mas ao Senhor do Universo, e não deveis arriscar a vida por nada, Deus vos livre, a não ser pela Sagrada Fé... Até que chegue ao ponto, à questão real, o judeu deve ceder e submeter-se. Mas quando se tratar do principal — deve estar pronto a arriscar sua vida..."

Adaptação e profundo rebaixamento em todos os dias do ano, e altiva e piedosa obstinação, até a auto-imolação, quando chega o dia do juízo, eis a semana e o sábado na história dos judeus.

Nenhum outro povo conhece tal dualidade. A psicologia dos homens e dos povos é: escravidão ou heroísmo. Só os judeus podem apresentar ao mesmo tempo, quer a mais humilhante baixeza, quer o maior sacrifício... Há séculos, e por gerações inúmeras, cantamos: "Ouve, ó Israel, o Senhor é nosso Deus, o Senhor é Único!..."

Tal é, segundo Asch, o sentido de nossa história. Tal é, também, o sentido de seu relato histórico, a meu ver.

A narrativa divide-se em duas partes.

Na primeira, trata-se sobretudo da enorme vitalidade judaica, de seu poder de adaptar-se a quaisquer circunstâncias e aceitar de bom grado as maiores humilhações, os piores vexames, a fim de acumular reservas de orgulho e fôrça moral para objetivos mais elevados...

Na selvagem e longínqua estepe da Podólia, entre campônios ucraínos que, escravizados pelos nobres poloneses, só esperam o dia da desforra, vai dar com os costados um judeu, Mêndel. Arrenda a taberna e com ela a igreja russa ortodoxa, tornando-se um servo espontâneo do aristocrata polonês e um amo forçado do campônio ucraíno. Ajuda o nobre a arrecadar os tributos da população; negocia com os cossacos da "Zaporoguia"; vende aguardente ao aldeão... Ganha fàcilmente a subsistência, mas como é alto o custo dêsse bem-estar material!... O nobre o despreza porque Mêndel se vendeu a êle "de livre e espontânea vontade", como se pode pensar, e está pronto a fazer tudo o que o *pan* lhe ordenar; o camponês o detesta por ter-se o judeu associado ao fidalgo; e ambos, tanto o aristocrata como o servo da gleba, consideram-no um estranho, um *terceiro* que, vindo sabe Deus de onde, se colocou de *permeio,* entre dois grupos sociais e nacionais sem pertencer a nenhum dêles... Nem *hlop,* nem *pan,* fêz-se escravo do senhor e senhor do servo. Fêz-se servo do nobre, por "livre e espontânea vontade", o que ainda mais o rebaixa; por arbítrio do nobre, tornou-se senhor do camponês, o que tampouco o honra.

Um pope embriagado encontra-se na taberna de Mêndel, regala-se com sua aguardente e, quando êle não lhe quer fiar mais, ameaça-o com os "irmãozinhos", os cossacos. Virão da estepe montando seus cavalos "livrar o povo dos nobres, a igreja dos judeus e vingar o agravo feito a Deus". O judeu fica ouvindo, ouvindo com seu ouvido íntimo, com o ouvido de sua consciência e sua experiência centenária; ouve mesmo quando ninguém está dizendo nada, e cada membro de seu corpo treme... "Meu Deus, implora, por que me castigas assim? Qual foi o meu pecado? Se não arrendo a igreja, o bispo me espanca; se eu a arrendo, o pope me ameaça com os seus "irmãozinhos"..."

Mas o judeu já está habituado a isso e de bom grado se conformaria, pudesse ao menos guardar devidamente o judaísmo. Neste caso, o Sabá, a vida espiritual, o compensaria das aflições do cotidiano, das preocupações e humilhações da amarga e sombria luta pela subsistência. Saberia então por que estava sofrendo e, na sinagoga, no *heder,* na *ieschiva* e nas estantes de livros sacros, guardaria, esconderia e acumularia o orgulho e todos os elevados sentimentos que não lhe era dado expandir na côrte do fidalgo ou entre os campônios da taberna. Mas em Zlotschev não há sinagoga, o nobre não permite que a construam. Sem sinagoga não pode existir congregação nem comunidade judia: os judeus não querem vir para um lugar assim. E falta até um professor para o menino. O próprio Mêndel vê-se obrigado, sentado entre os barris de aguardente, no meio dos camponeses embriagados, a estudar com o filho: "e êle disse... Deus... a Moisés...". Tudo isso era muito duro.

Mas um judeu não se deixa abater. Um judeu pode chorar, lamentar-se, mas não desespera. Êle pode temer a crueldade do mundo, mas não se intimida... Dá um jeito... Se encontrou dentro de si energia, ânimo e ousadia bastantes para instalar-se num deserto, numa longínqua estepe, entre criaturas selvagens e estranhas, e ali negociar e acumular ouro e prata, construir uma casa... então haverá também uma sinagoga. Tem de haver uma sinagoga em Zlotschev, medita Mêndel. Zlotschev precisa tornar-se um centro judeu. Onde se viu uma estepe tão extensa, cossacos tão ricos, tantos camponeses, tantos nobres poloneses, um manancial tão abundante de meios de subsistência... e nada de judeus!... E o alfaiatezinho, o hóspede que acaba de chegar (êsse alfaiate aparece sempre onde o necessitam), lhe insufla coragem: "estepe tão vasta sem sinagoga?" Como? "Se o Senhor do Universo, diz êle, deseja realmente que Seus judeuzinhos rezem a Êle... o fidalgo terá de conceder a sinagoga. Será obrigado. O céu há de obrigá-lo!... Como não vai querer?..." Como é que o fidalgo irá recusar a permissão se o judeu precisa da sinagoga? O judeu sempre dá um jeito. E "êle deu um jeito". No baile de gala que o príncipe oferece em Zlotschev na temporada de caça, Mêndel e o filho, Schlomo, cantam melodias judias para os excelentíssimos convidados. Depois, negando-se a pronunciar por três vêzes louvores à imagem de Santa Maria, como lhe exigiu o *pan,* executou a dança do urso, isto é: "dois criados agarraram o judeuzinho e o revestiram de uma pele de urso. O fidalgo ordenou aos músicos (judeus) que tocassem e os dois servos, armados de longos chicotes, começaram a fustigar o urso. Êste pulava de um lugar a outro, berrando: Brr... Brr... Os senhores riam, rodeavam o urso, empurrando-se mùtuamente para junto dêle e os criados brandiam os chicotes, perseguindo-o" — e assim houve uma sinagoga em Zlotschev! O fidalgo disse a Mêndel: "Representaste bem o urso, judeu!... Receberás por isso a sinagoga".

E surgiu em Zlotschev uma coletividade judia, uma devota coletividade judia. E Reb Mêndel foi seu provedor... E não era digno de ser *parnas* entre judeus? Não fôra o iniciador e o construtor da coletividade? Não entoara o hino sacro ante os convivas do fidalgo? Não dançara na presença dêles como urso? Aos olhos da coletividade nada disso o rebaixava. Ao contrário, elevava-o. Fizera o que um judeu digno dêsse nome devia fazer: rebaixara-se para elevar o judaísmo. Humilhara-se diante dos homens para não se envergonhar diante de Deus. Na verdade nem sequer se rebaixara. Poderiam *êles* humilhá-lo, êsses gozadores do mundo que se empanturram, se embriagam e cultuam um deus de imagem? Podiam êles debilitar-lhe o sagrado orgulho? Quem e o que são êles? Nem mesmo existiam para Mêndel enquanto êle cantava e dançava feito urso. Porventura fôra para *êles* que cantara e dançara? Fôra para Deus. Que lhe importavam os minutos de aviltamento, se em seu íntimo residia a eternidade?... Que importância tinha o sofrimento físico, se trazia Deus na alma? Podiam pensar a seu respeito o que lhes aprouvesse, desde que tivesse a certeza interior de estar dirigindo-se para uma meta sagrada e eterna...

E dirigia-se à sua meta a passos seguros e confiantes. Sabia não ser o primeiro nem o último a trilhar semelhante via. Gerações antes dêle haviam sofrido e esperado; agora era a sua vez de sofrer e de ter esperança, e depois dêle seu filho faria o mesmo e o filho de seu filho, até chegar o dia da Redenção...

Não estudara a história judaica, como nós; era um homem simples; mas a tragédia judaica vivia em seu sangue, em seus membros, em todos os seus pensamentos. Trazia dentro de si o passado e alimentava a mesma certeza quanto ao futuro de seu povo e do mundo. Não tinha quaisquer dúvidas e sentia a responsabilidade que pesava sôbre êle, como a de um dos anèizinhos que ligam o passado à eternidade. Sentia que não pertencia a si mesmo, porém a uma unidade mais elevada e perene. Procurava por todos os meios preservar-se para essa idéia mais sublime e eterna e nada o amedrontava...

O pope bêbado ameaçava-o com os "irmãozinhos", os cossacos que viriam e se vingariam dos *pans* e dos judeus; mas êle não abandonou sua taberna. Junto aos barris de aguardente, entre campônios beberrões, continuava ali sentado repetindo com o filho: *Va-iomer,* e disse..., *Elohim,* Deus... *al Mosche,* a Moisés... O fidalgo expusera-o à vergonha e ao escárnio, e Mêndel, mentalmente, recitando os Salmos, pensava: Humilhem-me, zombem de mim à vontade, mas em Zlotschev haverá uma sinagoga e surgirá um nôvo *ischuv,* nova fonte de subsistência se abrirá aos judeus... um nôvo campo para a Torá...

E êle o conseguiu. No espaço de alguns anos, a longínqua povoação onde existia um único judeu, ignorante taberneiro, que nem dispunha sequer de um professor para o filho e que muitas vêzes nem sabia quando era o dia do *schabat*... converteu-se numa grande comunidade judia. Judeus de tôda a parte vieram instalar-se em Zlotschev e o rendeiro chegou a unir em casamento o seu filho com a filha do rabino e tornar-se o provedor da cidade... "E os cânticos da nova sinagoga ecoaram pelos mais longínquos rincões das estepes da Ucraína. E a nova correu por campos e florestas. E cada árvore, cada erva sussurrava dentro da cálida noite primaveril: construiu-se uma sinagoga, armou-se um pálio nupcial... a Bênção de Deus vem vindo!... Vem vindo a Bênção!..."

Mêndel, o rendeiro, conseguiu o seu intento. Sua energia, sua obstinação e seu poder de adaptação levaram tudo de vencida. Dobrara seu orgulho, escondendo-o e enterrando-o no fundo

de seu ser, a fim de guardar e acumular fôrças para algo mais elevado. Entoando com sua voz vigorosa o *Ma Iafit* [1], preparou-se para o momento em que sua alma bradaria com alegria: "Ouve, ó Israel... o Senhor é nosso Deus... o Senhor é Único..."
E o momento chegou.
Como chegou e o que era, é o que Asch nos conta na segunda parte de sua narrativa mais que histórica. E o faz não de maneira tão "realista", como pinta, na primeira parte, o poder de adaptação judia, sua energia e obstinação vital. Aqui já se nos apresenta o segundo, o festivo Asch — Asch, o romântico.

Não há nêle a piedosa simplicidade, a naturalidade com que as velhas crônicas judias narram os martírios da fé. Para os autores dessas crônicas era quase natural que os judeus santificassem o Nome do Senhor e por êle perecessem. Como poderia ser de outra forma? "Aconteceu que uma donzela foi aprisionada por um cossaco. Êle a tomou por espôsa. E antes que se juntassem, ela lhe disse, sagazmente, possuir um talismã graças ao qual nenhuma arma a poderia ferir. O cossaco acreditou em suas palavras e não hesitou em descarregar sôbre ela sua espingarda, sem má intenção. E a donzela ficou estendida morta no chão. Pereceu pelo Santo Nome, para que não fôsse desonrada pelo cossaco". É como o Rabi Nathan de Hanover se refere aos morticínios de 1648-1655 e nem lhe ocorre acrescentar qualquer comentário. Para que comentário? Uma môça judia se faz matar "sagazmente", outra se atira no rio — poderia ser de outra forma? "Coisas assim eram muito freqüentes", informa-nos o cronista. Era fato corriqueiro. Para nós, porém, atualmente, não se trata mais de algo tão natural. Para nós, isso é assombroso, é "um problema", na tôla linguagem atual. E o artista procura espalhar sua luz sôbre o "problema". Ainda bem que êle não se embrenha numa "exata análise psicológica" das "almas puras". Tal análise nos envergonharia, nos ofenderia. Fora com teu "realismo", com tua podre "psicologia", diríamos a todo naturalista psicológico — aqui existe, aqui *deve existir* um sentido mais profundo, mais inteiriço, mais importante. Aqui *deve haver* alguma unidade, uma síntese e não uma análise. Uma fonte mística e profunda deve abrir-se diante de nós, e não um superficial rêgo "psicológico"... Asch procura essa fonte.

Onde é que vai encontrá-la? Na vida *interior* do judeu de antigamente. A *interioridade* dêsse judeu era o celeiro, o reservatório do orgulho, daquela fôrça, daquela espiritualidade, daquela nobreza, daquela eleição, daquele heroísmo que êle deliberadamente não demonstrava em sua vida diária, que deliberadamente sufocava em si, a fim de acumular e guardar para o sagrado

---

(1) "Quão encantadora tu és", hino sabático.

momento, quando estaria em jôgo aquilo que êle considerava o *principal*: quando estaria em jôgo sua fé.

Mêndel, o taberneiro, deixou que o espezinhassem e lhe cuspissem na cara, contanto que obtivesse a sinagoga — um lar para sua alma sem pouso. Com sua pele cotidiana, "canina", recobria e protegia sua alma sabática, "fidalga". Ensaiava assim para o martírio da fé. Eram apenas ensaios, um comêço, um prenúncio do grande e total auto-sacrifício ulterior. Uma espécie de aprendizado, um preparo para o *último* ato...

Sim, durante a vida tôda — quer sentado na taberna a ouvir as queixas e admoestações do pope bêbado, quer dançando diante dos dissolutos nobres ou viajando entre criaturas selvagens e animais ferozes pela estepe noturna e pelas florestas da Ucraína — sempre e em tôda a parte Mêndel (como todo judeu) aprendia e se preparava para dar o último grito: "Ouve, ó Israel"... quando chegasse a hora. Por isso não foi para êle grande novidade, milagre ou susto quando a hora chegou. Foi apenas uma repetição acumulada, a soma final de todo o cálculo da vida anterior, apenas a última fulguração de uma vela votiva, de uma Luz Perpétua...

A fulguração veio, para um, de um modo, para outro, de outro... Houve diferentes graus...

Mêndel não era do grau mais elevado. Era um homem simples que não alcançara a autêntica e despojada espiritualidade judia. A alma, o sentido de vida, ainda se apresentavam nêle como que colados a uma espécie de matéria. Parecia-lhe que a comunidade material que os judeus haviam fundado em honra do Senhor era digna de que arriscassem a vida por ela. Por isso não queria deixar Zlotschev, relegando tudo ao abandono, quando era iminente a entrada dos cossacos. Mas o rabino ordenou que atrelassem os cavalos em pleno dia festivo, que se salvassem. "Judeus, não abandonaremos êsse lugar, disse Mêndel. Construímos uma comunidade, erigimos uma sinagoga. Nas mãos de quem iremos deixar tudo isso?", e ao redor de Mêndel reuniu-se um grupo de judeus, artesãos, mercadores de cavalos... judeus de rostos curtidos pelo sol da estepe, com espêssas barbas negras e bastas sobrancelhas, judeus de ombros largos, grandes e pesadas mãos — mãos que construíram cidades... e êles concordaram com o *parnas*: "— Quem quiser ir, que vá. Nós ficaremos com nosso provedor... Ficaremos com nossa sinagoga!"...

A massa de judeus sadios e simples desejava remanescer e defender-se. Não estava ainda tão espiritualizada. Amava a vida, não apenas seu "propósito" e sua "essência". Suas raízes mergulhavam na terra, embora seus olhos se voltassem para o céu. Dispunha-se também a imolar-se pela simples e terrena comunidade. Mas o rabino, o portador e a encarnação da pura espiritualidade, declarou que a "comunidade" e até a sinagoga, na medida em que não passam de edificações terrenas, não eram suficientemente importantes. "Aos judeus, disse êle, não é permitido arriscar a vida em vão." E vendo quão difícil era ao povo separar-se da sinagoga e da cidade, subiu pessoalmente até a Arca Sagrada e "de lá tirou dois Rolos da Torá" (símbolos da espiritualidade judia) "e, segurando um em cada braço, encaminhou-se para a saída da sinagoga". Então os judeus compreenderam que não era pela sinagoga que deviam sacrificar-se. ("O que é a sinagoga? Pedras e caibros", como diz o alfaiatezinho: — materializações!...) Se se trata de perecer, que seja *pela santificação do Nome,* pela Lei, pela mais sagrada essência da vida... Os judeus o entenderam, mas só com a razão. O sentimento, o instinto de conservação ainda os induzia a arriscar-se pela comunidade, pela parte material. Fortificaram-se e estavam prontos a defender-se em Nemirov. Mas os cossacos em conluio com os nobres poloneses os ludibriaram... Os judeus então demonstraram sua bravura e heroísmo em Tultschin. "Não poucas vêzes, como outrora durante o sítio de Jerusalém, os judeus lançaram-se em surtidas e, com desprêzo pela morte, atiravam-se contra as hordas de cossacos, matando muitos dêles e repelindo os restantes a seus acampamentos." Revestidos de mortalhas, de batas e xales de oração, prontos a morrer, muitos judeus investiam, de facão em punho, contra os cossacos. Avistando êsses vultos vestidos de branco que emergiam da noite, de olhos flamantes e faces beatìficamente iluminadas, os cossacos eram tomados de terror. Caíam de joelhos diante dos judeus de branco e imploravam-lhes, como se fôssem anjos descidos do céu: "Deus, tem piedade!..."

Foi assim que judeus lutaram por sua honra. Judeus antigos, "medievais", êsses que em nossa ignorância estamos acostumados a considerar como uns pobres coitados, como macilentos e consumidos ascetas, como abatidos, assustados e subservientes bajuladores... Havia heróis entre aquêles judeus, não apenas mártires! Os mártires, porém, eram mais fortes que os heróis, e *êles* venceram. Quando os ucraínos ludibriaram novamente os judeus, e quando os polacos novamente os traíram, os judeus, que tardiamente o descobriram, em lugar de entregar as armas, quiseram vingar-se dos repulsivos traidores, "e a multidão de homens, velhos e moços com os facões na mão, em número de dois mil, começaram a rodear os poloneses", e, "pouco faltou para que se iniciasse uma terrível mortandade, porque os judeus estavam sumamente exasperados", — de repente ouviu-se uma voz no meio da multidão:

"— Judeus, filhos de Israel! Filhos da misericórdia, o que ides fazer?!..."

É a voz de um judeu velho e grisalho. A voz da alma que se firmava por sôbre a voz do sangue. Era a voz de Jacó que encantou e enfraqueceu as mãos que herdamos de Esaú. Era a voz que constantemente exige dos judeus que não desperdicem sua bravura e não dêem a vida por seus sentimentos normais e humanos, mas que escondam e abafem em si tais sentimentos, reservando suas fôrças "para o devido momento, o da grande provação", para o momento em que estiver em risco não o humano, mas o divino, não o transitório, mas o perene que nêles reside. Essa voz do imo, não-terrena, da história judaica foi a que se fêz ouvir. "E logo os soldados poloneses rodearam os judeus e ordenaram-lhes que fôssem andando. E *os judeus obedeceram*. Os rabinos, envoltos em seus mantos de prece, iam à frente e os judeus os seguiam"... Era uma procissão de santos. Não eram vencidos, mas sim vencedores. Não eram cativos, mas libertos. Não iam para a morte, mas para a vida, para a verdadeira vida...

Tôda a lírica ternura de sua pena, todo o seu amor pelo festivo e solene, tôda a sua capacidade de nos encantar e enlevar com o frêmito e esvoaçar de asas invisíveis, todo o seu talento em nos enredar numa teia de côres fantásticas e cantantes, tudo isso Asch difundiu na pintura dessa piedosa morte. E embora êle certamente não tivesse dado tudo o que poderia dar, as descrições nos seduzem mais pelo seu lirismo do que nos extasiam pela expressão artística. Mas o que o suave pintor nos deu já é o bastante para que tais páginas nunca se apaguem entre nossas obras reconfortantes e para que seu suave clarão ilumine a poeirenta escuridão de nossa vida...

Kidusch ha-Schem...

Asch o apresenta por etapas. A primeira é Mêndel. A mais alta é a jovem nora de Mêndel, Dvoire. Ela não é o caminho para a santificação, ela é a própria santificação. Dvoire é o sabático, a Divina Presença na vida judaica, em sua forma mais despojada, sem quaisquer roupagens. Não foi a morte que tornou Dvoire santa. Ela nasceu assim. Assim era na imaginação do marido, Schlomo, quando ficou afastado dela, e quando regressou... e no cemitério de Nemirov, quando em companhia dêle aguardava a morte, já se encontrava bem longe da terra. "Fôra despida de tudo o que fôsse terreno e tornou-se etérea, tão delicada como uma filha do céu, como uma das santas Mães, como aquela feminilidade divina, a *Schehina,* a Divina Presença que habita à noite as ruínas do Templo Sagrado, como a pomba da Comunidade de Israel." O próprio cossaco que a aprisionou sentiu isso. Ela se lhe afigurou como "a aparição de um mundo estranho". Pareceu-lhe tê-la visto na igreja, num quadro sacro. E se atirou nela foi porque acreditou em suas palavras, em que "nada lhe podia acontecer". Não a considerava criatura terrena. E assim era. Ela representa a perene espiritualidade, a perenidade espiritual do povo judeu. Seu martírio pela fé — é sua vida, sua vida eterna...

Podemos aceitar ou não aceitar tal vida; nem tenho certeza se o autor a aceita. Apenas nos quis mostrar o que êle vê nas perseguições daquela época e talvez em tôda a história judaica. Isso é o que nos mostra e é *isso* que nos interessa, ao ler o seu livro. As personagens individuais, cada uma por si, não nos importam tanto. Daí por que não nos perturba o fato de freqüentemente carecerem de relêvo e individualidade artísticos, que o pope não seja um pope original, um pope de *Asch,* mas o comum estereótipo literário de um *padre russo,* que não pára de embebedar-se e filosofar, e que Marucha, a criada cristã de Mêndel, não seja uma criação artística, mas o tipo antigo e característico da criada fiel e dedicada (desde Puschkin), e que mesmo os judeus sejam todos típicos e não figurações individuais... Tudo isso nos incomoda tão pouco como... os erros gramaticais que pululam no livro. Isso porque não são as personagens que nos importam, mas sim a atmosfera, a *atmosfera* externa e interna em que vivem. Essa atmosfera foi recriada por Asch que a preencheu daquele tênue perfume, daquela graça romântica, daquele suave humor e tumultuoso *pathos,* daquele lirismo e daquelas fulgurantes sombras que Asch tanto aprecia e em que é mestre.

A Feiticeira de Castela

Como *Kidusch ha-Schem* e todos os outros romances de Asch, afora os mais recentes, *A Feiticeira de Castela* (enfeixado em livro em 1921) foi publicado antes como folhetim do *Forwerts* de Nova Iorque. Mas nas páginas de jornal não causava a impressão que o livro veio a suscitar. Coisas assim não podem ser lidas em meio ao tumulto das idéias rotineiras e exangues da feira jornalística. À lufa-lufa das linhas de imprensa falta a acústica adequada para tais vozes. No livro, o clima que envolve *A Feiticeira de Castela* é uma continuação de *Kidusch ha-Schem.* Não uma continuação do enrêdo: em *Kidusch ha-Schem,* são narradas as matanças de 1648 a 1655 na Ucraína. *A Feiticeira de Castela* é a narrativa dos martírios judeus no século XVI, em Roma, no pontificado de Paulo IV. Tempo e lugar diferem, a substância é a mesma: luta entre dois mundos, o gentio e o judeu; a vitória física do primeiro e espiritual do segundo; a sombria, rebaixada e humilhante *semana* do judeu e seu claro e sublime *schabat,* purificado no sangue e no fogo; a desproteção e fraqueza da vida de Israel e a bravura, o heroísmo religioso, a claridade celestial, o salmo de louvor, o hino de sua morte.

É o que existe em ambas as obras, e, algumas coisas, como, por exemplo, a morte com o cântico de Salmos nos lábios, repetem-se quase textualmente. Mas *A Feiticeira de Castela* não é uma repetição e sim uma continuação, o desenvolvimento de uma idéia que, em *Kidusch ha-Schem,* apenas foi esboçada. Assim como, por outro lado, em *Kidusch ha-Schem,* é exposto algo que não é suficientemente esclarecido em *A Feiticeira de Castela.* Entre os dois relatos existe como que uma divisão de trabalho: *Kidusch ha-Schem* ocupa-se mais da parte interna, *judia,* de nosso sacrifício, enquanto *A Feiticeira de Castela* salienta principalmente o mundo externo, o *gentio:* como é que êste encara o piedoso martírio judaico, sua maneira de santificar o Nome? Qual a sua impressão a respeito?

Uma tentativa de dar resposta a essa indagação já foi feita pelo autor em *Kidusch ha-Schem,* no penúltimo capítulo. Narra aí a impressão que a jovem Dvoire produz com sua morte sôbre o cossaco Ierem. É um dos capítulos mais poéticos e mais inverossímeis na romântica de Asch. Os olhos de Dvoire estavam "voltados para o céu, para as estrêlas", "onde pairava a alma de seu eleito" (êle já perecera antes pela fé): "Irei logo ao teu encontro, meu espôso, meu eleito — sussurrou ela — irei logo ao teu encontro, meu espôso, vejo-te à claridade, estendes os braços para mim... Leva-me contigo, meu espôso, meu eleito... Anseio por ti..." "Via um mar azul inundado de luz, onde navegavam barquinhos estrelados, todos em direção de uma praia. Tanta claridade havia ali... Nem se conseguia olhar dentro da luz" e assim por diante. Ela já se achava lá, entre as estrêlas. Nela, o que ainda lhe restava de terreno já transluzia de luminosidade celeste. E quando Ierem, de há muito enfeitiçado por sua beleza, se aproximou, teve a impressão de ouvi-la dizer: "Não me toque, sou fogo, você vai queimar-se! Veja, estou ardendo. Sou um círio, você vai queimar-se..." "E pareceu-lhe que já a vira em algum lugar, em certa época, quando ainda era menino. E não se lembrava onde a vira. Mas logo se faz luz em seus olhos: — "...Conheço-a... sei quem você é... Sei... Oh... Sou uma alma pecadora... — e caiu de joelhos diante de Dvoire, começando a rezar como se reza diante de um ícone santo..." Estava certo de ver diante de si a "Mãe de Deus". Êle — e segundo a interpretação de Asch — todo o mundo cristão, não consegue imaginar o menor heroísmo espiritual ou beleza espiritual oriunda de um ser que não seja êle próprio Deus, o Filho de Deus ou Mãe de Deus. Daí a cristandade não poder conceber nosso auto-sacrifício. Como pode um homem despir-se inteiramente de seu próprio corpo? Não é natural. Ou é algo divino ou então feitiçaria. A luminosa figura de Dvoire devia ter "descido do ícone sagrado", pensa Ierem a princípio. Mas o sinal de Deus, quando se revela aos homens, é a sua vitória sôbre a morte *física,* sua ressurreição *corpórea* após a morte. Assim pensam aquêles que crêem no mito de Nazaré. Deixam de crer em Dvoire e de temê-la, tão logo a vêem morta no chão, depois de atirarem nela. Uma vez que seu corpo permanece inerte, ela não é divina. Só consideram divinos os milagres corporificados, o espírito corporificado. A nua espiritualidade, o puro e extraordinário espiritual, isso não é compreendido: é bruxaria. Os judeus dão a vida, o corpo, os judeus estão prontos a perecer no êxtase de fé, isso os surpreende, mas não os assombra. Só podem admirar e endeusar aquêles que, como Cristo, sobrepujam a morte corpòreamente, aquêles cujo corpo é espírito e cujo espírito é corpo...

É o que se acha expresso, ao fim de *Kidusch ha-Schem.* Mas ali é um mero traço; em *A Feiticeira de Castela* é uma bela tela largamente desenvolvida. Do curto episódio de Dvoire em *Kidusch ha-Schem,* surgiu, em *A Feiticeira de Castela,* um romance. O nôvo romance não é tão essencial, tão radiosamente iluminado por um enlêvo íntimo, quase religioso, como *Kidusch ha-Schem.* Preocupa-se mais com a face externa e decorativa do ambiente no qual viviam tanto os judeus como os cristãos de Roma, quando ali imperavam simultâneamente a luz e a treva, a Renascença e a Idade Média. Mas em Iafata, a principal figura do romance, o simbolismo da atitude cristã para com a "santificação do Nome" judaica aparece com maior amplitude e nitidez que no romântico episódio de Dvoire ao fim de *Kidusch ha-Schem.*

Iafata descende da família Abarbanel, que foi expulsa da Espanha. Seu pai foi morto pela Inquisição em Lisboa. Em companhia do avô cego, ela veio parar em Roma. Rara beleza e fidalguia, infinito pesar de gerações de mártires brilham em seus olhos e em todo o seu vulto. "A dor universal resplandece em seu rosto, em seus olhos está a tristeza, sôbre sua fronte saliente derrama-se a própria devoção", pensou o pintor veneziano Pastile, tomando-a por modêlo de sua Madona. Todo o êxtase erótico-religioso e artístico, que a figura de Iafata lhe suscitava, seu pincel fêz brilhar, luzir e arder nas linhas e côres de sua criação, que se tornou a mais querida e adorada Madona de tôda Roma semicristã e semipagã. (As páginas que descrevem como o povo romano cultuava a efígie da môça judia são das mais belas da obra.) E quando lhe foi dado ver, em certo momento, a Iafata real, correu o rumor, a lenda, de que a Mãe de Deus, a Madona do Amor, a sagrada figura tão cultuada, aparecera no Gueto judeu. Espalhou-se a difamação: os judeus haviam conjurado a Mãe de Deus e a mantinham cativa no Gueto, para que ela os protegesse de seus inimigos. Iafata e o avô cego foram levados às masmorras do Santo Ofício. Mas os inquisidores temiam aproximar-se dela. "Os monges reconheceram o rosto da Mãe de Deus e caíram de joelhos diante dela, fazendo o sinal-

-da-cruz." O próprio Papa não sabia se ela era a Mãe de Deus ou uma feiticeira e sentenciou (tal qual os simples camponeses de *Kidusch ha-Schem*): "Que o fogo decida quem és! Se fores Nossa Senhora Bendita, o fogo não terá o menor poder sôbre teu sagrado corpo, como não teve sôbre o de outros santos. Se tiver, é porque te apropriaste por meio de feitiçaria do semblante da Santa Mãe..."

E é assim que o Papa — a cristandade católico-romana, tal como em *Kidusch ha-Schem* a greco-ortodoxa — está diante da espiritualizada beleza judia e indaga:

— Provirá de Deus?... Ou... do diabo?... Será santificação... ou feitiçaria?...

Por um instante julgam ver essa espiritualidade revestida de carne e sangue e caem então de joelhos. Mas começam logo a *experimentar* o corpo de Israel a ferro e fogo e com outras armas de destruição. Vendo que tal corpo é apenas corpo e o espírito... apenas espírito, sem corporeidade, amedrontam-se e querem aniquilá-lo...

Isso está exposto aqui de maneira muito esquemática e abstrata. Asch no-lo mostra, e muito mais do que eu aqui o poderia dizer, em painéis de largas pinceladas, com a policromia romântica puramente aschiana, e sua torrencialidade lírica. A fôrça de Asch apresenta-se aqui, como sempre, não na psicologia de cada personagem, não na clareza e correção dos detalhes, mas no todo patético do quadro.

Mais que outros romances de Asch, *A Feiticeira de Castela* é rico em cenas de multidão e psicologia das massas — e a vida das massas é adequada ao pincel de Asch, que gosta de assim atirar à tela, em lírica desordem e com lírico ardor, manchas largamente espalhadas e rìtmicamente balanceadas.

Quadros e metáforas em *A Feiticeira de Castela* nos empolgam, como sempre, não por sua plasticidade, mas por sua vivificação interior e emocional. Quando escreve: "...surgiu uma atraente e arredondada espádua, cuja forma delicadamente curva *caía como fresca queda d'água* em linha levemente flutuante...", ou quando lemos nêle: ..."o rosto do Papa enrubesceu. *Suas rugas se inflaram como tempestade no mar*...", não o *vemos* mas o *sentimos*. Em suas figuras, como em tôda a sua maneira de pintar, não há "anatomia", mas há vida. Não é exato e muitas vêzes, inclusive, é errado o desenho do sistema de artérias. No entanto, o sangue pulsa sob a pele. Outro escritor, mais "realista", talvez nos fornecesse pormenores mais palpáveis da cena em que Iafata é queimada na fogueira. Mas para que a perfeição objetiva de tôdas essas minúcias, se o autor nos contagia com sua visão, embora ela se lhe tenha mostrado aos olhos do espírito e não aos do corpo? E não podemos deixar de crer que: "Por um momento pareceu que mão misteriosa retinha as labaredas, contendo-as como se contém pela coleira um cão raivoso, afastando suas ígneas patas caninas do ser humano. O populacho, atento a tudo com os corações batendo e os olhos assustados, estremeceu. As freiras empalideceram, assustaram-se os cardeais. Aqui e ali começaram a ouvir exclamações entre a multidão: Milagre!... Milagre!... Mas de repente produziu-se um forte estalo no meio do fogo. O fogo combatia a mão misteriosa que afugentava as suas chamas do ser vivo. E o ígneo mastim acabou por libertar-se das peias. Para começar, estendeu uma só língua e, sôfrego, lambeu os pés nus da criatura viva, soltando um estalido de prazer. E, cobrando vigor, lançou-se de uma só vez sôbre a môça. Com espécie de rugido devorou o vestido de veludo, lambeu-o. A veste se abriu e caiu do corpo..." Isto não é uma descrição, porém uma vivificação do quadro, êle existe diante de nós, mesmo que não o vejamos. Assim acontece a tôdas as pinturas de Asch, principalmente com as de eventos solenes e grandiosos: não são assaz claros para nossos sentidos, mas possuem suficiente pujança sugestiva para a fantasia poética.

Glorificado e Santificado

Ao capítulo *Martírio da Fé* pertencem também algumas das narrativas mais curtas de Asch. Como exemplo vamos deter-nos numa delas: *Glorificado e Santificado* (1944). Nela é pintado o "martírio pela fé" de um judeu de nossos tempos, o martírio na Polônia durante o cruel domínio de Hitler. As circunstâncias exteriores diferem das que são apresentadas nos seus relatos históricos, a iluminação interna é a mesma: um judeu disposto a sofrer e a rebaixar-se fisicamente a fim de preservar seu heroísmo para o momento em que se sacrificará altivamente pela santificação e inteireza de sua alma. O seu nome é Itsche-Maier, nome êsse muito comum entre judeus poloneses. Trata-se, à primeira vista, de homem comum e religioso, judeu igual a todos os judeus, mas por seu comportamento, por sua atitude em face do inimigo, o nazista, êle é a personificação do protesto — protesto contra a resignação e a passividade espiritual de outros judeus.

Itsche-Maier encontra êsses judeus num infecto porão, onde os nazistas o atiram, espancado, mas não abatido. Na sua grande aflição, desamparo e exaustão, os infelizes haviam perdido tôda a semelhança com o Criador. Apenas lhes restava a dor no corpo e o terror na alma, se é que ainda havia nêles o que se pudesse chamar de alma. Quando Itsche-Maier foi ali jogado, acabavam de voltar do cruel trabalho escravo. Lançaram-se ao chão, arquejantes, alguns sentados, outros deitados... Os que permaneciam sentados arrancaram dos pés os sapatos, botas ou sandálias e seguravam os pés entre as mãos: "...era como se as criaturas ali deitadas ou sentadas se houvessem convertido sòmente em pés; tinham perdido qualquer outro interêsse na vida, esquecido a própria existência. Tôdas as outras necessidades pareciam rebatidas para um só ponto ardente, para uma só e grande dor que escapava dos pés. Era como se a inteira personalidade daquela gente houvesse perecido em todo o corpo, na alma, e tivesse refluído, concentrando-se, encolhendo-se, escondendo-se, aos pés inflamados que absorviam todos os sentidos, tôdas as sensações"... "Pés inflamados" e almas vazias, eis o que eram êsses abandonados infelizes e torturados judeus que Itsche-Maier viu à sua frente no porão nazista...

— "Glorificado e Santificado"... — ouviu-se sùbitamente. Era a voz de Itsche-Maier. A voz de um homem que *não perdera* sua humanidade, a voz de um judeu que guardava o seu judaísmo...

Num ambiente de supliciados e insensibilizados, num ambiente de vítimas humanas que nada mais sentiam, afora a dor nos pés, irrompeu a voz de um homem dotado de cabeça e coração. Na muda escuridão do desespêro, brilhou uma centelha de fé... E qual foi o efeito? "Cabeças se ergueram, rostos se voltaram..." Apareceram *cabeças* lá onde parecia nada mais haver exceto *pés, pés inchados. Rostos* iluminaram-se lá onde, fazia pouco, ofegando pesadamente, reinavam os sem-rosto. "...num instante esqueceram os pés, como se todos fôssem arrancados do sono pelo tão conhecido e aqui tão estranho e longínquo "Isgadal..." — e adiante: "...foi como se, pelo "Glorificado" de Itsche-Maier, fôssem chamados de volta ao próprio mundo que pensavam ter deixado para sempre do outro lado do muro, quando os nazistas os trouxeram para cá..." Foram arrancados por instantes do embotamento em que estavam imersos, arrancados graças a Itsche-Maier. Êste deixara que os nazistas lhe espancassem o corpo, mas não permitira que seu ânimo se abatesse. Renunciara ao corpo, inclusive à bôca, à sua parte mais cuidada, relegara-se ao abandono, deixara que a prepotência nazista procedesse com êle como bem lhe aprouvesse (Queres que eu puxe um carro, como cavalo? Pois não, puxarei. Queres que eu repita, qual macaco, tuas palavras simiescas: "Judeu porco, não tem honra!"?..." Pois não, repetirei!), mas êste abandono à sorte foi só em relação ao corpo, não à alma. A alma, seu universo íntimo, Itsche-Maier preservou e não deixou exaurir, não deixou enfraquecer. Sua vida interior, sua vida espiritual não se enregelou. Em seu âmago, possuía grande fôrça de vida. Vida tão forte e intensa que contagiou os demais judeus, já semimortos, arrancando-os de sua coma espiritual... "Alguns judeus levantaram-se de seus lugares, tirando as mãos dos pés. Aproximaram-se do canto onde estava Itsche-Maier e começaram a balouçar-se com êle..."; nem todos o fizeram: "...outros continuaram sentados, lançando olhares inquietos para a porta" (temiam os guardas nazistas). Nem todos foram a tal ponto influenciados pela atitude e pela oração de Itsche--Maier que se libertassem do terror imperante sôbre êles e dentro dêles. Mas alguns foram arrebatados pela ousadia de Itsche--Maier e "...se balouçavam com êle".

"Balouçavam-se"... oravam... e daí? — perguntarão aquêles que não entendem ou não querem entender a linguagem simbólica da arte, da energia psíquica. Perguntarão, porque não querem compreender que aqui não se trata de guardar uma lei ou praticar uma ação virtuosa, mas de preservar o "universo próprio", aquela dignidade interior sem a qual a vida de um homem não é vida. Itsche-Maier perdeu sua saúde e guardou seu universo, sua dignidade íntima. Repetia automàticamente o estribilho nazista: "Judeu porco, não tem honra", mas o acompanhava com tão íntimo orgulho, com tão mudo mas profundo desdém por seus carrascos (não gritava quando o torturavam), que até os insensíveis nazis sentiram em algum lugar da superfície de sua antiga consciência ser êle o contrário de "paralisado" e "atoleimado".

Os insensíveis S.S. pressentiram-no. Que dizer então dos meio aturdidos e infelizes judeus? Sentiram-no mais profundamente ainda. Quando Itsche-Maier, ao levar à bôca os pedaços de pão, não esqueceu nem receou bendizê-lo, "...os judeus, que se haviam atirado como lôbos famintos à mísera colherada de sopa, pela qual haviam ansiado durante o dia todo, retiveram a colher junto à bôca. A bênção de Itsche-Maier recordava-lhes algo... Murmuraram alguma coisa em acompanhamento, fazendo uma pausa na refeição..."

Eis como Itsche-Maier lutou contra o aturdimento dos outros e contra a ameaça de ficar aturdido, dentro de si próprio. Foi assim que pelejou contra o ambiente — e contra si mesmo — desde o início. E levou essa luta até o fim.

Não quis trabalhar no sábado e não trabalhou. Não porque isso lhe era vedado, mas porque não queria. E não queria — e não podia — trabalhar no sábado porque não desejava submeter-se em tudo à iniqüidade. Dera-lhes a fôrça de seu corpo, cedera-lhes o seu dia-a-dia e era o bastante. Ceder-lhes também o *schabat*, o sabático, seria renunciar a todo o seu "mundo íntimo", seria perder a semelhança humana. Por seu universo, pela essência de seu universo, pelo sabático estava pronto a imolar-se.

E foi realmente uma auto-imolação, não simplesmente um suicídio. O exemplo que deu aos outros foi o de profunda dignidade e autoconservação, uma mostra de autodefesa... Os judeus do porão tornaram-se diferentes do que eram no começo. Estavam irreconhecíveis. A princípio eram *pés,* não homens. Dor física, terror físico, era tudo o que lhes restava. Vejam como se comportam agora, ao voltar do pesado trabalho escravo para o Faraó da Alemanha e deparar com os pés de Itsche-Maier pendentes da fôrca: "...a maioria permaneceu calada, mas, quando entraram no porão, não se atiraram sôbre as tábuas, não tomaram os pés entre as mãos, mas logo surgiu alguém que se postou junto à parede e começou a balouçar-se e clamou em voz alta:

— Glorificado e santificado seja seu sagrado Nome...

Ninguém mais exigiu: mais depressa... mais depressa!... pelo contrário, um após outro, os judeus colocaram-se atrás do chantre e todos começaram a balouçar-se:

— *Isgadal veiskadasch...*

Itsche-Maier obtivera um continuador..."

Qual o significado disso? Significa que Itsche-Maier não pereceu em vão. Significa que espiritualmente êle nem morreu. Na pessoa de seus seguidores continuou vivo. Permaneceu vivo e tornou-se fonte espiritual de reviv escência para outros, fonte de não-petrificação e não-aparvalhamento... Não partiu dêste mundo sem uma "palavra viva", como pensaram alguns, embora se mantivesse mudo a maior parte do tempo. Deixou-nos um testamento. Disse-nos em sua linguagem muda:

— Pode existir no mundo uma fôrça física à qual tenhamos de nos submeter. Mas não pode existir uma fôrça à qual tenhamos de permitir que nos destrua espiritualmente... Há em nós um remédio, contra a morte espiritual, um meio antigo e experimentado: o martírio pela fé.

S. Niger

GLORIFICADO E SANTIFICADO

"Se o inimigo exige a tua vida, faz tudo para preservá-la. Mas se êle exige a tua honra, não recues e vai mesmo até a morte."

(Palavra de ordem do levante do gueto de Varsóvia.)

GLORIFICADO E SANTIFICADO

Quando os guardas S.S. introduziram Itsche-Maier no pátio, local de concentração dos judeus na rua Praga, em Varsóvia, o fato causou sensação, despertando a atenção, movimentando e até, pode-se dizer, alegrando os demais S.S. que ali se encontravam àquela hora. O próprio chefe de grupo, môço de seus vinte anos, bigodinho prêto e olhos miúdos, bronzeados, como que congelados, saiu de seu gabinete para receber Itsche-Maier. Desde que a Gestapo instalara um de seus locais de concentração para judeus nesse subúrbio de Varsóvia, no grande pátio do edifício de tijolos vermelhos que havia sido uma escola, fôra-lhes dado ver os mais variados tipos de judeus, entre os que eram arrebanhados para o trabalho, agarrados pelas ruas ou retirados das casas. Havia judeus de curtos trajes europeus, barbas escanhoadas, disfarçados de "arianos", e verdadeiros judeus, de longos gabardos e barbas frondosas. Mas um *jude* tão "puro sangue", ainda não haviam visto. Em Itsche-Maier, o judaísmo era altamente gritante. A barba era cheia, espêssa, negra e radiando intensa fôrça judaica. Os *peies* negros, trançados em longos anés, tremiam sôbre as bastas suíças. Os olhos — grandes, negros, inquietos e cintilantes. E as roupas, então! Longo gabardo de cetim, luzidio e rasgado, prêso por um cinto na cintura, e, principalmente, as pernas em longas meias brancas aparecendo entre as duas abas do gabardo. Os S.S. o rodeavam e não sabiam o que fazer, tal o seu deleite. Fitavam o gordo petisco e estre-

meciam de alegria. O próprio chefe de grupo, mãos enfiadas nos bolsos do culote, examinava Itsche-Maier, e seu rosto severo e implacável suavizou-se, com um fino sorrisinho de satisfação, que brincava sôbre êle. Os olhos de todos êles se banhavam prazerosamente à vista da vítima que tinham diante de si.
— Como é que você se chama, judeu? — indagou um dêles.
— Itsche-Maier Rosenkrantz.
— Itsche-Maier Rosenkrantz? Belo nome! E Rosenkrantz ainda por cima?... — riram.
— E qual a tua profissão, judeu?
— Rabino.
— Rabino? Bela profissão. E quem é você?
Itsche-Maier, que desde o instante em que fôra agarrado, fizera o seu balanço e se dispusera a tudo, estava ìntimamente tranqüilo. Não demonstrava nervosismo. Até seus olhos vivos e brilhantes estavam fixos dentro dos riachos de sua brancura amarelada.
— *Jude,* naturalmente — respondeu Itsche-Maier à pergunta que não lhe pareceu bastante clara.
— *Jude,* naturalmente!... Isto é formidável! — tornaram a rir os S.S.
Mas o chefe de grupo engoliu o sorrisinho. Seu rosto retomou o ar severo. Queria pôr um fim à comédia, mas o *jude* era tão "apetecível", um tesouro, que não podia deixar de banhar os olhos um pouco mais na presença do judeu. Sua cara estava agora séria como a de um gato quando prende o rato nas tenazes de suas patas e o observa com olhar penetrante. Aqui, porém, faltava o terror mortal que revelam os olhos do rato. O judeu não denotava a angústia do mêdo. Seus olhos não pestanejaram, sua alta figura não se moveu, os lábios não tremeram. Estava parado, petrificado. A ausência de mêdo nesse judeu perturbava o *truppenführer* na sua prazenteira contemplação da vítima, o que o enervou. De repente estendeu o braço — e seus dedos num momento se enredaram nos pêlos de metade do rosto do judeu, agarrando um *peie,* parte do bigode e porções da suíça, que espêssa e sòlidamente lhe encheram a grande palma da mão.
— *Sag, jude schwein: habe keine Ehre!* [1] — bradou.
Itsche-Maier repetiu:
— *Jude schwein: habe keine Ehre!*
— Mais alto!
— *Jude schwein: habe keine Ehre!*
— Mais alto!
— *Jude schwein: habe keine Ehre!* — gritou Itsche-Maier.
Então o chefe de grupo deu um puxão. Mas os pêlos tinham raízes tão fortes na carne de Itsche-Maier que não cederam.

(1) Diga, judeu porco: não tenho honra!

— Maldição! — exclamou o chefe de grupo, dando um puxão mais forte.
Os pêlos ainda não cederam.
— Êsse é um legítimo *jude!* É uma barba judia! — disse o chefe de grupo em tom de gracejo aos S.S. à sua volta, algo envergonhado porque a barba judia não cedia fàcilmente. Apoiou o pé no ventre do judeu e puxou com tôda a fôrça.
Desta vez a barba cedeu e na mão do oficial ficou um pedaço do *peie,* um pedaço do bigode e um punhado espêsso da suíça.
— Bem... agora experimente você!... — e o chefe de grupo mostrou a barba do judeu a um de seus homens.
A mesma cena repetiu-se.
Começou uma competição de fôrças sôbre a barba do judeu. Alguns conseguiram arrancar mancheias com dois ou três puxões. Mas um dêles, rapaz baixinho, venceu a partida com um só e poderoso puxão, — e um nôvo punhado da barba de Itsche-Maier ficou no punho do rapaz.
Itsche-Maier permanecia no mesmo lugar, imóvel em suas pernas calçadas de meias brancas; a pele de seu corpo aparecia pelos buracos de suas chinelas esfarrapadas. Em sua até há pouco luzente, viçosa e espêssa barba, havia agora grandes claros: faltavam-lhe porções inteiras. A barba compunha-se agora de feixes espaçados, colados pelos fios de sangue que escorriam dos ferimentos. A barba de Itsche-Maier deixara de ser barba. Era agora uma massa úmida, qual um trapo grudado a um rosto de homem. Mas os olhos de Itsche-Maier eram os mesmos. E sua figura também continuava a mesma. E o que era pior — e só agora o pessoal da Gestapo se deu conta —: o *jude* esquecera de gritar durante a operação arranca-barba. O chefe de grupo não conseguia decidir se devia considerar a atitude do judeu como mostra de coragem e caráter ou como arrogância e orgulho judaicos. No primeiro caso, até que estava disposto a conceder crédito ao judeu. Mas no segundo pretendia ministrar-lhe tamanha lição que esqueceria tôda a sua soberba judaica. Por isso perguntou à Itsche-Maier:
— Doeu?
— Um pouco, meu senhor — respondeu Itsche-Maier.
A resposta do judeu abrandou um pouco o oficial. Mas queria maior certeza:
— E quem é você?
— *Jude schwein: habe keine Ehre!* — gritou Itsche-Maier.
— *Jude* decente!... *Jude* fino!... — disse o chefe de grupo, satisfeito. — Bem, vamos ver agora o que sabe. Atrelem-no ao carro! — ordenou.
Pegaram em Itsche-Maier e o conduziram para junto de uma carrêta que se achava no pátio. A carrêta era de atrelagem hu-

mana: cordas amarradas ao veículo, com uma tira de couro na extremidade, como se via habitualmente com os carregadores de Varsóvia. Atrelaram Itsche-Maier, e vários homens da Gestapo subiram logo no carro. Um dêles sentou-se à boléia e, empunhando um chicote, começou a incitar Itsche-Maier:

— Eia, judeu, eia!... — e estalava o chicote sôbre êle.

Itsche-Maier esticou o longo pescoço para fora da gola aberta da camisa e do gabardo. O pescoço distendeu-se como o de um avestruz, com seu grande pomo-de-adão. A grande cabeça, na ponta do pescoço, parecia, por causa da barba depenada, desproporcional, brutalmente larga. Qual avestruz, também adiantou, afastando-as uma da outra, as longas pernas finas como palitos e calçadas de longas meias. As chinelas de Itsche-Maier ficaram enterradas na terra úmida, onde seus passos se atolavam sob o pêso do corpo. Da fronte corria-lhe agora um suor de angústia — e mais ainda de seu longo pescoço e da nuca ossuda, encurvada. Envidou tôda a sua fôrça para dar um arranque no carro, o qual, com a sua pesada carga de S.S., afundava as rodas na terra úmida. Quanto mais Itsche-Maier se esforçava, mais obstinada se tornava a carrêta. Itsche-Maier tentou mudar a posição das pernas, estendendo ora a perna esquerda ora a direita. Procurou impulsionar, ora com um ombro, ora com o outro. Recebia as chicotadas, empenhava-se ao máximo para movimentar o veículo, mas nada conseguiu exceto as galhofas suscitadas por seus esforços: o carro não se mexia do lugar.

— Dê-lhe mais um porco de ajuda! — bradou o chefe de grupo que observava a cena, de mãos no bôlso do culote. O sorrisinho deleitado que antes luzia em seu rosto desaparecera, dando lugar a uma melancólica seriedade.

De algum lugar trouxeram arrastado um outro judeu, muito mais velho que Itsche-Maier, de sonolentos olhos vermelhos, barba trêmula. Atrelaram-no ao outro lado do varal.

As chicotadas caíam agora sôbre as cabeças dos dois. O velho agarrou o varal de um lado, Itsche-Maier do outro. Itsche-Maier mudou a posição de seus pés. Com grande ímpeto, com tôda a fôrça que conseguiu de seu peito distendido, arrastou o carro. O outro tentou fazer o seu. Mas o carro não se movia do lugar.

— Faça-os sentir a chibata!... — bradou o chefe de grupo. O fustigador estendeu o braço — e as chicotadas recomeçaram a cair ora sôbre Itsche-Maier, ora sôbre o velho. Itsche-Maier recebia os golpes calado, procurando apenas puxar. Mas o velho, a cada lategada que lhe alcançava a cabeça, gritava:

— Ai, meu paizinho do céu!... Ai, minha mãezinha!... — o que excitava o riso dos S.S.

— Ai... ai... paizinho! Ai... ai... mãezinha!... — arremedavam, zombeteiros.

E de repente, Itsche-Maier conseguiu. Logo que ouviu as caçoadas do *"tátele-mámele"* [2], seu pescoço estirou-se novamente. Agarrou com os dedos ossudos o varal e com um puxão do peito — todo o corpo concorreu com as fôrças acumuladas, enviando-as aos membros, os pés cravaram-se no solo e arremeteram o corpo à frente — o carro moveu-se. Itsche-Maier corria, arrastando o velho consigo.

— O *jude* conseguiu!... O *jude* conseguiu!... — gritaram os homens da Gestapo, batendo os pés no assoalho do carro, agora em movimento.

— *Jude* decente!... — gritou o chefe de grupo. — Desatrelem-no.

Desatrelaram Itsche-Maier. A umidade de seu corpo encharcara-lhe o gabardo rasgado, e lá onde apoiara a tira de couro da atrelagem, via-se uma faixa molhada de angústia, como uma fita sôbre o peito.

— *Jude* decente! *Jude* de fibra! Grupo A. Cortar a barba. Por hoje, deixá-lo em paz — ordenou o chefe de grupo a seus homens e abandonou o pátio, retornando a seu gabinete, de mãos nos bolsos do culote, sem um olhar mais a Itsche-Maier. Pegaram em Itsche-Maier e o encostaram a uma parede. Logo depois trouxeram um dos judeus prisioneiros, um homem ainda môço, incumbido dêsse trabalho. Com uma grande tesoura cega, aparou o que restava da barba de Itsche-Maier, seus *peies,* os bigodes e os cabelos, deixando na cabeça tôda uma "escadinha". E Itsche-Maier, sem barba, como sem alma, não era mais gente, sentia-se como que transformado em animal. Assim foi levado a um porão do campo de prisioneiros. Ali, entre paredes úmidas, encontrou, deitados ou sentados sôbre sacos de palha, aquêles de seus irmãos que nesse dia haviam sido arrebanhados nas ruas e reunidos nos locais de concentração para o trabalho.

Era uma tarde no começo do outono. No porão introduziram um grupo de judeus que voltavam do trabalho. Entre êles havia moços e velhos. Judeus de barba raspada e roupas curtas, e judeus de longos gabardos e bonés varsovianos de pala estreita. Alguns, como Itsche-Maier, tinham a barba arrancada, depenada, a cabeça raspada em "escadinhas". A outros haviam esquecido de cortar a barba. Em alguns a barba recomeçava a despontar e outros ainda eram totalmente imberbes. Os judeus, do jeito que entraram, atiraram-se ao chão. Rostos e roupas

(2) Diminutivos ídiches de "pai" e "mãe".

estavam sujos, manchados de terra, empapados do suor que lhes corria dos corpos. Jaziam mudos, sòmente alguns respiravam pesada e ruidosamente e o som dêsse resfolegar aumentava ainda mais o silêncio que o próprio silêncio. Nem todos estavam deitados: alguns sentaram-se e continuavam sentados. Os sentados tiraram os sapatos, botas ou chinelos, e seguravam os pés nas mãos. Eram pés inchados, feridos, arranhados. Pareciam ter percorrido centenas de milhas, arrastando-se sôbre montanhas, batendo em pedras. Vermelhos como fogo, emitiam um vapor. Era como se as criaturas ali deitadas ou sentadas se houvessem convertido sòmente em pés; tinham perdido qualquer outro interêsse na vida, esquecido a própria existência. Tôdas as outras necessidades pareciam rebatidas para um só ponto ardente, para uma só e grande dor que escapava dos pés. Era como se a inteira personalidade daquela gente houvesse perecido em todo o corpo, na alma, e tivesse refluído, concentrando-se, encolhendo-se, escondendo-se, aos pés inflamados que absorviam todos os sentidos, tôdas as sensações.

De repente ouviu-se uma voz:

— *Isgadal veiskadasch schmei rabó!* [3]

Cabeças se ergueram, rostos se voltaram. Num instante esqueceram os "pés", como se todos fôssem arrancados do sono pelo tão conhecido e aqui tão estranho e longínquo *Isgadal*. Viram um judeu de gabardo sujo e esfarrapado, gorro judeu na cabeça, atado por um lenço colorido, como se o homem estivesse com dor de dentes, parado junto à parede e balançando-se enquanto rezava.

Foi como se, pelo "Glorificado" de Itsche-Maier, fôssem chamados de volta ao próprio mundo que pensavam ter deixado para sempre do outro lado do muro, quando os nazistas os trouxeram para cá. Alguns judeus levantaram-se de seus lugares, tirando as mãos dos pés. Aproximaram-se do canto onde estava Itsche-Maier e começaram a balouçar-se com êle. Outros continuaram sentados, lançando olhares inquietos para a porta. Ouviu-se uma voz, depois outra:

— Apressem-se!...

— Depressa!... Depressa!... Antes que entrem...

Apressaram-se. Disseram ràpidamente a oração. Pronunciaram juntos apenas a Santificação e acabaram as Dezoito Bênção antes mesmo que alguém desse um pio.

Não tardou que um prolongado apito cortasse o ar sôbre as cabeças no abarrotado porão. Soltaram os pés ràpidamente, calçaram-se com a maior presteza, amarraram depressa os trapos sôbre as feridas e saíram para formar em fileira de dois, cada

---

(3) "Glorificado e santificado seja Seu grande Nome!"

qual levando seu prato de lata. Marcharam assim, como soldados, até à bomba d'água que havia no grande pátio. Bombearam água, lavaram-se, enxugaram o rosto e mãos nas abas dos gabardos, depois tornaram a marchar militarmente até o grande galpão improvisado onde havia longas fileiras de bancos. Ali era a cozinha, onde judeus, homens e mulheres, preparavam a rala sopa de batatas em grandes caldeirões. Cada um recebia um prato de sopa e um pedaço de pão, indo sentar-se para comer.

Itsche-Maier, com suas faces amarradas, seguiu a fila, como um soldado bem adestrado, como se ali estivesse há muito tempo, de maneira que o homem da Gestapo, de ôlho em cima dêle, nada teve a dizer.

Antes de levar o primeiro bocado à bôca, rendeu graças. Engoliu parte inicial da oração, e sòmente se ouviram as últimas palavras: "...o bocado de pão que vem da terra".

Os judeus, que se haviam atirado como lôbos famintos à mísera colherada de sopa, pela qual tinham ansiado durante o dia todo, retiveram a colher junto à bôca. A bênção de Itsche-Maier recordava-lhes algo... Murmuraram alguma coisa em acompanhamento, fazendo uma pausa na refeição. Outros contentaram-se em grunhir um simples "amém". Os poucos S.S. postados à porta da improvisada cozinha repararam que alguma coisa havia acontecido, mas tudo foi tão rápido, que não conseguiram perceber o quê. A multidão já estava comendo como sempre, limpando os pratos de lata, e Itsche-Maier com êles.

No dia seguinte, antes mesmo que a luz da madrugada penetrasse pelas janelinhas do porão, não foi o apito do homem da Gestapo que despertou os deprimidos judeus, mas o "Glorificado e Santificado" de Itsche-Maier.

Alguns se ergueram cedo e o imitaram. Outros ficaram à espera do apito da S.S.

Itsche-Maier foi colocado na fila do pátio, com as abas do gabardo arregaçadas e metidas no cinturão, e conduzido com o grupo A para o trabalho.

O grupo foi transportado para fora da cidade. Chegaram a um campo onde estava sendo aberta uma estrada. Ali Itsche-Maier encontrou outros judeus que trabalhavam em grupos sob a direção de guardas da S.S. A estrada estava em construção. Uma turma cavava uma vala, outra, por meio de carrinhos de mão, retirava a terra, jogando-a sôbre o corte da estrada. Um grupo de judeus, nus como Adão até a cintura, carregavam sôbre o peito as pedras que levantavam de um grande montão, e as transportavam até a estrada, onde as deixavam cair. Outros, mais jovens, atrelados a enorme rôlo de ferro, nivelavam as pedras espalhadas. Itsche-Maier foi incluído na turma que levava as pedras do montão para a estrada.

O S.S. ordenou-lhe que tirasse o gabardo, como os outros. Êle o fêz. Mandou que tirasse a jaqueta, o *tales-katan,* a camisa. Obedeceu logo a tudo, só ao chegar ao *tales-katan* é que se deteve um pouco, como que indeciso. Mas o olhar do homem da Gestapo o recordou. Desvestiu-se e ficou apenas com as calças, prêsas aos ombros nus pelos suspensórios, o rosto amarrado com o lenço colorido. O S.S. arrancou-lhe o lenço, juntamente com o gorro. A cara de Itsche-Maier apareceu então em tôda a sua nudez. Rostos que usam barba parecem nus quando despojados de sua moldura. Têm um aspecto selvagem, desumano, como se o fantasma da barba os perseguisse. Itsche-Maier, que ainda ontem causara tal sensação entre o pessoal da Gestapo com a barba vigorosa e luzidia, hoje, sem ela, parecia um sentenciado meio escanhoado, um bandido degredado, lama e pó. O S.S. não tinha por que fazer muita cerimônia com Itsche-Maier, nem mesmo podia agarrá-lo pela barba. Deu-lhe apenas um pontapé no ventre e o mandou trabalhar.

No trabalho, porém, o S.S. não teve nada a criticar. Itsche-Maier o executava com perfeição, até mesmo com zêlo, como se quisesse satisfazer a si próprio. Carregava entre os braços e o peito tantas pedras quantas lhe era possível transportar e caminhava na fila a passos diligentes, levando-as a seu lugar onde as depositava. Não se permitia um minuto de descanso, uma só pausa.

O dia, de começo de outono, estava quente. O sol ardia sôbre a cabeça nua de Itsche-Maier. O suor escorria-lhe da fronte, molhando as finas bôlhas que principiavam a cicatrizar na pele arrancada de sua cara. Filêtes de sangue começaram a escorrer, misturando-se às bagas de suor que lhe gotejavam dos cabelos da cabeça. Juntos, pingavam-lhe sôbre o peito, a nuca e as costas alagadas de suor. Itsche-Maier porém persistia na sua faina. Uma caminhada após outra, sem intervalo. Só de tempos em tempos passava a mão nua sôbre a nuca molhada. A mão, porém, pouco ficava livre: não parava de abraçar as pesadas pedras. Itsche-Maier deixou, pois, que os filêtes mesclados de sangue e suor escorressem por seu corpo seminu; e executou sua tarefa com tanta perfeição que chegou a causar satisfação a seu feitor, o homem da Gestapo.

— *Jude* bom. *Jude* de fibra! Êste sim, é um judeu decente O que é você?

— *Jude schwein: habe keine Ehre!* — gritou Itsche-Maier bem alto.

— *Jude* bom, *jude* de boa vontade, *jude* decente.

A meia hora de descanso, que lhes foi concedida ao meio-dia, Itsche-Maier já a usou como os outros, segurando os pés entre as mãos.

À tardinha, quando o grupo de judeus foi reconduzido ao ponto de reunião, Itsche-Maier, como os demais, viu diante da cêrca baixa que rodeava o edifício de tijolos um grande movimento de gente. Chegando ao portão, Itsche-Maier notou um poste que sobressaía do pátio, acima do muro, e, sôbre êle, balouçando-se, três corpos de pés compridos, esticados e nus, dos quais haviam arrancado as botas. As pessoas do lado de fora observavam os enforcados, que permaneciam ali expostos para amedrontar a população. Algumas mulheres cristãs, ajoelhadas sôbre as pedras, rezavam de olhos fechados. Outras estavam paradas, petrificadas, mudas.

— Oh, Nute Moische se foi... — murmurou o judeu parceiro de Itsche-Maier na fila.

— Bendito seja Teu julgamento — disse Itsche-Maier para si mesmo.

— Resistiu!... Eu lhe disse que não resistisse!... Chamam a isso de "indisciplina" — grunhiu o outro.

— Estamos todos nas mãos de Deus — respondeu Itsche-Maier num sussurro.

Desta vez o grupo de judeus, ao voltar, manteve-se mais calado do que nunca. Não se animavam sequer a comentar o acontecido. Chegando ao porão, atiraram-se sôbre os sacos ou sentaram-se com os pés entre as mãos. As negras asas da morte, suspensas sôbre todos, tomaram os judeus sob a sua sombra. Receavam até soluçar como haviam feito outras vêzes, ficavam apenas sentados — com os pés entre as mãos.

— *Isgadal veiskadasch schmei rabó* — ouviu-se a voz de Itsche-Maier, desta vez mais alta e mais forte.

— Que pretende êle?... Atrair a desgraça sôbre nossas cabeças? — soaram vozes de protesto.

— Não viu então o que fazem aqui?

Desta vez, Itsche-Maier teve poucos seguidores. Em compensação foram mais numerosas as vozes de:

— Vamos!... Depressa... bem depressa... mais depressa...

— "...Deves amar a Deus com todo o coração, com tôda a alma e todo o teu ser..." — e Itsche-Maier arredondava bem as palavras.

— Vamos... chega... chega... — ouviram-se vozes angustiadas de todos os cantos.

Itsche-Maier engoliu as palavras que faltavam.

Assim passou uma semana inteira. Itsche-Maier distinguia-se por seu zêlo, sua disciplina e obediência, sua submissão e atividade. Tornou-se o "favorito" dos S.S. Apresentavam-no como exemplo aos outros judeus: — Êste sim, é um *jude* decente!...
Até pilheriavam com êle e diziam que iriam convertê-lo em *truppenführer* dos judeus. Realizava seu trabalho com tal perfeição que nenhum de seus músculos tremia em protesto ou

falta de vontade. E tudo continuou assim até a sexta-feira. Na tarde de sexta-feira, o S.S. reparou certa inquietude em Itsche--Maier. Cada vez que chegava ao monte de pedras a fim de efetuar o carregamento, estacava por um instante e observava o céu, para verificar a posição do sol. O feitor da Gestapo já por várias vêzes o despertara de sua meditação com um estalo do látego sôbre a sua cabeça. Mas Itsche-Maier continuava inquieto. Seus grandes olhos assustados não paravam de perscrutar em derredor. Eis que, afinal, foram reconduzidos após o trabalho. Itsche-Maier apressava-se como se quisesse correr à frente da turma; seu companheiro mal conseguia retê-lo. Graças a Deus, chegaram ao ponto de reunião antes que despontasse a primeira estrêla pela qual Itsche-Maier tanto explorara o céu. Mal desceram ao porão, e sem tomar fôlego, Itsche--Maier dirigiu-se logo à parede e começou a recitar:

— *Isgadal veiskadasch schmei rabó*...
— Depressa... vamos... apresse-se.

Esta vez Itsche-Maier não se deixou apressar. Depois de dizer todo o *Krischme* [4], tirou do bôlso um pedaço de pão que ali escondera embrulhado em papel. Erguendo o pedaço de pão, começou o *kidusch*:

— "Ao sexto dia da Criação, o Senhor terminou os céus, a terra e tôda a existência..."

Graças a Deus, tudo correu bem, sem qualquer tropêço.

Mas na manhã seguinte, depois que Itsche-Maier acordou todo mundo com seu "Glorificado e Santificado", continuou parado junto à parede. Já se ouvia o longo apito, todos já se apressavam a formar as fileiras para sair — Itsche-Maier mantinha-se junto à parede, balouçando-se.

— Itsche-Maier — sacudiu-o alguém — vamos...

Itsche-Maier não reagiu, continuou a balouçar-se.

— Itsche-Maier!...
— Arrastem-no!...

Itsche-Maier não se deixou arrastar e não interrompeu o vaivém de seu corpo.

— Você está arriscando a cabeça!... Vamos!...
— Itsche-Maier!... — fêz-se ouvir uma última voz.

A turma marchou para fora. Itsche-Maier não arredava de junto à parede.

Logo começaram a chover vergastadas sôbre a sua cabeça e êle ouviu gritos estridentes, como se demônios dançassem à sua volta.

— Maldito *jude!*...

Itsche-Maier deixa que chovam os açoites sôbre a cabeça e continua a balançar-se.

(4) *Kiriat Schmá*, uma das principais orações diárias.

Um golpe no costado. Vacila. Está cara a cara com olhos que cospem fogo e uns dentes brancos, salientes, aguçados. Um murro lhe alcança o rosto.
— Para fora!
— Caro senhor, hoje não posso. Hoje é dia de descanso...
— explica Itsche-Maier e tenta transformar em cara amável e sorridente o nariz inchado e sangrando.
— O quê?...
— Hoje é o nosso *schabat*... é o dia do repouso... hoje não posso...

O S.S. não mais o espancou. Agarrou-o pela nuca e o conduziu para fora do porão, levando-o ao gabinete do chefe de grupo. Bateu os tacões das botas e esticou o braço:
— Heil, Hitler!
— Heil, Hitler! O que houve?
— Quebra da disciplina!

Os olhinhos do *truppenführer* diminuíram ainda mais no rosto severo. Refletiu por um instante. Reconhecia-o: o judeu de barba grande. Tinha a seu respeito um relatório: "Voluntarioso". Por melhor que na escola tivessem instruído o chefe de grupo para a sua profissão, por mais isento que estivesse seu coração de qualquer resquício de compaixão, o fato é que, seja por causa da conduta de Itsche-Maier durante todo o tempo, seja porque a brincadeira com a barba de Itsche-Maier fôra muito divertida, o judeu suscitou-lhe agora um último raio de humanidade. Quis salvar o desatinado judeu "puro sangue". Ergueu-se e acercou-se do judeu que se encontrava diante dêle indiferente, com um riso idiota no rosto ensangüentado. Tomando o látego da mão do S.S., passou-o pela cabeça do judeu e lhe perguntou:
— O que é você?
— *Jude schwein: habe keine Ehre!* — respondeu Itsche-Maier em voz altissonante.
— Bem. Agora vai para o trabalho, *jude!* — disse o chefe de tropas.
— Caro senhor, hoje não posso!... Hoje é o dia do repouso...
— Levem-no! — bradou o chefe de tropas.
— Heil, Hitler!
— Heil, Hitler!

O chefe de grupo ergueu o fone para falar. Alguma coisa devia estar influindo nêle. Repôs o fone no gancho e chamou o S.S. que já levava Itsche-Maier para fora.
— Alto! Mostra-lhe a fôrca.

Conduziram Itsche-Maier até a fôrca e mostraram-lhe o poste.
— Você sabe o que é isto, *jude*?

— Sim, eu vi... é onde enforcam gente... — respondeu Itsche-Maier.
— Você será enforcado se não fôr para o trabalho.
— Meu caro senhor, já lhe disse... hoje não posso... Juro que não posso. Hoje é o *schabat,* o dia do descanso...
Avisaram o chefe de grupo. Êste telefonou para a instância superior e recebeu a ordem: "Enforcar o judeu Itsche-Maier Rosenkrantz por quebra de disciplina, no mesmo dia às seis horas da tarde, junto com outros dois de religião católica".
Quando levavam Itsche-Maier ao patíbulo, êle não cessava de murmurar as orações sabáticas. A fôrca não o inquietava. O que o inquietava, e por isso êle não desfitava o céu, era se o Sabá estaria chegando ao fim. Vendo que ainda era dia claro, dirigiu-se ao guarda que o havia acompanhado:
— Meu caro senhor, tenho um pedido a fazer-lhes, já que foram tão bons comigo...
— O que é, *jude*?
— Esperem até que saiam as primeiras estrêlas... — Indicou o céu: — Hoje é dia de repouso...
O S.S. ficou perplexo ante o estranho pedido do judeu. Depois sorriu.
— Está bem, *jude*. Os outros serão enforcados antes.
Os dois católicos, condenados com Itsche-Maier, foram enforcados primeiro, mas a sua vez chegou antes que pudesse concluir suas orações sabáticas.
— Tu és o Único, e Teu Nome é Único... — sussurrava Itsche-Maier, enquanto lhe passavam a corda no pescoço.

Ao anoitecer, quando os judeus voltaram do trabalho, depararam de nôvo com grande bulício junto ao portão. Acima do muro divisaram logo o corpo hirto de Itsche-Maier balançando-se no patíbulo, com outros dois. Os pés nus de Itsche-Maier, aos quais foram arrancadas as chinelas, estavam esticados. A maior parte dos judeus conservava os olhos baixos, enterrados ao chão, para não ver, e sufocaram o gemido:
— Itsche-Maier também se foi...
A maioria permaneceu calada, mas, quando entraram no porão, não se atiraram sôbre as tábuas, não tomaram os pés entre as mãos, mas logo surgiu alguém que se postou junto à parede e começou a balouçar-se e clamou em voz alta:
— *Isgadal veiskadasch...*
Ninguém mais exigiu: "...depressa......mais depressa!..."; pelo contrário, um após outro, os judeus colocaram-se atrás do chantre e todos começaram a balouçar-se:
— *Isgadal veiskadasch...*
Itsche-Maier obtivera um continuador.

KIDUSCH HA-SCHEM

"Temos vergonha de descrever tudo o que os cossacos e tártaros fizeram aos judeus, para não humilhar o ser humano, que nasceu da imagem divina." (De velho livro sagrado.)

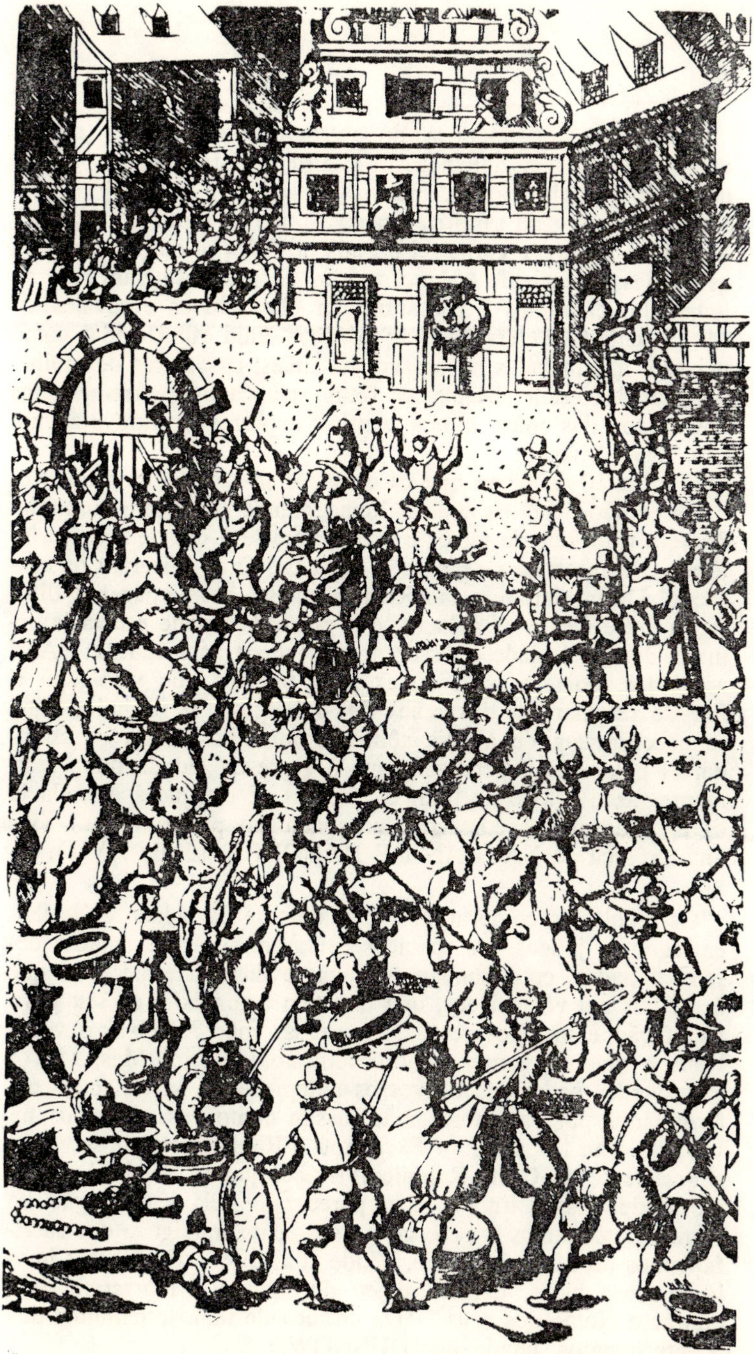

"Em muitas comunidades, do outro lado do Dniéper, que se encontravam nas vizinhanças do teatro de luta, cuja população não logrou fugir, (muitas pessoas) morreram em meio a terríveis torturas, pela santificação do Nome. A alguns arrancaram a pele do corpo e a carne foi atirada aos cães; a outros cortaram as pernas a machado e lançaram os corpos desmembrados ao longo dos caminhos e passaram por cima carros e cavalos... Muita gente foi enterrada viva; crianças eram espostejadas como peixes e apunhaladas no regaço das mães; os ventres de mulheres grávidas eram abertos, os fetos arrancados e arremessados aos rostos das mães e nos ventres expostos costurava-se um gato ainda vivo. (...)

"E foi a 20 de Sivan que os cossacos se aproximaram de Nemirov e tão logo os judeus dessa cidade avistaram a horda, ficaram transidos de terror e recolheram-se à cidadela da fortaleza... e aprestaram-se para o combate. O que fizeram os cossacos? Desfraldaram a bandeira polonesa, para apagar a diferença entre êles e os polacos, e a gente da cidade estava informada dessa falsidade e disseram aos judeus na fortaleza: "Abri as portas, pois se trata do exército polonês que veio aqui a fim de resgatar-vos das mãos dos inimigos". E os judeus que se encontravam de atalaia sôbre as muralhas viram os estandartes poloneses e pensaram que a gente da cidade tinha realmente razão e logo abriram os portões. E eis que à entrada já os aguardavam os cossacos de espada em punho. (...) (De uma crônica de NATHAN DE HANOVER, século XVII).

"Os revoltosos compraram o comandante da cidade e êle lhes entregou os judeus. Os cossacos cercaram-nos com espadas desembainhadas, com punhais e lanças e lhes disseram: Por que acreditais em vosso Deus, que não tem compaixão de seu povo na aflição e não vos resgata de nossas mãos? Deixai o vosso Deus e vivereis como senhores em nosso meio! Mas, se vos mantiverdes na crença de vossos antepassados, sereis todos exterminados por esta nossa mão, assim como vossos irmãos na Ucraína e na Lituânia. — Exclamou o Rabi Eliezer, nosso Rabi e Presidente da Côrte Rabínica: Irmãos judeus, lembrai-vos da morte de nossos irmãos, que pereceram pela santificação do Nome. Estendamos o pescoço à espada do inimigo e nos sacrifiquemos no Martírio da Fé. Vinde comigo! — E milhares imolaram suas vidas, despediram-se do mundo e morreram para honrar o Nome dos céus." (Da crônica de uma testemunha dos acontecimentos, citada por DUBNOW.)

PRIMEIRA PARTE

1. BEM LONGE NAS ESTEPES

Não se via coisa alguma. Tudo estava envolto em uma nuvem de fumaça que, saindo do forno recém-aceso, invadia o aposento. De dentro da fumaça podia-se ouvir a voz gritante de um garôto que acompanhava a voz impaciente de um homem. Cantavam um verso do Pentateuco, e o hebraico original e a tradução seguiam-se, um à outra, em frases alternadas.

— *Va-iomer* — e Êle falou, *Elohim* — Deus, *el Mosche* — a Moisés, *lemor* — para dizer...

Quando os rolos de fumaça começaram a desvanecer-se, surgiu, como que através de uma neblina, primeiramente o enorme forno que ocupava metade da sala, e sôbre êle algo imenso, disforme e escuro. Parecia que um pedaço do forno se destacava do resto e começava a mover-se. Algo evoluía e assumia a forma de um homem com vasto ventre e longa barba ruiva. E apareceram também, através da fumaça, uma larga e comprida mesa de taberna, sôbre a qual se empilhavam barris e barriletes de aguardente, algumas prateleiras cobertas de tecidos, e maços de vela que pendiam de uma delas. À mesa de albergue, estava sentado um judeu de *peies* encaracolados e solidéu coberto de pena do travesseiro. Envolvia-se numa espécie de jaqueta feminina acolchoada, um lenço e um xale, e balançava-se debruçado sôbre um velho livro. Empoleirado em um dos barriletes de aguardente, junto à mesa, via-se um rapazinho todo vestido de branco: roupão branco, chapéu branco, pequeno *tales,* branco

também. O menino balançava-se sôbre o Pentateuco, em uníssono com o pai e repetia em sua vozinha estridente:
— *Va-iomer* — e Êle falou, *Elohim* — Deus, *el Mosche* — a Moisés, *lemor* — para dizer...

Mas não deixaram pai e filho por muito tempo dobrados sôbre o Pentateuco. Do forno aproximou-se a grande, escura e desconjuntada figura. Só agora, depois de separada do forno, tornava-se possível reconhecê-la. Era um pope, alto, gordo, superalimentado, como que um pedaço do forno a se arrastar e se balançar sôbre duas pernas. Enfiara as duas mãos no largo cinturão; com um movimento da testa, e sem utilizar as mãos, suspendeu para o cocuruto seu alto gorro de pele. A testa baixa e curta estava alagada de suor que lhe escorria pelo nariz peludo e sumia na imensidão da longa barba ruiva. Observou por um instante o judeu, depois disse:

— Mendelu, Mendelu, tenha dó de uma alma cristã. Mais um quartilho só, só para afugentar Satã, o maldito, o mau espírito que não pára de me amolar para que eu fique bêbedo. Vou adormecê-lo e expulsá-lo. Tenha dó, Mendelu!

— *Ai, ai,* paizinho, você não vai embebedar Satã, o malvado, você não vai expulsá-lo. Quanto mais ceder a seu impuro gasnete, mais êle há de martirizá-lo. É melhor não alimentá-lo, deixá-lo na secura. Quando êle perceber, o maldito Satã, que com você não consegue nada, êle o deixará em paz. Entrará em Stepã, em Ivã, e êle o deixará.

— Você disse bem, falou inteligentemente, você é um sábio, Mêndel, eu o escutarei — diz o alto pope, voltando para seu lugar no banco de madeira junto ao forno. Senta-se calmamente e apóia a cabeçorra entre as duas mãos achatadas. Com a comprida e espêssa barba ruiva, que se arrasta qual uma vassoura, enxuga o suor da testa.

— *Va-iomer* — e Êle falou, *Mosche* — Moisés, *el b'nai Isroel* — aos filhos de Israel, *lemor* — para dizer... — recomeçou o judeu seu estudo com o filho.

O pope agarrou a palavra Moisés e brincou com ela, afagando a longa barba ruiva com a mão.

— Moisés, Mosche, Moisei — disse êle — nós o conhecemos, sabemos dêle. Lemos nos livros sagrados a seu respeito. Êle viu Deus, falou com Deus, subiu ao Monte Sinai. Sabemos dêle. Foi um pastor para seu rebanho. Um bom pastor, não como tu, Stepã Kvatkov — vituperou-se a si mesmo. — Um demônio se instalou em tua pança gorda e está acabando com tua vida, oh, amaldiçoado, filho de um cão, que não queres te acalmar, vou te espancar, e já! — o entroncado pope começou a golpear

com ambas as mãos o gordo ventre, e com tôda a fôrça que possuía.
— Paizinho, paizinho, o que está fazendo? Que há com você? — exclamou o judeu assustado, e seus cachos laterais tremiam de pavor.
— Êle não quer se acalmar, o filho dum cão — disse, indicando a barriga — de modo que vou lhe dar uma boa surra.
— Não demais, devagar... devagar... — implorou o judeu e recomeçou o estudo com o filho.

Logo, porém, o pope voltou a aproximar-se da mesa e, envergonhado, disse ao judeu:
— Espanquei-o bem, mas o bicho não quer se acalmar, êsse filho dum cão. Sabe de uma coisa, Mêndel, vou tratá-lo como bom cristão. Êle me amola, mas eu, em paga, vou lhe dar vodca para beber. Vou tratá-lo com amor cristão, é a peça que lhe vou pregar. Êle há de se assustar e fugirá. Pois onde Satã percebe Cristo, recua. Salve uma alma, meu caro, ajude a praticar uma ação cristã. Expulsar Satã de uma pança pecadora, ajude, Mendelu!

A tal argumento o judeu não podia e inclusive temia opor-se. Suspirou amargamente por causa do honesto vintém que ia perder na barganha entre Satã e o amor cristão, barganha a que fôra arrastado contra sua vontade. Encheu para o pope um quartilho de aguardente e recomeçou a se sacudir com maior ímpeto sôbre o livro, aberto, à sua frente, sôbre o *tales-katan*. E o "paizinho" lançou-se ao santo trabalho de expulsar Satã de sua enorme barriga, com o auxílio de amor cristão e vodca judia.

A cena passou-se entre o pastor do rebanho eslavo, Padre Stepã, e o taberneiro judeu, Mêndel, numa tarde nevosa de inverno, na taberna de Zlotschev. Zlotschev situava-se lá no fundo da estepe da Podólia, não distante da "Vereda Verde", e pertencia ao senhor de Tschernin, Konietzpolski.

Mêndel fôra o único judeu que se atrevera a arrendar a taberna e a igreja ortodoxa, tão longe na estepe, próximo aos cossacos Zaporogues, e muitas vêzes, no seu comércio, metia-se por aquelas lonjuras até o *Setch,* de um ou de outro lado do Dniéper, onde os cossacos livres se reuniam em conselho para decidir as guerras contra o Turco ou para eleger seus hétmãs.

Mêndel costumava levar aos cossacos couro de terneiro, que obtinha dos judeus de Volínia, peles de carneiro bordadas, tecidos de cânhamo, lã campônia colorida, licores de fruta e gostosas bolachas de mel judias, preparadas por sua mulher e que os cossacos muito apreciavam.

Às vêzes voltava do *Setch* com a barba meio esfiapada ou um *peie* a menos, mas sempre com um saco cheio de moedas de cobre, *paims* [1] polonesas, *guildens* e peças turcas de prata. Em troca da mercadoria, trazia também espingardas turcas e sabres de copos de marfim esculpidos e ornados com pedrarias do Oriente, tapêtes tártaros e mantos cossacos de rapôsa. Os artigos cossacos e tártaros, Mêndel os levava às feiras de Tschirin, de Lubne, onde morava o Príncipe Vischniovietski, o senhor de Rus, que era grande amigo dos judeus, e em cuja cidade os judeus podiam morar e negociar livremente.

Mêndel vivia bem com seus vizinhos, os rudes cossacos. Mantinha para êles um pequeno armazém na taberna e o negócio dava bem. Mas sentia-se mal. Mêndel não conseguia viver sem judeus. E judeus não queriam instalar-se em Zlotschev. Zlotschev ainda era um lugar impuro... não havia ali nem sinagoga nem cemitério consagrado. Por mais que se empenhasse em obter permissão do fidalgo para construir uma sinagoga, nada conseguia. O Padre Koslovski, dos jesuítas, estabelecido em Tschirin, com a missão de converter os cossacos à fé católica, impedia por todos os meios a concessão dessa licença para uma sinagoga em Zlotschev, por mêdo de que os judeus, não o queira Deus, dissuadissem os cossacos de adotar o credo católico. A fim de humilhar mais ainda a fé ortodoxa aos olhos dos cossacos, obrigava o taberneiro a manter em arrendamento a igreja ortodoxa, de maneira que os cossacos fôssem coagidos a pedir ao judeu da taberna a chave de sua igreja.

Mêndel esforçava-se por guardar seu judaísmo entre os cossacos, na solitária taberna em plena estepe. Para os Dias Santificados ia a Tschirin e armazenava judaísmo para o ano todo.

Seu único filho, Schlomo, concedido por Deus após seis anos em que Ioheved, sua espôsa, não concebera, e o qual, como penhor de promessa, andava sempre vestido de branco, já era um menino crescido, de seis anos, e nenhum *melamed* queria vir à taberna. Mêndel ensinava-lhe tanto quanto possível, mas êle próprio não sabia muito. Amiúde surge uma questão, e sòzinho a gente não sabe mexer com os livros sagrados... e o lar vai ficando grosseiro. A mulher aprende hábitos das mulheres cossacas e pessoalmente não se sabe o que é ou não permitido. Por isso, há muito desejava largar a tasca e mudar-se para um lugar onde morassem judeus. Mas tinha pena de deixar o negócio. Estudava pois com Schlomo o mais que podia, sentado atrás da mesa da estalagem, entre os barris de aguardente e os campônios bêbados, tal como procedia agora, quando o paizinho Stepã se intrometera com o Satã. Ensinava ao filho a única

(1) Moeda de três *groschens*.

coisa que sabia: — *Va-iomer* — E falou, *Elohim* — Deus, *el Mosche* — a Moisés, *lemor* — para dizer...

Parece, contudo, que Satã se assustou realmente com a dose de amor cristão que o paizinho lhe administrou. Quando o paizinho Stepã encheu bem o tonel, começou a falar como criatura sóbria. De repente, pôs-se a bater com o punho no peito e a invectivar a si mesmo.

— És um pecador, paizinho Stepã! Deus entregou-te um rebanho de ovelhas para cuidar, confiou-te o cajado do pastor: dá-lhes pasto quando tiverem fome e dá-lhes de beber quando tiverem sêde. E tu não o fizeste. Não lhes deste pasto quando tinham fome, nem os dessedentaste quando tinham sêde. Mas ao judeu vendeste tua alma por um quartilho de aguardente. O judeu ali está, rezando a seu Deus, e tu, paizinho, ficas entornando. Fôste tu, judeuzinho, quem fêz isso, eu sei. A mim embriagaste, e rezas a Deus.

— Paizinho querido, o que é que você está dizendo? Que palavreado é êsse? Vá à igreja, paizinho. Tome, aqui está a chave da igreja. Reze a seu Deus o quanto quiser, por acaso eu o impeço? Pelo contrário, um judeu gosta de ver como os não--judeus rezam. Gostam muito mesmo. Tome, aqui está a chave, vá à igreja.

— E entregaram ao judeu as chaves da Santa Igreja. Insultaram a igreja. Humilharam a fé. E tu, pastorzinho, ficas sentado e entornas. Oh, os irmãozinhos da estepe hão de chegar galopando, oh!, êles hão de vir, os rapazes, em seus cavalinhos ligeiros, da outra margem do Dniéper hão de vir e o agravo a Deus hão de vingar! Libertarão o povo dos *pans,* libertarão as igrejas dos judeus e vingarão o agravo cometido contra Deus!

— Ai de mim, o que estou ouvindo? Psiu! Silêncio! — o judeu saiu correndo de trás da mesa e com a mão tapou a bôca do espigado pope. — Psiu! silêncio! As paredes hão de ouvir, o vento levará ao *pan,* você será esfolado vivo. Psiu! Silêncio! silêncio!... — e o judeu olhou aterrorizado para todos os lados, seus *peies* tremendo, no temor de que alguém tivesse ouvido as palavras do pope. — Psiu! Você pode beber quanto quiser. Tome... tome... beba. Oh! Pai do céu, não tenho mais fôrça. Logo em minha taberna êle tinha que começar. Por que me castigas assim? Mais um quartilho por nada! Oh! tomara que adoeça! Tome, beba e cale-se!

Ameaçar o judeu com os irmãozinhos da estepe era o melhor meio de lhe extorquir vodca, afora o recurso a Satã e ao amor cristão. O pope, ao receber nas mãos o quartilho de aguardente que o judeu lhe serviu, ainda a transbordar devido à pressa e à afobação, tranqüilizou-se, sentou-se de nôvo no banco junto ao forno, acariciando com as mãos sua longa barba e sorvendo pouco a pouco do quartilho. E o judeu voltou a acomodar-se atrás da mesa da taberna, mas não conseguiu prosseguir em seu estudo. Não parava de gemer:

— Pai, meu Pai, por que me castigas assim? Qual é o meu pecado? Se eu não arrendo a igreja ortodoxa, o padre polonês me espanca; se eu a arrendo, o pope me ameaça com os seus irmãozinhos. E uma sinagoga não me concedem, e judeus não há, e estudar não se pode, e o filho cresce sem Torá! Vou largar a taberna, fugir de Zlotschev, para onde os meus olhos me levarem! Sem sinagoga e sem judeus, só popes bêbados! Ai, meu Deus!

— Você não precisa fugir, Mendelu, não nos abandone, Mendelu — exclamou o pope, que parecia não ter ouvido as falas do judeu. — Pois você é para nós como um verdadeiro paizinho, e a sinagoga nós lhe daremos. Os irmãozinhos virão da estepe, virão em seus cavalinhos ligeiros. Matarão os *pans* e lhe darão uma sinagoga. Intercederei por você.

— Acuda, meu Deus! Êle já está começando de nôvo com os irmãozinhos. Psiu! Quieto! Psiu! — e o judeu, assustadíssimo, tornou a sair correndo de trás da mesa.

Quem sabe como terminaria o caso, se a velha Marucha, uma robusta cossaca que servia ao judeu, não viesse em socorro de Mêndel nessa hora penosa. Entrou, vindo da casa vizinha, separada da taberna por uma cêrca, e onde o judeu morava. Estacou diante do pope, com os braços gordos e carnudos nus naquele frio dia de inverno, as mãos nos quadris.

— É preciso dar-lhe umas pancadas para seu próprio bem, paizinho — disse a velha — senão você não se acalmará. Você encheu os chifres do Satã e agora quem está falando em você é um espírito.

— Ajude, mãezinha, ajude, pratique um ato cristão! Dei-lhe uma boa surra, mas êle não me atende. Está muito confiado, o Satã...

— Espere, paizinho querido, espere que eu vou lhe ajudar! — e pegando o balde de águas servidas que se achava junto à porta, esvaziou-o sôbre a cabeça do pope.

— Oh! Como é bom... — o pope salivava de prazer.

— E então, paizinho, está melhor? — indagou Marucha.

— É preciso surrá-lo mais um pouquinho, depois êle se acalmará de todo.

— Espere, paizinho, espere, eu vou ajudá-lo. — E a velha Marucha aproximou-se do pope e com suas grandes e robustas mãos pôs-se a esmurrar-lhe a pança.

— Devagar... devagarzinho... devagarzinho... — dizia o judeu, de longe, gesticulando.

2. PERDIDA A CONTA DOS DIAS

Começou a escurecer. A neve embaixo da janela principiou a avermelhar-se e depois assumiu um colorido violeta. O vento da estepe batia nas paredes da taberna e parecia que, se não o deixassem entrar, ergueria o telhado de palha do casebre. Na taberna escureceu. O pope, depois que Marucha expulsou dêle o espírito, caiu roncando sôbre o banco junto ao forno. Seus roncos soavam como o soprar de uma trombeta de pastor e transtornavam a todos que ali se encontravam.

A taberneira, Ioheved, entrou vindo do outro quarto, que era separado por um tabique. Na mão trazia um graveto aceso que iluminava seu rosto jovem e viçoso e as muitas toucas e xales que tinha sôbre si. Acercou-se do forno e acendeu uma torcida embebida numa vasilha com cêra derretida. Içou uma enorme gamela e começou a enchê-la de farinha para fazer levedura.

— O que é que você está fazendo, Ioheved? — perguntou Mêndel.

— A massa dos *hales*. O forno já está aquecido.

— Por que êsses *hales* no meio da semana?

— Valha-me, Deus! Já estamos na quinta-feira — retorquiu a mulher, surprêsa.

— Você está enganada, Ioheved; ainda é quarta-feira. Você perdeu a conta de nôvo, Ioheved? — berrou o marido. — Ioheved, vivemos num deserto, onde não há um só judeu e você perde a conta dos dias!

A mulher estacou, cheia de culpa, com a lamparina na mão, e disse, suplicante:
— Não me atormente, Mêndel. Olhe no calendário. Hoje é quinta-feira, Mêndel!

Mêndel suspirou e foi até o grande cartaz pendurado à parede da taberna — o calendário anual que o Conselho dos Quatro Países mandou imprimir em Lublin para o uso dos estalajadeiros residentes em regiões longínquas e não-judias. O calendário, sublinhado com diferentes côres, apresentava-se crivado de cavilhas de madeira que serviam de diferentes lembretes para Mêndel. Durante longo, longo tempo Mêndel se aprofundou no estudo do calendário, depois perguntou à mulher:

— Ioheved, que dia foi antes de ontem? Segunda ou têrça-feira?

— Valha-me, Deus, você não sabe que dia foi anteontem? Mêndel, Mêndel, Mêndel, se você não sabe, como vou saber eu que sou uma simples mulher pecadora?

Mêndel tornou a abismar-se no calendário, enquanto Ioheved esperava, angustiada. O fato do marido ter perdido a noção dos dias produzia sôbre ela o mesmo efeito que se se tivesse perdido no meio da noite na estepe.

— Que vamos fazer, Mêndel? É um perigo mortal um judeu não saber em que dia da semana está, Mêndel.

— Por que está chorando? Por que está gritando? Chame Marucha.

A cossaca Marucha, que servia ao judeu Mêndel, tornara-se, no curso dos anos que vivia com Ioheved, tão perita em costumes e obrigações rituais judias, que uma de suas funções na casa de Mêndel era providenciar o judaísmo no lar. Com o filho único de Mêndel, Schlomele, a quem amamentara e criara, dizia tôdas as manhãs o "Rendo graças" e lia o "Ouve, ó Israel" antes de dormir. Lembrava-lhe também a cada refeição as bênçãos a pronunciar. Marucha devia ainda ter em mente o dia da semana para se saber quando preparar o Sabá.

Aos gritos de seus patrões, Marucha acudiu. Quando verificou que êles estavam perdidos quanto ao calendário e não sabiam quando celebrar o *schabat,* foi tomada de tamanho susto que, embora certa de que anteontem fôra segunda-feira, confundiu-se logo e ficou temerosa de afirmar algo com certeza, num assunto tão importante.

— Como é que eu vou saber, *panóvie?* Sou apenas uma alma cristã. Talvez segunda, talvez têrça. Deus, tenha piedade!

Marido e mulher se entreolharam, aterrorizados. Todos começaram a gritar ao mesmo tempo: o marido, a mulher e a empregada. E o menino, vendo os adultos gritar, começou a gritar também. O berreiro despertou o padre adormecido. Bocejou, olhando espantado para todos os lados.

Kidusch ha-Schem

— Paizinho querido, salve-nos — pediu-lhe Mêndel. — Você não sabe que dia foi anteontem? Segunda ou têrça?
— Segunda ou têrça? Anteontem? Espere, deixe ver — diz o padre. Arregaça a manga e começa a contar pelos dedos: — São Jorge cai sempre numa quinta-feira, no primeiro dia depois da segunda semana de São Paulo, quando começa a nevar. Então recitamos na igreja uma oração ao venerando Santo Antônio.
— Ai de mim!, o pope é teu rabi, Mêndel... Mêndel! — a mulher começou a chorar.
Mêndel continuava pensativo, examinando o calendário. Mas em vão foi sua procura. Para saber se hoje era quarta ou quinta-feira, precisava determinar que dia fôra anteontem: segunda ou têrça, e isso nenhuma alma viva em Zlotschev podia dizer-lhe.
Por um minuto a casa inteira quedou-se trêmula de susto, todos temiam mexer-se, como se esperassem o fim do mundo. Mas, de repente, a porta se abriu violentamente, com um golpe de vento, e dentro da taberna caiu, perseguida pela ventania, uma criatura baixinha, coberta de neve, enrolada num sobretudo, em lenços femininos, em xales masculinos e tôda a sorte de vestimentas. Não se via rosto humano. Estava tão enevado que formava uma bola de neve, e só pela voz, que logo se fêz escutar, se pôde deduzir tratar-se de ser humano.
— Louvado seja Deus! Aqui mora um judeu? — disse a voz.
— Sim, judeu... judeu — marido, mulher, criada e até o pope responderam com alegria, rodeando a reduzida e enevada criaturinha.
O homenzinho de neve começou a desembrulhar os xales, os lenços, o sobretudo coberto de neve; tirou, uma após outra, as roupas e, quando se livrou das diversas vestimentas, restou um judeuzinho miúdo, baixote, branco, de curta barbicha branca, cabelos brancos como a neve e dois claros olhos infantis, com um sorriso de criança grande na fisionomia límpida. Estendeu a mão em amável cumprimento a Mêndel.
— Louvado seja Deus, encontrei um judeu. *Scholem aleihem!*
— Venha para junto do forno, caro senhor, êle está quente — convidou a arrendatária.
O judeuzinho aproximou-se do forno, abraçou-o como se abraça um velho e bom amigo e disse:
— Pensar que um judeu venha parar nesses cafundós da estepe. Em que lugares, Senhor do Universo, os teus judeuzinhos acabam te encontrando, longe, nos cafundós da estepe êles te encontram, Pai do Céu!
— E de onde chega o senhor a êste lugar tão afastado? — só agora é que Mêndel voltou a si.
— Assim, à toa. É que eu sou um alfaiatezinho, bem conhecido, graças a Deus, nas redondezas entre os arrendatários. Cos-

turo peliças e roupas para a criançada, Deus lhes dê saúde, enxovais de casamento, e tudo o mais que judeus precisam. Ouvi dizer em Karsum que Zlotschev já tem um taberneiro judeu e então pensei comigo: vou dar uma espiada para saber o que faz um judeu numa lonjura assim e, ao mesmo tempo, se houver uma roupa para reformar, ou crianças para ensinar, porque, com a graça de Deus, sou *melamed* também.

— É como se Deus o tivesse enviado no exato momento. Esquecemos em que dia estamos... Vivendo entre os *goim,* sòzinhos no deserto, perdemos a conta dos dias — diz a mulher.

— Saberá o senhor, meu caro, nos dizer que dia é hoje entre os judeus?

— Perderam a conta dos dias? Ai... ai... ai... Para que um judeu precisa saber o dia no deserto? Por causa do Sabá, suponho, para saber quando fazer a massa do *hale*. Veja, Paizinho, quão fiéis são Teus judeuzinhos, mesmo na estepe selvagem! Entre gentios êles não Te esquecem, guardam o Teu Sabá. E ficam certamente angustiados quando esquecem o dia, por isso vou dizê-lo logo. Deixem-me ver primeiro os meus nós — diz o judeu e pega no cordão de sua sacola. — Acontece muitas vêzes que a gente esquece mesmo o dia, faço pois êsses sinais para mim. Cada dia dou um nó no cordão da sacola. Meus nós dizem que hoje é, vejamos, sim! o quarto dia da semana, quarta-feira para todos os judeus. Vou lhes dar um bom conselho: coloquem sôbre o forno, como lembrete, achas de lenha, como fazem os outros arrendatários. Quando chega o domingo, deposita-se uma acha de lenha sôbre o forno, na segunda-feira, outra, na têrça-feira, mais uma, e quando a gente conta sete achas, sabe que chegou o sagrado *schabat*. E isso é feito pela dona da casa — volta-se êle para Ioheved — porque é perigoso confiar no homem.

— Muito obrigado, senhor, pelo bom conselho que nos dá — exclama Mêndel em lugar de sua envergonhada mulher. — Vá, faça uma sopa de grãos para o hóspede — e voltando-se para êste:

— Enquanto minha mulher prepara os grãos, rezaremos a Oração Vespertina. Está ficando tarde.

A taberna transformou-se logo numa pequena sinagoga. Num canto, encontravam-se, em pé, pai e filho, no outro o visitante, e entoaram as Dezoito Bênçãos. Do forno vinham o sabor e o aroma de grãos que Ioheved fritava com cebola. Sentia-se o cheiro na casa, excitando fortemente o apetite do enorme pope. Aspirava pelas largas narinas o gôsto da cebola e dos grãos fritos e engolia a saliva aguada que lhe enchia a bôca, e estalava os lábios. Sabia, porém, ser pouco provável que o admitissem ao prato de grãos, e ficou muito triste. Esfregava as costas na parede do forno e, lambendo os lábios como um gato, disse, com grande dó de si mesmo:

— Oh! Paizinho, oh! meu Deus, êsses judeus incréus comem grãos com cebola frita e deixam esfaimada uma piedosa alma cristã. Vinga-te, Paizinho, meu Deus!

Mêndel fingiu não reparar nos olhos faiscantes e na cara afogueada do pope. Convidou o visitante a entrar no quarto vizinho e colocou Marucha atrás da mesa da taberna, para que tomasse conta dos barris de aguardente, por causa do pope. Êsse suspirou amargamente, vendo atrás da mesa Marucha, com seus braços nus. Tôda a sua esperança se desvaneceu e êle se esforçou por mergulhar em pensamentos piedosos.

À refeição, o hóspede, enquanto envolto pelo vapor que emanava da vasilha de barro cheia de grãos no centro da mesa, começou a examinar o menino.

Beliscando a face de Schlomele, perguntou:

— E então, meu rapagão, diga, o que é que você estuda?

— Já tem seis anos, benza Deus — respondeu o pai por êle.

— E mal começou o Pentateuco. É duro ser judeu na estepe.

— Deus há de compensá-lo — consolou-o o visitante. — O senhor ainda terá o privilégio de ver Zlotschev convertida num lugar judeu e terá a honra de ser o *parnas* da comunidade.

Mêndel ficou pensativo por um minuto.

— E o lugar precisa mesmo de uma sinagoga — ajuntou o visitante. — Uma estepe tão vasta e sem sinagoga... E se o Senhor do Universo deseja que Seus judeuzinhos rezem a Êle, o fidalgo terá de conceder a sinagoga. Terá de dar, será obrigado. O céu há de obrigá-lo. Como não vai querer?

3. UMA SINAGOGA! UMA SINAGOGA!

O Conde Konietzpolski desceu a Zlotschev para uma caçada. E no pavilhão de caça ofereceu um baile a seus convidados. O intendente de Zlotschev mandou Mêndel a Nemirov, em busca de uma orquestra judia e de um estoque de luvas, que Mêndel venderia a "Suas Excelências", para a dança com as nobres damas polonesas.

O pavilhão de caça era construído com altas tôrres ao estilo sueco e os salões eram iluminados por numerosas velas nos castiçais de ferro. E os *pans,* nas longas *kantuchas* polonesas, de largas golas de zibelina, a pender de seus ombros, e com os gorros de hussardos de grande penacho de pavão nas mãos, conduziam para a mazurca as damas vestidas de cetim branco debruado de arminho real. O violino judeu trinava, recortava uma melodia em estirados tons e os címbalos judeus da banda de Nemirov soavam surda e docemente, batendo o compasso. Suas mui "Nobres Excelências" marcavam o ritmo da música com as pontudas esporas de bronze dos saltos, e as *panies* também acompanhavam com seus saltinhos dourados que lhes ornavam os sapatinhos de pele. E Mêndel, com luvas novas e passadas, corria de uma "excelência" a outra, e implorava:

— Um par de luvas para a dança com a linda e radiante nobre senhora.

Após cada dança as "excelências" deixavam cair as luvas das mãos e agarravam um nôvo par de Mêndel. Não era de bom-tom bailar com duas damas usando as mesmas luvas. Schlomele, o filho de Mêndel, com os *peies* tremelicando, vagava entre as pernas das "excelências", catando as luvas usadas que levava ao pai. Êste as colocava na prensa de madeira, alisando-as, endireitando-as, depois voltava a oferecê-las:

— Troquem de luvas, Excelências. Honrem as damas trocando as luvas. Não fica bem dançar com as radiantes nobres senhoras de luvas usadas, Excelências!

Mêndel não parava um instante. Quando não vendia luvas, estava passando-as, cantarolando versículos dos Salmos, que sabia de cor, e entremeando os versículos de gemidos e suspiros: — Ah! Como se alegram os gentios, minhas calamidades sôbre êles, as dores de parto de minha mulher e a dor de dente de meu filho, o sarampo e a escarlatina, Deus do Céu!... Grosseiros, gozadores dêste mundo, comem e bebem e servem a um Deus de madeira, e uma sinagoga, uma santa sinagoga, não deixam construir. Não achas que já é tempo de reconstruíres o Sagrado Templo... Eh, decerto ainda não chegou a hora. Seja como te apraz, Pai do Céu!

— Hei, judeu, o que estás resmungando aí tuas rezas diabólicas? Ainda vais soltar o diabo sôbre nós! Vamos, luvas para a mazurca com a *panienka* de Zlotschev, cuja cabecinha é alva como pomba, a radiante e adorável Senhorinha Sofia; mas não das repassadas que teu bastardo recolhe por entre as pernas dos dançarinos; bem claras e novas, para segurar a cintura delicadamente torneada de meu anjo de cabeça de pomba.

— O que diz o Excelentíssimo? Quem sou eu para me atrever a enganar uma Excelência como vós? Pois conheci até vosso pai, o velho e nobre senhor. E que ótimo senhor era êle! — Acrescentando em hebraico: — Assim pereçam todos os perversos...

— Que amaldiçoada sentença foi essa que pronunciaste, seu *jidik*, na tua língua dos diabos? Te esfolarei vivo, se injuriaste meu pai no seu túmulo!

— Abençoei vosso pai, abençoei-o no nosso sagrado idioma, perante nosso Deus, para que lhe seja dado o nosso luminoso paraíso.

— Não abençoes nem praguejes, judeu. Cuida de tua pele e trata de rastejar para baixo das saias de tua mulher quando eu atiçar meus cães contra ti. Rápido, judeu, rápido, apressa-te, judeu. Os pés não agüentam mais, quero dançar.

— Só mais um minuto, Excelência. Deixai-as na prensa, só mais um minuto. Quanto mais as luvas ficam na prensa, mais limpas e firmes se tornam. Tal qual o homem, Excelência, tal qual nós, os judeuzinhos, Excelência.

Nisto acercou-se o senhor de Zlotschev, o Conde Konietzpolski, espigado e forte como um tronco, de largos ombros. Sua longa casaca de cetim prêto, que lhe alcançava os pés, aumentava ainda mais o vigor de seu porte e êle parecia como que esculpido em madeira, de uma só peça. Sôbre os largos ombros, erguia-se, qual a tôrre de um edifício, a cabeça alta e afilada, raspada até a metade, costeletas e cume, raspados. Só os bastos e longos bigodes, como os de um poderoso peixe, estendiam-se duma orelha à outra.

— *Jidku,* hoje entreterás meus convidados com uma dessas canções que vocês cantam. Se cantares bem, poderás conseguir algo de mim. Entendido?

— Entendido, Excelentíssimo.

O judeu saltou por trás do fidalgo, chamou Schlomele que continuava recolhendo as luvas atiradas por entre as pernas dos nobres. O pai ajeitou-lhe os *peies* e o colocou a seu lado. Ao redor do judeu e do rapazinho começaram a agrupar-se os cavalheiros e as damas. Fêz-se silêncio no salão, os músicos pararam de tocar. Só as velas, queimando, estalavam de vez em quando. Dos cantos e dos aposentos vizinhos ouviam-se risos e alegres conversas das louras damas e dos apaixonados Excelentíssimos.

Os preparativos demoraram um longo instante. De repente o judeu se transfigurou todo. Fechou os olhos e seu rosto ficou vermelho, empolgado. Era visível o esfôrço que envidava por ausentar-se dali e chegar a outras paragens. E sùbitamente conseguiu-o. Com um rápido movimento meteu um dedo em baixo do queixo e começou de repente a cantar. A princípio lentamente, baixinho, como se cantarolasse para si mesmo, mas logo seu canto avolumou-se, a voz adquiriu ousadia. O judeu esqueceu onde se achava. Os fidalgos ainda riam, mas silenciaram logo. O judeu parecia ser o único dono dos vastos salões. Não via os cavalheiros e as damas, nem o brilho dos cetins e peles à sua volta. Não havia ninguém mais ali, exceto êle, êle e sua prometida. E não era mortal a mulher, a quem agora rendia tão grande louvor, mas um ente mais elevado, espiritual. A seu *schabat,* à sua Mãe é que êle cantava, às suas esperanças e tribulações:

"Uma mulher de valor, quem pode encontrar?"

Não era serenata a uma amada terrena que êle cantava, mas uma serenata à amada divina, ao invisível e inefável enlêvo que ela proporciona a quem pensa nela; celebrava a grande santidade e pureza que dela emana e ilumina a todos que nela pensam e a amam. Sua Noiva, o *Schabat,* sua única noiva milenar, cantava êle, e o grande e perpétuo amor que seus antepassados sentiram, e hão de sentir até a última geração, pela eterna noiva. Os infortúnios e humilhações que suporta por sua causa se elevam a grandes honras e munificências; a vida de cão, a uma vida de príncipe. Tudo ela transforma em imensa e divina felicidade, pelo amor que se lhe dedica. Que valem os vizinhos e grãos-senhores com suas mesquinhas riquezas, com seu restrito pedaço de felicidade de refugos mundanos, com vã e evanescente fôrça e poderio humanos, comparados à eternidade do amor à sua magnífica noiva?

Os nobres ficaram calados e constrangidos diante do grande afortunado que se encontrava no meio dêles, cantando uma canção de amor eterno.

— Tu me serviste bem, bem cantado! Meus convidados estão contentes, judeu. Dize o que queres, pede muito, mas não penses demais. Receio mais tua astúcia do que de teu apetite — riu o *pan*.

— Excelência... — atira-se o judeu aos pés do fidalgo. — Uma sinagoga e um cemitério! Uma sinagoga para orar e um cemitério onde enterrar nossos mortos! Permita em Zlotschev uma sinagoga e um cemitério!

O Conde refletiu por um momento. Lembrou-se das pérolas judias que Zeharia de Tschirin lhe trouxera quando chegara à cidade. Zlotschev tornar-se-ia uma comunidade, pagaria tributos. Mas o que diria Deus e o Padre Koslovski? Logo lhe ocorreu algo que possibilitaria os tributos e contentaria a Deus.

— Se curvares a cabeça perante Nosso Senhor Jesus Cristo e disseres três vêzes a oração diante de Santa Maria, darei a permissão e um belo terreno para o cemitério.

O judeu ficou imóvel, petrificado, mudo.

— E então, fazemos negócio, judeu? Bem, diz só: "Maria, Nossa Senhora de Schviestochovsk, bendita sejas por tôda a eternidade, amém".

O judeu continuou calado.

— Então apenas te ajoelha diante dela, judeu.

O judeu continuou petrificado, mudo.

— Ou terás que te fazer de urso.

O judeu empalideceu, assustado, e começou a balbuciar:

— Excelentíssimo, sou apenas um pobre judeu, tende piedade de minha mulher e de meu filho... Pede, Schlomele, meu filho, pede ao grão-senhor. Tende dó, excelentíssimo. Sempre hei de servi-lo com fidelidade.

E pai e filho abraçaram os pés do fidalgo, beijando-lhe as botas, o soalho e batendo com as testas no assoalho.

— Tende dó de minha mulher e de meu filho, excelentíssimo.

— Ou pronuncia a oração ou te fazes de urso.

O judeu pensou um instante. Estava pálido, aterrorizado e não parava de repetir versículos dos Salmos e das preces, enquanto beijava o casaco e as botas do nobre. De repente seus olhos se iluminaram. Ainda lhe tremiam as mãos e os pés, mas sua fisionomia agora estava banhada em calma e tranqüilidade.

— Por uma sinagoga, excelentíssimo, tende dó, Deus ajudará, fazei o que vos aprouver.

O fidalgo fêz um sinal com a cabeça e dois criados agarraram o judeu e o revestiram de uma pele de urso. O fidalgo mandou a orquestra tocar, e os dois servos, armados de longos chicotes, começaram a fustigar o urso. Êste pulava de um lugar a outro, berrando: Brrr... brr...

Os nobres convidados riam, rodeavam o urso, empurrando-se mùtuamente para junto dêle e os criados brandiam os chicotes, perseguindo-o de um lugar para outro. O judeu, sob a pele de urso, murmurava um Salmo de Davi: "O Senhor é minha luz e minha salvação. A quem temerei?" Brr... brr... — e pulava de lugar em lugar, de quatro. — "O Senhor é o protetor de minha vida. De quem terei mêdo?"

— Representaste bem o urso, judeu. Receberás por isso a sinagoga. Quanto ao cemitério, terás ainda que merecê-lo.

Do pavilhão à casa o judeu foi numa só disparada sem tomar fôlego, o longo xale de quatro franjas se lhe embaraçando nas pernas, e o menino com os *peies* tremelicando corria atrás dêle, e ambos gritavam pelo caminho, anunciando à mãe a boa nova:

— Uma sinagoga! uma sinagoga!

4. A CONSAGRAÇÃO DA SINAGOGA

Soube-se logo em tôda a Podólia e em Volínia, onde quer que houvesse judeus, que uma nova comunidade fôra estabelecida: Zlotschev obtivera permissão para construir uma sinagoga, e de tôda a redondeza judeus começaram a acorrer a Zlotschev. Vieram de Karsum, de Tschirin, judeus da outra margem do Dniéper, de Lubne, de Lochvitz, de Pereiaslav, porque se dizia que Zlotschev seria um bom lugar para ganhar a vida, próximo do *Setch,* e podia-se negociar com os cossacos. E chegaram judeus até da pequena Polônia que, nas feiras anuais de Iaroslav e Lublin, ouviram falar que Zlotschev se tornara uma comunidade.

A primeira coisa que se fêz foi iniciar a construção da sinagoga. Os judeus se cotizaram o quanto puderam. As mulheres trouxeram suas jóias. Mandaram vir de Nemirov dois mestres-construtores judeus, confiando-se-lhes a edificação.

Levaram dois anos os trabalhos. O próprio pessoal da cidade ajudava a construir. A sinagoga devia servir a dois fins: para orar a Deus e proteger-se do inimigo. Foi, portanto, erigida como uma fortaleza, com portas e cadeias de ferro. Nahman, o ferreiro, que mantinha a forja da cidade, fêz a porta de ferro, a grade para a plataforma central, uma grande *menorá* para o púlpito do chantre e um grande lampadário de Hanucá. Seu trabalho era rústico, simples obra de ferreiro, mas feito com muito amor e boa vontade. Todos os artifícios que Nahman conhecia na sua ferraria, empregou-os na grade da plataforma

central, no castiçal e no lampadário para a Festa dos Macabeus.
O mesmo fêz Boruch, o carpinteiro. Sob a supervisão dos dois
mestres-construtores de Nemirov, talhou diversas espirais que
ainda lembrava dos tempos de seu aprendizado na talha de madeira: pássaros e pombas, cervos e leões, os emblemas das
tribos e os emblemas dos meses. Noites inteiras passou entregue
a seu trabalho, à luz de uma acha acesa, entalhando as partes
em madeira. E cada *balebos,* quando ia a alguma feira nas grandes cidades e via algum objeto bonito, uma bela peça de sêda
para cortina, uma cena bíblica para pendurar na parede oriental, uma ornada poltrona em honra do Profeta Elias, ou outra
qualquer preciosidade, comprava-a e trazia-a para a sinagoga.

E as mulheres ficavam sentadas, nas longas noites de inverno,
na taberna, com Ioheved, a mulher de Mêndel, e, em meio aos
piedosos cânticos, aplicavam suas jóias às cortinas e às capas
para os Rolos da Torá.

Mêndel, como primeiro morador judeu de Zlotschev e cheio de
prestígio junto ao senhor polonês da cidade, tornou-se o *parnas*
da nova comunidade. E Mêndel queria que Zlotschev gozasse de
certo nome no mundo, e por isso desejava para a comunidade
um rabino erudito, de grande reputação.

Lochvitz contava com um rabino, o "Portal da Justiça", cuja
fama já ressoava em tôda a região e Mêndel não pensou muito:
atrelou o cavalo ao carro, e foi a Lochvitz, ofereceu doze moedas polonesas a mais por semana ao que Lochvitz pagava, concedendo ainda à espôsa do rabino o privilégio das velas necessárias à cidade, e tomou na hora a palavra e a assinatura do
rabino. Mais tarde, quando Lochvitz soube, já era tarde. Mêndel levou o *gaon* de Lochvitz para Zlotschev e foi assim que
Zlotschev adquiriu logo renome no mundo. O rabino organizou
hedarim, ocupou-se das escolas de hebraico, ensinou Talmud
aos rapazes, e Zlotschev começou a estudar.

E quando, pelas feiras de Iaroslav e Lublin, correu a nova de
que Zlotschev era um centro de cultura, começaram a afluir, além
de artífices e mercadores, letrados e pessoas de refinamento. Rabi
Iaakov Cohen, duma pequena comunidade na Alemanha, destruída por falsa acusação de morte ritual, veio a Zlotschev, sendo
êle o único que escapou com os Rolos da Lei. E um certo Reb
Israel da Boêmia veio a Zlotschev com uma menina, da cidade
de Asch. Tinham ouvido dizer na feira de Lublin que, nas longínquas paragens da estepe, Deus abrira comunidades onde era
fácil para os judeus ganhar a subsistência, e assim vieram instalar-se em Zlotschev.

Aí Mêndel quis unir-se à melhor linhagem. Schlomele estava
com oito anos e já era tempo de pensar num casamento para
êle a fim de acelerar, destarte, o advento do Messias. E Mêndel,
o *parnas,* desejava ligar-se ao "Portal da Justiça", que tinha

uma menina na idade de Schlomele. Assim, prometeu sustentar o casal a vida inteira e um grande número de moedas de ouro. E para consagrar a nova sinagoga com o pálio nupcial do primeiro casal da cidade, como é o costume, decidiu-se marcar as bodas para o dia da consagração. Embora fôssem muito crianças, foram casados só para que tivessem a honra de consagrar a sinagoga com o dossel de suas núpcias.

A sinagoga ficou pronta para a Páscoa, mas a inauguração foi adiada para o Lag ba-Omer, que é um dia de muita sorte. De fora, parecia pequena, para que não se expusesse demais aos olhos dos gentios. Mas por dentro era alta e larga. O assoalho se alicerçava bem fundo, no solo, doze degraus abaixo do nível da entrada, e ia descendo cada vez mais de maneira que a estante-púlpito do chantre era o lugar mais baixo, isso por dois motivos. Primeiro para que a sinagoga não atraísse demasiada atenção dos gentios por sua altura, e depois para que, ao se procederem às preces a Deus, fôsse obedecido o preceito dos Salmos: "Das profundezas clamei a ti, ó Senhor". Mas, logo após a estante-púlpito, degraus entalhados levavam à Arca Sagrada, pois não fica bem que a palavra de Deus repouse nas profundezas.

Naquele dia a Arca estava recoberta da cortina festiva, bordada com fios de prata sôbre brocado florentino azul. A coroa da Torá brilhava na cortina com o recatado fulgor sabático das imaculadas pérolas que antes davam tanta graça aos colos alvos e puros das jovens senhoras judias, na bênção das velas do Sabá. Essas pérolas eram santificadas por aquêle casto encanto das vésperas do *schabat*. Rubros rubis, da côr do vinho, cintilavam nos cachos de uvas que pendiam dos ramos verdes, bordados com safiras. Com os nomes das mulheres e das jovens judias, estavam bordados nas cortinas seus votos, votos de ter bons filhos, doces esperanças, calmos e piedosos anseios de amor. Assim, a pequena cortina, banhada em graça feminina nela instilada por delicados dedos de mulher, cantava a casta música que soa nos lares judeus, nas noites de sexta-feira.

No centro da sinagoga, encontrava-se a plataforma de dura nogueira e onde se viam os nomes das doze tribos com seus estandartes: Judá cintilando em ouro com o leão a seus pés; Simão, com as tôrres e muralhas da capturada cidade de Schechem que êle conquistara para vingar a vergonha de sua irmã; o barco de Zebulão vogando num mar de prata; a florida árvore de Ascher marchetada de pedras verdes; e fundida em cobre, a serpente de Dan. Por sôbre a plataforma pendia um dossel, como noite profundamente azul, no qual faiscavam estrêlas de ouro.

E os doze signos do zodíaco flutuavam na noite azul, cada signo sôbre a sua tribo correspondente. E na plataforma achavam-se agora os notáveis da comunidade com os Rolos da Torá nos braços, prontos a instalá-los na nova morada que haviam erigido a Deus. Entre êles via-se Reb Iaakov Cohen da Alemanha e o seu Rôlo da Lei, a única coisa que lhe restara de sua numerosa família e de tôda a comunidade, agora espalhada e dispersa pelos quatro cantos do mundo. E ali está Reb Israel com o Rôlo da sinagoga da cidade de Asch. No pânico, sua mulher e os filhos perderam-se, e viera à Polônia procurá-los, onde, segundo lhe disseram, muitos judeus da Boêmia se haviam refugiado. Vagara pois de feira em feira, até que chegara a Zlotschev com a filha e ali se instalara.

E entre os velhos *balebatim,* refertos de tribulações, escarmentados no fogo do martírio pela fé, com os Rolos de devastadas comunidades nos braços, ergue-se o nôvo *balebos,* o provedor da congregação, Reb Mêndel, com o nôvo Rôlo da Torá que mandara escrever para a sinagoga da nova comunidade de Zlotschev. Êste nôvo pergaminho ainda não ostenta cobertura manchada de sangue de mártires ou lágrimas de fugitivos. Nova e sem mácula ainda é sua capa, e forte e rude parece ser ainda o seu provedor, Mêndel. Sua face ainda não se reveste da santificada aura da angústia, da dor e do sacrifício; nenhum sinal da nobreza que provém da disposição para o sacrifício. Mas, forte, nas suas mãos rudes e desajeitadas, abraça o nôvo Rôlo da Lei. Seu coração estremece diante do sagrado encargo que tomou sôbre si: ser o *parnas* da congregação. Compreende quão grande é o santo fardo que carregam os velhos *parnassim,* os chefes das comunidades destruídas, em cujo meio agora se encontra. E seu coração palpita: também lhe será dado um dia estar, como êles, ao risco de sua vida, com sua comunidade, com seu Rôlo da Torá? Estará pronto, como êles, para o supremo sacrifício pela santificação do Nome? Seu coração não desfalecerá? Será êle digno da honra e da obrigação que assumira?

De súbito, a assembléia inteira se calou. Um santo silêncio reinou no recinto da pequena sinagoga, como se algum ser invisível ali houvesse penetrado. Reb Iaakov pegou seu Rôlo da Torá, ergueu-o bem alto e, com lágrimas na voz, começou a entoar a Oração de Graças dos que foram salvos de grande risco, agradecendo a Deus por tê-lo resgatado de todos os perigos e tê-lo conduzido com seu pergaminho a um lugar de paz. Ouviram-se soluços abafados a descer da sinagoga feminina. Era a mulher de um dos refugiados que se lembrava de seus entes queridos que haviam ficado em lugar ignorado. E o chôro contagiou a congregação inteira. Foi tomada pelo pavor dos dias vindouros: teriam também, como Reb Iaakov, de abandonar um dia a pequena sinagoga, que haviam construído com tanto labor e

carinho, e tomar seus Rolos da Lei e partir?! Quem pode dizer o que ocultam em seu regaço os dias vindouros?...
Um após outro, os exilados proferiram a Oração de Graças. E quando o jovem chantre que Reb Mêndel trouxera de Umã, com voz estertorada, começou a recitar os nomes dos que haviam perecido pela fé, o pranto encheu o templo inteiro. De todos os olhos manavam lágrimas silenciosas, e no mais íntimo do coração cada um rogava a Deus que a pequena sinagoga fôsse enfim o lugar de repouso, o refúgio, onde encontrassem paz até o advento do Messias.

— Deus queira que seja êste o nosso último exílio — era o que os judeus se auguravam mùtuamente.

— E que sejamos preservados do mal. — As mulheres beijavam-se em lágrimas.

Logo, porém, o humor pesaroso foi-se e os semblantes, jovens e velhos, clarearam-se e, como o sol quando brilha sôbre um campo molhado pela chuva, o cântico do *hazan,* acompanhado pelo doce violino de Itzhok Aron, iluminou todo rosto entristecido. O chantre entoava "E foi quando atraía a Arca...", antes da abertura da Arca.

E Schlomele, o filho de Mêndel, vestido no cafetã de sêda verde que o alfaiate *melamed* confeccionara para o casamento, abriu a Arca. Um após o outro, os notáveis subiram os degraus e colocaram ali os Rolos da Torá. Dois leões de madeira, com coroas na cabeça, erguiam-se de ambos os lados da Arca Sagrada guardando os Rolos da Lei e duas águias branco-douradas baixavam, graças a um mecanismo secreto inventado pelo entalhador de Nemirov, do alto do céu azul estrelado onde repousavam e pairavam por sôbre a Arca, protegendo os Rolos com suas largas asas.

As primeiras honras foram dadas aos *Sefer-Torot* dos exilados. Primeiro veio o velho Reb Iaakov com seu Rôlo. Seguiu-se Reb Israel da Boêmia e depois o rabino da cidade e só no fim é que veio Mêndel com o nôvo *Sefer-Torá* da comunidade de Zlotschev. E quando chegou a vez de guardar seu singelo Rôlo da Lei na Arca Sagrada, êle permaneceu parado por um instante e seu coração se encheu de uma silenciosa súplica: "Pai do Céu, seja êste um lugar de repouso para os nossos filhos e filhos dos filhos", e uma lágrima, a primeira, caiu dos olhos do nôvo provedor sôbre a capa do Rôlo da Lei...

Logo o violino começou a tocar e o bumbo a bater e um côro de pequenos e gritantes meninos-cantores entoou de uma vez: "Senhor, que preenches o Universo". A congregação acompanhou o cântico e com êle cresceu a alegria de todos. Fôra-se a tristeza e o mêdo que antes reinavam, o jubiloso fervor judeu derramou-se por sôbre a sinagoga. Pais, filhos e mães, todos juntos. Os pequenos cantores soavam como campainhas ao pescoço das cabras quando vão pastar nos verdes prados.

Agora, os violinos, qual fontes d'água, precipitaram-se dentro do cântico. Começaram a tocar a melodia de acompanhamento ao pálio nupcial. O alfaiatezinho, professor de Schlomele, era o bedel da sinagoga. Metido em largas calças polonesas de lã colorida, que aprontara para o casamento, entrou saltitante, carregando as hastes do dossel, gritando alegremente meio em ídiche meio em polonês: *Jidki,* judeuzinhos, afastem-se. Não vêem quem está chegando? É o *Pan* Itzik vindo ao casamento!

Os rapazes e meninos agarraram as hastes e armaram o pálio na plataforma. Ouviu-se o som de uma flauta como que abrindo alas para um nobre senhor. E de súbito irrompeu o rubro e dourado cintilar e fulgir das pérolas e pedrarias dos adereços nos colos das mulheres, dos penachos e jóias nos toucados. Sêda vermelha de Slutzk entremeada de fios dourados reverberava. Contas côr de sangue vermelhavam por entre o fulgor noturno das pérolas, e ágata amarela vicejava como flôres amarelo-ouro sôbre o cetim branco. Alvas e delicadas pontas de renda espumejavam na barra dos vestidos, qual espuma do mar.

Lentamente, a passos solenes, caminhavam as mães em meio à luz e ao esplendor, conduzindo entre si a noiva. Criança ainda, dez anos incompletos. Debaixo da tesoura caíram seus cachos negros de cabelos, e não sabendo a inocente que se fazia necessário casá-la tão cedo para acelerar a vinda do Messias, ela resistiu e não quis deixar seus negros cachos tombarem, até que Lea, a encarregada dos banhos, lhos pagou com biscoitos doces, um biscoito para cada cacho. Ainda agora, os biscoitos que comprara com suas madeixas lhe adoçam a marcha para o pálio nupcial... Envergava um vestido de noiva dourado, que tôda noiva devia, decidira a congregação, usar quando conduzida ao dossel, a fim de não envergonhar as mais pobres que não possuíssem vestido de sêda próprio. Inaugurava o vestido nupcial e, em seguida, tôdas as noivas de Zlotschev o envergariam na cerimônia. No cortejo da noiva iam tôdas as donzelas do *ischuv,* portando trançados círios acesos, como luzentes fitas polonesas, iluminando o caminho para o pálio da primeira noiva de Zlotschev.

A noiva já se encontra sob o dossel e brinca com os pingentes do vestido, mas o noivo ainda não chegou. Há muito que o menestrel terminou de lançar as suas coplas. Os músicos acabaram de tocar seu número, e o noivo ainda não apareceu. Debalde o bedel e os *gabaim,* com suas velas acesas, correm por tôda a parte, procurando o noivo para conduzi-lo ao dossel. Afinal, encontram-no escondido embaixo da poltrona de Elias, o Profeta. O que o denunciou foi seu longo gabardo de sêda verde, e quem o desentocou de lá foi o *melamed* com sua bengala:

— Noivo... noivo... já para o casamento!

Mas o moleque esperneava com as botas novas tacheadas e não quis sair de baixo da poltrona, até que o pai, Mêndel, o tirou pelos *peies*.

Tinha vergonha dos seus companheiros de jôgo, que às suas costas mostravam a língua e lhe cantavam as esquisitas rimas:

> Tôda a gente dança, pula,
> Tôda a gente ri e canta,
> Só Schlomele é que ali está e chora.
> Schlomele, por que é que você chora?
> Eu choro porque sei
> Que ao pálio eu irei.

Esperneou com as pesadas botas, mas caminhou para o dossel, o pai arrastando-o pela orelha. Receavam que pudesse fugir de sob o pálio, por isso o pai, de um lado, e o professor, do outro, seguravam-no pelo gabardo. Êle, então, descarregou a raiva sôbre a noiva, dando-lhe cotoveladas ao lado, até que ela o conquistou com um dos biscoitos que comprara com seus anéis. Só então êle consentiu no casamento...

E os cânticos da nova sinagoga ecoaram pelos mais longínquos rincões das estepes da Ucrânia. E a nova correu por campos e florestas. E cada árvore, cada erva sussurrava dentro da cálida noite primaveril: construiu-se uma sinagoga, armou-se um pálio nupcial, a Bênção de Deus vem vindo! Vem vindo a Bênção!

5. O CASAL

Não se pode dizer que o jovem casal, Schlomo e Dvoire, vivesse em bons têrmos após o casamento. E, para vergonha de Schlomele, deve-se confessar que a perturbação da paz doméstica ocorria sempre por sua culpa. Schlomele, que já contava treze anos e se preparava para a *bar-mitzva,* freqüentava o *heder* do professor de Talmud, e já nadava como peixe esperto no mar do Talmud, versado em tôdas as leis de como consagrar uma espôsa, no que deve conter o contrato matrimonial e em todos os deveres e obrigações que a mulher tem para com o marido e o marido para com a mulher. Também já conhecia tôdas as leis do divórcio. Schlomele, que com um versículo era capaz de unir dois mundos e erguer com um *pilpul* uma tôrre de babel, muitas vêzes voltava vergastado do *heder*. Seu *rebe* pouco se impressionava com a importante posição que Schlomele ocupava na vida, como homem casado. E o "marido" descontava na jovem espôsa as chibatas do *rebe*. Encontrando-a sentada na soleira da taberna, brincando na areia, arrancava-lhe a touca da cabeça e enchia-a de areia.

— Toma, por você ter caçoado de mim.
— Por isso você será fustigado no inferno com chicote de fogo! — ameaçava-o a pequena espôsa.
— O pecado é seu, você estava sem touca a céu aberto.

A menina fazia-lhe então sua declaração de rompimento, dizendo:

Schlomele, estou zangada,
Vê se fura os olhos e não vê mais nada;
Duas tigelinhas de sangue
Que nunca mais de bem ficarei.
Duas tigelinhas de barro
Que nunca mais contigo andarei...

O jovem marido aceitava a declaração de rompimento e dava a volta em seus calcanhares, enquanto a menina-espôsa tapava os olhos com as mãos para não vê-lo.

É no verão, uma tarde de sexta-feira. A taberna cheia de aldeões russos e de fidalgos poloneses. Mêndel está azafamado na taberna com os tecidos e a aguardente, Ioheved, com o preparo do *schabat* e as crianças gritam diante da porta. Ao barulho acudiu Marucha. Vendo o que Schlomele fêz com a touca da espôsa, repreendeu:

— Seu velhaco, é assim que se trata a mulher? A mulher é preciso amar e não derramar areia sôbre a cabeça...

— Ha... ha... — e o maridinho lhe mostrou a língua. — Você é como o jumento de Balaão e não terá parte no mundo vindouro; você será transformada num cachorro e num gato porque não descende do Pai Jacó, mas de Esaú, o malvado.

— Você é que descende de Esaú, o malvado! Você é o próprio Esaú! — retorquiu a velha desafiante. — Você cometeu um pecado, deixou sua mulher de cabeça descoberta a céu aberto. Isso é permitido? Você vai ser assado e queimado no inferno por isso — tomou ela a defesa da jovem espôsa.

Schlomele lembrou-se de que ainda não recebera o pudim a que tinha direito tôdas as sextas-feiras, e exigiu-o:

— Quero o pudim, e já!

— Diga primeiro a bênção e receberá então o pudim — impôs a criada.

— Não é de sua conta. Vou dizer a bênção. Dá cá o pudim.

— Você é Esaú, o malvado, e é capaz, não queira Deus, de esquecer e comer sem dizer a bênção.

Schlomele não teve outro remédio senão aceder à exigência da velha, embora lhe doesse o fato de uma gentia cuidar de suas práticas religiosas. Mas, como das mãos da criada o pudim de amora já lhe enviasse às narinas o seu aroma e lhe desse água na bôca, proferiu a bênção e recebeu o pudim.

Sôbre o pudim, marido e mulher se reconciliaram. Logo ambos estavam sentados em perfeita paz doméstica, à soleira da taberna, partilhando entre si os bocados do pudim.

Mas não foi por muito tempo que puderam ficar assim sentados em harmonia. Ouviu-se a voz de Mêndel, vindo do interior da taberna:

— Schlomele!... Schlomele!... — e Marucha apareceu à porta:

— Entra em casa, seu velhaco; seu pai quer que você vá abrir a igreja para os camponeses.

Quando Schlomele entrou na taberna, viu o pai rodeado de aldeões e aldeãs, e um campônio, meio nu, de longa camisa, descalço, cabeça descoberta, trazendo nos braços uma criancinha enrolada em trapos, estava ajoelhado diante de Mêndel:

— Paizinho nosso, tenha dó, dê a chave da igreja para batizar a criança. Já está com quatro meses e ainda não foi aspergida de água benta. Pode morrer pagã e então o diabo a levará.

— Sim, e depois os seus vão contar ao padre polonês que entreguei a chave sem a taxa e êle mandará que me açoitem, como o fêz por ocasião do casamento de Iefrem. Bastam as chicotadas que o judeu recebe por sua própria fé, não estou disposto a recebê-las pela crença alheia, não quero.

— Que a mudez nos castigue, que nossas bôcas fiquem paralisadas se dissermos uma só palavra — implorou o camponês seminu, ajoelhado diante de Mêndel. — Ajude, paizinho, o menino está doente e pode morrer. Cairá nas mãos do diabo que virá depois estrangular o pai. Tenha piedade, paizinho.

— Pegue a chave, Schlomo, e abra a igreja para os camponeses — e Mêndel entregou a Schlomo a chave da igreja, pendurada no mesmo prego que as chaves do depósito de aguardente.

— Deus lhe pagará, paizinho nosso, Deus lhe pagará — exclamou o camponês seminu, beijando as botas de Mêndel, e saiu atrás de Schlomo carregando a criança.

— Venha, pai, faça o que Deus manda, o judeu deu a chave — disse o camponês ao pope russo, sentado no banco junto ao forno.

O pope, porém, não se mexeu. Com suas largas costas encobria o forno e permaneceu sentado como que chumbado à parede.

— O que está esperando, paizinho? — indagou Mêndel.

— Existia um dedal de vinho sacro na igreja e as almas o bebêram, e sem vinho sacro Deus não receberá a alma em sua fé cristã — respondeu o pope.

— O que você quer?

— Mêndel, pratique um ato cristão, auxilie uma pobre alma nua a chegar à fé cristã, oferecendo à igreja uma garrafinha de vinho — e o pope tirou uma garrafa vazia de sua vasta algibeira, estendendo-a a Mêndel. — Deus lhe pagará por isso. Nós somos gente pobre...

— Oh! meu Deus, acuda, êle está começando de nôvo! O que é que êsse gordão quer de mim? O padre polonês vai me açoitar até a morte. Tenho mulher e filho! Não ajudo, não faço nada, não sei de nada. Você quer a chave da igreja, tome. Não preciso dela para mim. Você quer cachaça, tome cachaça, por isso tenho a taberna, para vender cachaça. Mas em que ajudo? Quê? Não ajudo nada, não faço nada, não sei de nada — e Mêndel encheu a garrafinha do pope com um quartilho de aguardente, empurrando-o para fora do boteco.

Schlomele abriu o templo para o pope e escapou àgilmente a fim de não tocar nas paredes da igreja. Postou-se ao longe com mêdo de se tornar impuro, ouvindo os cânticos na igreja. E quando o baixo profundo do pope chegou também ao lugar em que êle estava, tapou os ouvidos com as mãos para não ouvir nada que pudesse obstruir em seu cérebro o estudo da Torá.

O pai já o esperava à porta da taberna, com o embrulho de roupa branca embaixo do braço e levou-o ao banho ritual em honra do *schabat,* pois o bedel já apregoara, na praça do mercado da cidadezinha, que o banho sabático estava pronto.

Ao voltarem do banho, limpos e metidos em camisas recém-lavadas, de largos colarinhos abertos sôbre os gabardos verdes, encontraram a taberna já transformada num tranqüilo ninho de sábado. O lugar estava irreconhecível, nada mais havendo ali que lembrasse uma tasca. Alvos lençóis recobriam os barris de aguardente e as prateleiras dos tecidos escondiam-se atrás de panos e cobertas. Arrumada, a taberna estava convertida num lar do sábado, como se jamais alguém houvesse ali traficado. Sete velas de cêra pura queimavam no grande castiçal sabático de bronze, em cuja base fagulhavam as palavras em hebraico: Luzes para o sábado. Dois pares de *hales,* o maior para o chefe da casa mais velho, e o menor para o mais nôvo, encontravam-se preparados sôbre a branca toalha da mesa, juntamente com uma taça de prata grande e outra menor.

Sogra e nora, sentadas à mesa, vestidas ambas em longas batas de sêda verde, ostentavam toucas novas rendadas e a fronte envôlta em lenços. Sôbre o colo, peitorais em que brilhavam as jóias que haviam ganho dos maridos. A pequena Dvoire, como que fantasiada de jovem espôsa, imitava tudo o que a sogra fazia. E Marucha, de avental nôvo em homenagem ao sábado e com lenço nôvo na cabeça, sentada num banquinho junto ao forno, fitava orgulhosamente a nova patroazinha. Sogra e nora, juntas, entoavam um cântico em honra ao Sabá, antes da bênção das velas:

> Vou cantar uma linda canção,
> Com voz alegre, bem alto soará,
> Para honrar a santa Rainha,
> Tão conhecida: é seu nome *Schabat.*

Deus, em quem repousa a luz,
Mande Êle a boa Rainha ao meu lar;
Para quem a minha casa purifiquei,
Por que tarda ela tanto a entrar?

Seis longos dias ela se arrasta
Como um homem que sofre no exílio;
Como um pássaro de teto em teto ela voa
Até a hora em que o santo *schabat* a traz aqui.

E quando Schlomele pegou o grande Sidur e se preparava para ir à sinagoga com o pai, ouviu-se uma grande carruagem senhoril, com muitos cavalos atrelados, e parou diante da taberna:

— Ei, judeu, abre!... O excelentíssimo Dom Dombrovski é quem está batendo. Abre!...

— Que horror! É o grande *Pan* Dombrovski quem está batendo... Não posso abrir, meu nobre senhor, hoje é sábado...

— Judeu, vou mandar que te dêem trinta chicotadas. Abre a porta!...

— Não posso, meu nobre senhor, não é permitido, hoje é *schabat* para nós, judeus...

— Como te atreves, judeu?... O nobre Dom Dombrovski quer beber um trago!...

— Não posso, meu caro e nobre senhor, não é permitido, meu fidalgo, é *schabat*!...

— Coloca um quartilho de aguardente atrás da porta. Em tôda a cidade não se acha uma gôta...

— Não é possível, meu senhor. A mulher já acendeu as velas.

— Amaldiçoado judeu! Só porque o judeu guarda o sábado, deve a Polônia inteira ficar sem vodca... — ouviu-se resmungar a voz atrás da porta.

6. RUMO À *IESCHIVA*

Quando Schlomele completou quatorze anos, começaram os preparativos para enviá-lo à *ieschiva* de Lublin, onde todos os rapazes de boa família iam estudar — na afamada *ieschiva* de Lublin. Mêndel aprestava-se para ir à feira anual de Lublin, onde nesse ano deveria reunir-se o Conselho dos Quatro Países, o parlamento judaico, perante o qual Mêndel ia apresentar-se pela primeira vez como *parnas* e pretendia levantar um importante assunto concernente ao bem-estar geral dos judeus.

Uma bela tarde de sexta-feira apareceu em Zlotschev o alfaiatezinho, o professor de Schlomo. Após o encerramento do sábado, sentou-se na taberna de Mêndel, atrás do grande forno, com dedal e agulha, cosendo as roupas que Schlomele levaria na viagem. O alfaiatezinho confeccionava as roupas tal como os judeus procederam outrora no deserto: de maneira que crescessem juntamente com os meninos. Deixava bastante pano a mais para que mais tarde se pudesse encompridar e alargar as roupas. Assim, fêz para Schlomele, de um traje de Mêndel, uma jaqueta acolchoada para o inverno, e para os sábados e dias festivos, um par de calças largas de percal prêto e duas ou três camisas de linho. E o alfaiate costurava de acôrdo com tôdas as prescrições, com ângulos arredondados para isentar as roupas da necessidade de franjas rituais, evitando as misturas proibidas de lã e sêda. E, durante o trabalho, não perdia um minuto, repetindo Salmos ou estudando, de cor, a Mischná.

Diziam do alfaiatezinho que era um *tzadik* incógnito, um dos trinta e seis justos sôbre os quais repousa o Universo. Costumava desaparecer da cidadezinha por algumas semanas e permanecer nas espêssas florestas. Às vêzes surgia sùbitamente à véspera do sábado na casa de um solitário estalajadeiro judeu e pronunciava o *kidusch* para êsse rústico filho de Israel ou se apresentava a alguma parturiente, sòzinha em sua noite de vigília, numa taberna afastada, e pelejava contra Lilit, a mulher de Satanás, que viera matar a criança. Corriam rumôres de que grandes almas visitavam o alfaiatezinho na floresta, e estudavam com êle os segredos da Torá. Os costumes que êle confeccionava serviam de talismã contra diversos males. Vestiam-nos em alguém gravemente enfêrmo e êste se restabelecia. Numa parturiente em difícil trabalho e a criança nascia...

Em casa de Mêndel, o alfaiate era considerado um santo e seu trabalho, sagrado. Junto ao grande forno, onde costurava as roupas de Schlomele, reinava o silêncio. Tinha-se certeza de que as roupas do alfaiatezinho guardariam Schlomele de todo o mal e o protegeriam por todo o longo tempo em que permanecesse longe de casa, entre estranhos.

No sábado, antes de Schlomele partir para a *ieschiva*, estava êle na grande sala, sentado no banco de madeira, estudando sua lição de Talmud. Não havia ninguém. Os pais dormiam. Marucha, então, enfeitou Dvoire, a menina-espôsa, com os seus mais belos trajes: uma blusinha alvíssima engomada, com gola erguida até as orelhas, e um avental branco, bordado, cobrindo o vestido de sêda verde. Entregou-lhe uma pêra e uma maçã e mandou-a para a sala, para junto de Schlomele. De sua parte, a velha escondeu-se atrás da porta e ficou espiando por uma frincha.

Avistando o marido, Dvoire estacou, enfiou o dedo na bôca, enquanto segurava com a outra mão o avental branco.

Schlomele continuou estudando, depois lançou-lhe um olhar e continuou estudando. A menina-espôsa aproximou-se resolutamente e parou a seu lado. Schlomele fechou a grossa Guemara e fitou a menina.

Longo tempo marido e mulher se entreolharam, assim, calados. Depois a jovem pegou numa das franjas da longa veste de quatro franjas que o envolvia por inteiro.

— Você vai embora?
— Sim — aquiesceu êle com a cabeça.
— Não quero que você vá...
— Preciso ir à *ieschiva* para estudar a Lei. O *rebe* ordenou.
— E quando você vai voltar?

— Quando estiver crescido e conhecer bem tôda a Sagrada Torá.
Ela se calou de nôvo por alguns momentos, depois anunciou:
— Quero ir para casa, para a casa de mamãe.
— Você não pode ir para a casa de sua mãe. Tem que ficar aqui porque estamos casados segundo a lei de Moisés e de Israel.
— Não estou casada com você.
— Você se lembra, foi quando ficamos os dois debaixo do pálio, na inauguração da sinagoga, e eu lhe coloquei um anel no dedo.
A mocinha nada pôde redargüir a isso.
— Mas eu quero ir para casa, assim mesmo. Não quero ficar aqui — exclamou de súbito, aproximando dêle a sua cabecinha.
— Por quê?
— Porque sim.
— Por que sim?
— Porque você vai partir.
— E se eu lhe trouxer algo, você ficará?
— O que é que você vai trazer?
— O que é que você quer que eu traga?
— Um par de sapatinhos dourados, como os que sua mãe tem, com saltos altos.
— Sim, trarei.
— Com laços dourados?
— Sim, e então você não irá para casa?
— Não, e não vou chorar.
— Assim é que gosto de você — declarou Schlomele, acariciando-lhe a touca.
— E eu também de você — anuiu Dvoire, puxando-o pela franja.
O casal calou-se por mais um instante.
De repente Dvoire lembrou-se de algo.
— Você quer uma maçã?
— Sim — assentiu o rapaz.
Dvoire tirou a maçã do bôlso do avental e deu-lha.
— Onde foi que arranjou?
— Marucha me deu. Para você uma maçã e para mim uma pêra — e a menina tirou a fruta do outro bôlso.
Sentados no banco de madeira, começaram a comer as frutas.
— Tome, experimente a minha pêra — disse a espôsa.
— Tome, experimente a minha maçã — disse o marido.

E de manhã cedo, quando os primeiros raios da aurora banharam metade do firmamento e livraram o mundo do mistério noturno, Hilel, o cocheiro, parou com sua carroça coberta diante da taberna. Do interior da estalagem começaram a carregar travesseiros e cobertores, panos, sacos e sacolas de mantimento, barriletes de aguardente, preparados para a longa jornada de Zlotschev a Lublin, que levaria duas ou três semanas. Na carroça também tomou assento Haim, o correio, ou como o chamavam: o "Guardião de Israel". Levavam-no como proteção contra bandidos. Haim era um judeu alto e forte, que sabia cavalgar e de todos os judeus da cidadezinha era o único capaz de manejar espingarda e pólvora. Vestia o uniforme de sua função de policial judeu, com uma espingarda na frente e outra atrás, e ao redor da cintura trazia um largo cinturão, do qual pendia o chifre de pólvora.

Haim era funcionário da comunidade. Esta servia-se dêle quando precisava enviar emissário de uma a outra coletividade com alguma mensagem, ou quando precisava intimar a juízo algum recalcitrante que se recusava a comparecer, Haim era então expedido a fim de trazê-lo à fôrça.

Haim, o correio, era incumbido na cidadezinha de tôdas as tarefas em que cumpria mostrar fôrça. E como apenas com as mãos nuas não pudesse produzir demasiada fôrça, munia-se de armas.

Na carroça também ia Reb Ioine Eibeschutz, o pregador da cidade, que pregava cada tarde de sábado um sermão, no qual descrevia em côres vivas o inferno com tôdas as suas caldeiras e o céu com todos os seus círculos.

Reb Ioine era tão informado sôbre a Geena que sabia de todos os fornos de cal e caldeirões ferventes, como se fôsse um morador de lá. Agora reunira suas prédicas num volume que levava a Lublin a fim de apresentá-lo perante o Conselho e obter licença de publicação. Ao mesmo tempo, esperava conseguir a sanção, para seu livro, de algum "grande da geração", e na feira, onde se reuniam tantos ricos mercadores, queria procurar um rico que desejasse ganhar um quinhão de Mundo Vindouro, assumindo as despesas da publicação.

Ao cabo, Mêndel também saiu da taberna com seu filho Schlomele. A velha Marucha, que lhe carregava o baùzinho, desejou-lhe em ídiche que tivesse gôsto pelos estudos. A mãe e a jovem espôsa encontravam-se à porta da taberna.

— Por que é que você não se despede de sua mulher, Schlomele? Um marido que se ausenta por tanto tempo deve despedir-se da espôsa — disse o pai.

Schlomele, no comprido gabardo que lhe embaraçava os passos, e com o grande gorro de pele amarelo na cabeça, aproximou-se de Dvoire, parada junto à sogra, e, sem encará-la, olhando para o lado disse:

— Fica em paz, Dvoire!

A mocinha permaneceu calada.
— Responde a teu marido: Vai em paz e estuda com gôsto — instruiu-a a sogra.
— Vai em paz e estuda com gôsto — repetiu a mocinha. Pela primeira vez desde que casaram, as duas crianças sentiram vergonha de se olharem.
Schlomele já pretendia subir na carroça, mas no último instante a mãe não pôde conter-se. Agarrou o filho único, inundando-o de lágrimas e beijos:
— Seja Deus teu protetor enquanto eu não estiver a teu lado! — Depois dela foi a vez da criada cossaca. Só a jovem espôsa permaneceu calada, de olhos no chão.
— Ioheved — lembrou Mêndel — Deus te concedeu o privilégio e te é dado enviar teu filho à *ieschiva,* onde há grandes estudiosos e eruditos, e ainda choras?
— Para honra do Senhor — e a mãe enxugou os olhos.
Schlomele limpou o rosto com a manga e pulou para cima da carroça.

> Com o pé direito, no caminho certo
> Onde não haja maus espíritos
> Mas tudo bom
> E sòmente paz!

foram os votos da mãe.

O carro atravessou lentamente a cidadezinha adormecida e saiu pelos vastos campos senhoris. As medas de trigo nas searas douravam ao sol. As ervas estavam úmidas do orvalho matutino e no ar fresco e puro rolavam pequenos rolos de fumaça que escapavam dos telhados de palha camponeses, o que tornava a redondeza familiar. Contudo, quanto mais se afastavam e quanto mais o sol aquecia o dia que avançava, mais raros se tornavam os campos lavrados e o mundo se espraiava em longa e longínqua vastidão.

E a carroça de Mêndel perdeu-se num mar de altos e cheirosos capins, de flôres de muitas côres — sem atalho ou caminho. Até onde a vista alcançava só se distinguia a imensidão verde de Deus. Por vêzes, sôbre uma colina surgia um bosque de tenras e alvas bétulas, àrvorezinhas cujos ramos tênues e delicados formavam uma graciosa tessitura através da qual se divisavam as nuvenzinhas esfiapadas a errar, como rebanhos de carneiros, sôbre o infinito do firmamento.

Aqui e ali as pequenas árvores sombreavam um trecho do campo e o verde, sob a obscuridade da penumbra, se destacava no campo iluminado. E além, um punhado de vermelhas papoulas selvagens flamejava gloriosamente ao sol. Assim a estepe jogava com a luz e as côres de suas diversas flôres e ervas para ninguém, só para si mesma e para Deus, seu Criador.

O estreito caminho que da cidadezinha ia, morro acima e vale abaixo, afogar-se no mar verdejante, não se podia saber aonde levava. Hilel, o cocheiro, deu rédeas livres aos cavalos para que, com suas narinas, farejassem as águas do Umã. Os cavalos, a espaços, erguiam a cabeça, estendiam as narinas úmidas e aspiravam ruidosamente o ar. Logo seus lombos se inclinaram nos arneses e com dobrado ímpeto se lançaram ao coração da estepe.

7. NO CORAÇÃO DA ESTEPE

Quando a carroça penetrou nas profundezas da estepe, estranho terror apoderou-se dos corações dos viajantes. Começaram a lançar olhares inquietos em derredor, na expectativa de vislumbrar entre os altos capins um verde boné de tártaro, ou entre os arbustos um gorro de pele de carneiro de um cossaco. A estepe até Umã era perigosa. Da outra banda do Dniéper, os cossacos Zaporogues costumavam cruzar o rio a nado e vinham emboscar os mercadores judeus. Até os tártaros, em seus botes ligeiros, desciam de sua terra pelo Dniéster. Escondiam-se entre a vegetação da estepe, ficando à espera das carroças judias cujos passageiros êles prendiam e levavam aos mercados de escravos de Constantinopla ou de Esmirna, onde sabiam que os judeus turcos pagariam grandes somas pelo resgate.

Apreensivo estava pois o coração de Mêndel e êle olhava esperançoso e confiantemente para o seu defensor, Haim, o correio, sentado à boléia. Mas o "Guardião de Israel", encolhido no alto da boléia, dobrado em três, o nariz enterrado na floresta dos bigodes e os olhos encobertos pelas espêssas sobrancelhas negras, dormia o sono dos justos.

Infundados, porém, eram os receios de Mêndel e de seus companheiros diante da estepe. Nada mais tranqüilo do que a estepe, na tranqüilidade do jôgo de côres e melodias que ela ofertava ao glorioso dia nos milhões de sons e tonalidades de seus capins e suas flôres. Abelhas e insetos os mais diversos enxameavam e zumbiam entre as ervas como transparentes e multicoloridas nuvens de pó que se erguessem das flôres. Esvoaçante e viva florescência unia-se no ar, como se as borboletas ricamente tingidas emergissem das flôres e brilhassem com as mesmas tintas e matizes que elas. O dia desabrochou sôbre a planície e o sol fulgiu em cada erva. A estepe estonteava os viajantes com seu aroma. Doce perfume de mel derramava-se das alvas flôres, inundando todos os sêres de doce, modorrento desejo e nostalgia.

Amiúde o tropear dos cascos despertava revoadas de pássaros adormecidos. Dos altos capins, começaram a elevar-se no ar bandos de aves negras que circulavam em tôrno da carroça, despertando com seu alarido e bater de asas tôdas as criaturas adormecidas. A estepe inteira acordou então. Pôs-se a falar com a linguagem dos entes alados e rastejantes, da florescência e do viço. De cada arbusto e de cada flor levantaram-se variegadas nuvenzinhas de borboletas, despertas pelo grito dos pássaros. E agora não se podia dizer mais o que era flor e o que era inseto.

Por vêzes a carroça chegava a um córrego oculto; um pequeno ôlho-d'água os surpreendia de repente por entre a vegetação, e uma solitária ave de rapina, à espreita de um peixe ou de um inseto, voejava sôbre a superfície enrugada. Assustada pelo rumor dos cascos dos cavalos, a ave de prêsa alçava-se em direção às nuvens, sacudindo tôda a estepe com seu brado de alarma. Respondiam-lhe invisíveis criaturas escondidas algures nas profundezas do matagal, como se transmitissem uns aos outros a má notícia: Fujam!... Fujam!... O homem veio conquistar a estepe!...

Nossos viajantes, porém, não viam nada disso. Estavam entretidos consigo próprios. Hilel, o cocheiro, que se empanturrara de tripa recheada que havia sobrado do repasto da despedida do Sabá e que Ioheved lhe dera para a jornada, sentia-se um tanto pesado. A fragrância de mel invadia-lhe os ossos, a bôca estava sêca e um irresistível desejo de dormir vinha com os aromas da estepe que lhe subiam à cabeça. Assim, depois que os cavalos deixaram de necessitar de seu guia, êle adormeceu. Não obstante, os cavalos sentiam sôbre si o nariz desperto de seu condutor, em lugar de seu ôlho adormecido.

Seu ressonar acabou por contagiar o "Guardião de Israel", Haim, o correio. Pois, assim como Hilel era um bom garfo, Haim, por seu turno, era um bom copo. "Não era capaz de mostrar de outra maneira a sua fôrça, da qual a coletividade tanto carecia, senão acendendo antes a cólera com aguardente." (É o que registra oficialmente a seu respeito a Crônica de Zlotschev.) Homem de família, com mulher e vários filhos menores, não podia de outro modo "arriscar a vida" e empunhar a "destruidora", a sua espingarda, exceto enchendo primeiro o cachaço. Quando sóbrio, tinha mêdo de espingarda, de cavalo e de cachorro, como qualquer outro judeu. E quando era mister enviá-lo em missão através da estepe a uma outra cidadezinha, ou mandá-lo trazer o refratário à barra do julgamento, ou então aplicar os açoites em algum judeu, ou agrilhoar alguém na antecâmara da sinagoga, não conseguia desincumbir-se de sua tarefa a não ser enchendo-se primeiramente de bebida. Também desta vez, antes de empreender a viagem pela estepe a Lublin, Mêndel dera-lhe uns bons tragos e alimentava-lhe em caminho o espírito bélico e o ânimo heróico com o amargo estimulante que trouxera consigo. Mal ingeria o gole reconfortante, o policial judeu se revestia da bravura de um gentil-homem polonês. E agora, também, sentado na carroça, exibia sua valentia, segurando, sem qualquer necessidade nem sentido, a espingarda sôbre o ombro, o que assustava muito Mêndel, receoso de que a "destruidora" detonasse sem mais nem menos. Mas, ao verificar que sua galhardia não era ainda requerida, pois não havia bandidos à vista, e que seu brio guerreiro tão intensificado pela aguardente se perdia no nada, utilizou-o no poderoso ronco que ressonava em suas narinas a despontar em sua face peluda como duas chaminés em um telhado de palha. Os sons emitidos eram como o estridor de uma enrouquecida trompa de caça.

O cocheiro e o guarda tanto se sacolejaram na boléia da carroça que acabaram caindo um no braço do outro, e cingiram-se como um casalzinho carinhoso, enquanto as melodias de seus narizes se harmonizavam, assustando as lebres e expulsando-as de suas tocas.

Em compensação, Mêndel e Reb Ioine falavam pelos que dormiam. Depois de se tranqüilizar um pouco, Mêndel começou a olhar em tôrno de si e observar o mundo de Deus, vendo como era vasto e vazio de criaturas humanas. Ficou com vontade de semear a estepe inteira de comunidades judias. Quantas cidades e vilas não se poderiam instalar nessa vastidão... Quantas sinagogas, Casas de Estudo, banhos e *ieschivas* não se poderiam erigir. E comércio também. Feiras anuais, cada mês em uma cidade. Os campos cobertos de searas, estradas batidas unindo uma cidade a outra, judeus percorrendo as estradas com carroças cheias de mercadorias, negociando. E a Torá difundida por tôda a Ucraína, pois onde há pão há Torá. E êle próprio, Mêndel, seria um grande mercador e chefe de tôda uma comunidade. Expôs seus pensamentos a Reb Ioine.

— O mundo de Deus é enorme, Reb Ioine — disse Mêndel num suspiro. — E a terra sôbre a qual estamos rodando é boa, Reb Ioine, terra preta. A gente sabe pelas plantas. Aqui onde estamos passando, Reb Ioine, teremos algum dia comunidades judaicas. Povoados judeus se espalharão pelo país inteiro.

Judeus hão de negociar, hão de levar mercadorias de uma a outra cidade, hão de construir *ieschivas* e a Torá será difundida.

Reb Ioine calou-se por um minuto, ouvindo o que Mêndel dizia. Depois, observou:

— A terra aqui é boa, o país é grande. Mas não existe quem lembre o nome do Senhor, quem pronuncie uma bênção, quem ore sôbre ela. Por isso, está repleta de diabos e maus espíritos. E você pensa, *parnas,* que são simples pássaros, êsses que perseguem a carroça? Simples ervas, ou abelhas, ou vermes? São todos almas perdidas, extraviadas nas florestas, nos desertos, à espera de redenção. Vendo uma carroça com judeus, correm atrás, tentando captar uma palavra da Torá ou uma bênção, a fim de que, por nosso meio, consigam redenção e alcancem sua paz... Se Deus quiser, quando judeus vierem instalar-se aqui, erigindo sinagogas e Casas de Estudo, orando e louvando ao Senhor, expulsarão os maus espíritos. Isto se tornará um lugar limpo e uma comunidade humana.

— O senhor acha, Reb Ioine, que haverá aqui um dia um *ischuv,* cidadezinhas judias e Casas de Estudo?

— Sem dúvida! Como não? Pois se o lugar foi preparado para os judeus. Depois que os gentios oprimiram tanto os judeus na diáspora e a Divina Presença verificou não haver limite nem têrmo para isso, estando o punhadinho de judeus ameaçados, não o queira Deus, de extinção, a Divina Presença compareceu perante o Senhor do Universo para argüi-lo e lhe disse como segue: — Até quando isto vai durar? Quando Tu enviaste a pomba para fora da Arca, durante o Dilúvio, deste-lhe um ramo de oliveira para que tivesse onde pousar sôbre as águas. E no entanto, ela não pôde suportar as águas do dilúvio e voltou à arca. E aos meus filhos enviaste para fora da arca, para o meio do dilúvio, e não providenciaste nenhum pouso em que seus pés pudessem descansar, no exílio? — Em conseqüência, Deus tomou um pedaço da Terra de Israel que guardara consigo no céu, quando da destruição do Templo, mandou descê-lo à terra e disse: — Seja um repouso para meus filhos no exílio. — É por isso que se chama Polônia, *pólin,* o que significa: "Aqui pernoitarás, no *galut*". É por isso que Satanás não tem poder sôbre nós aqui e a Torá é difundida por todo o país: sinagogas, Casas de Estudo e *ieschivas,* graças a Deus.

— E o que será no futuro, quando o Messias chegar? O que vamos fazer com as sinagogas e as comunidades que tivermos edificado na Polônia? — perguntou Mêndel, como se de súbito pensasse em Zlotschev.

— Como você pode perguntar isso! Quando o Messias vier, Deus certamente transportará a Polônia com tôdas as suas comunidades, Casas de Estudo e *ieschivas* para a Terra de Israel. Como pode ser de outra forma?

Mêndel sentiu-se inteiramente sossegado, não só por sua Zlotschev como também pela Polônia inteira, cujo destino após o advento do Messias jamais conseguira aclarar de todo no seu espírito.

E depois que Mêndel acalmou sua fome espiritual, começou a despertar sua fome física. O môço Hilel, com olhares suplicantes, ajudou a lembrá-lo, e o "Guardião de Israel" coçava a cabeça, a barba e os *peies* durante todo o tempo em que o pregador falava e o ar da estepe excitava o apetite. E logo encontraram uma pequena nascente onde pararam para lavar as mãos.

Os gostosos bolos secos de queijo de Ioheved, os nabos prêtos e a forte aguardente fortaleceram o corpo assim como as palavras de Reb Ioine haviam feito com o espírito. E quando corpo e espírito ficaram saciados, todos se entregaram aos braços do sono, deixando aos cavalos o cuidado de encontrar o caminho de Umã. E os cavalos farejaram na estepe a floresta de Umã, e quando o sol começou a se pôr, unindo céu e estepe num só clarão chamejante, principiou a escurecer na fímbria do horizonte a floresta e, com a noite silenciosa, os viajantes cruzaram a barreira de Umã.

8. O CONSELHO DOS PROVEDORES

Alguns dias depois, a carroça de Mêndel parava diante da estalagem de Reb Boruch Schenker, na rua judia de Nemirov. Hilel encontrou a entrada da hospedaria atravancada com carroças e veículos de tôda a sorte.

— Hei! Dê um lugar para o *parnas* de Zlotschev; afaste-se daí, seu pedaço de velhaco, as pragas do Egito caiam sôbre tua cabeça! Dê um lugar, o *parnas* de Zlotschev está chegando, ouviu? — gritava o cocheiro.

— Não grite tanto assim, criado do Rei dos Trapos! As pragas do Egito juntamente com as maldições do anátema se espalhem sôbre tua cabeça! Esta é a carroça de Reb Zeharia Sobilenki, o *parnas* de Tschirin, e aqui vai ficar. Mais respeito! — gritavam do outro veículo.

Ouvindo de quem era a outra carroça, Mêndel ordenou ao cocheiro que parasse, desceu de seu carro e aproximou-se:

— Reb Zeharia está aqui?

— Sim. Veio com o irmão, Reb Iaacov. Vão a Lublin para a feira anual. Estão hospedados em casa do reitor da *ieschiva*, Reb Ihiel Mihel e mandaram que passássemos a noite aqui.

Reb Zeharia, o provedor de Tschirin, viajava com duas parelhas de cavalos como os grandes senhores e sua carroça era ampla e repleta de almofadas e cobertas, e ocupava tôda a entrada da estalagem. Mêndel mandou seu cocheiro estacionar de lado, levar os cavalos à estrebaria e dar-lhes boa forragem. Êle mesmo entrou na hospedaria para onde o guarda e o cocheiro conduziram sua bagagem e seus travesseiros. Mêndel vestiu um gabardo nôvo, enfarpelou o filho e desceu para se apresentar ao reitor da *ieschiva*, Reb Ihiel Mihel, rabino de Nemirov.

Na sala de audiência de Reb Ihiel Mihel, já encontrou os provedores de Umã e Karsum, os dois irmãos, Reb Zeharia e Reb Iaacov Sobilenki de Tschirin, e os *parnassim* e notáveis de Nemirov, que haviam vindo receber os provedores de fora. Reb Ihiel Mihel não estava presente. Encontrava-se ainda na *ieschiva*, expondo Talmud aos discípulos. E os bedéis, entrementes, ofereciam aos visitantes bolos de mel e aguardente vermelha, da parte da mãe do rabino.

Reb Zeharia Sobilenki, o provedor de Tschirin, estava refestelado num banco de madeira. Os Sobilenkis julgavam-se muito importantes, e especialmente Reb Zeharia, que gozava de grande consideração junto ao senhor de Tschirin, Konietzpolski, que era também o suserano de Zlotschev, sob cujo domínio Mêndel vivia. Mêndel dedicava grande respeito a Zeharia como provedor mais antigo. Sabia que não seria fàcilmente aceito entre os *parnassim* e sentia-se um pouco intimidado. Olhava com grande deferência a Reb Zeharia, sentado ali, com a vasta e majestosa barba amarela espalhada sôbre o peito, com os olhos ocultos sob bastas sobrancelhas amarelas, e o rosto, embora queimado do sol, todo pintado de sardas amarelas que pareciam pequeninas ilhas num grande mar amarelo. Reb Zeharia nem dava por sua presença, não dedicou um olhar sequer ao provedor de Zlotschev.

— A paz seja convosco — cumprimentou Scholem Iaacov, o provedor do distrito de Nemirov.

— Convosco seja a paz — respondeu Mêndel.

— Que há de nôvo em Zlotschev? Dizem que se está tornando uma cidade do povo de Israel. Será logo tão grande quanto Tschirin — disse o provedor de Nemirov, pretendendo dar uma alfinetada no grande Zeharia.

— Com a ajuda do Senhor do Universo, nossa comunidade está crescendo.

Zeharia ergueu as sobrancelhas amarelas e olhou em volta. Compreendeu a farpa que Scholem Iaacov, o *parnas* de Nemirov, pretendia desferir-lhe, comparando o vilarejo de Zlotschev com a comunidade de Tschirin, que era um grande e populoso centro. Ergueu as sobrancelhas uma só vez e depois tornou a baixá-las.

Entre o senhor de Tschirin, Conde Konietzpolski, e o senhor de Nemirov, Príncipe Vischniovietski, havia constante rivalidade por causa do domínio da Ucraína. Ao Conde pertencia tôda a estepe que se estendia ao longo do "Rio Amarelo", até o Setch.

Vischniovietski, porém, usava o título de Príncipe de "Rus". A disputa não deixava de ter sua influência nos judeus dos dois fidalgos. Mas era principalmente sôbre os provedores das duas cidades que tal rivalidade mais influía, pois eram os mediadores dos judeus junto aos dois nobres. Os *parnassim* viam-se tão envolvidos nas contendas de seus senhores que as tornavam suas. Vangloriavam-se da riqueza e dos haveres de seus suseranos e, cada vez que os dois provedores se encontravam, recrudescia entre êles a disputa dos seus amos.

— Pois afinal o que é Tschirin? Uma grande comunidade de cossacos rústicos. Zlotschev há de sobrepujá-la, com a ajuda de Deus — continuou Reb Scholem Iaacov, lançando outra alfinetada em direção de Zeharia.

Desta vez, contudo, Zeharia não pôde mais suportá-lo. Êle que tinha grande prestígio junto ao Conde e era mesmo consultado por êle a respeito de todos os seus negócios; e o que era essa Zlotschev, quem era êsse Mêndel? Erguendo novamente as sobrancelhas, dirigiu a palavra a Mêndel:

— O senhor é o tal Mêndel de Zlotschev que conseguiu permissão para construir a sinagoga? O Conde me contou. *Scholem aleihem* — e Zeharia estendeu-lhe a mão de longe, continuando sentado em seu lugar na cabeceira, no banco de madeira. — E quem é êsse rapaz? — perguntou Zeharia, indicando Schlomo.

É meu filho, casado, com a ajuda de Deus. Vai a Lublin, para a *ieschiva*.

— A Lublin? Há poucas *ieschivas* aqui na Podólia, em Kremnitz, em Lvov, e mesmo aqui, com Reb Ihiel Mihel, no próprio distrito? O quê? Tornou-se tão grande sábio êsse seu mocinho em Zlotschev, que já não há uma *ieschiva* que lhe sirva na Podólia inteira, e precise levá-lo até Lublin?

— O rabino, seu sogro, deu-lhe cartas de recomendação para nosso Mestre Reb Naftali Katz, o rabino de Lublin. O rapaz tem boa cabeça — desculpou-se Mêndel. — E, ao mesmo tempo, quero que aprenda assuntos profanos também, contas e falar com os senhores, porque Zlotschev está crescendo, com a ajuda de Deus, e logo vamos precisar de um representante judeu que saiba o polonês.

As últimas palavras irritaram Zeharia ainda mais. Replicou, agora com raiva:

— Com os campônios de Zlotschev também poderia aprender polonês.

Mêndel calou-se, respeitando um provedor mais velho. Mas para Reb Scholem Iaacov, a medida era excessiva:

— O quê! O *parnas* de Tschirin pensa que só êle conseguiu licença do Conselho para ser representante judeu? O senhor faz muito bem, Reb Mêndel, em mandar o seu mocinho a Lublin — tranqüilizou êle a Mêndel; — nós precisamos em nossas regiões de provedores honestos, que se ocupem sèriamente dos interêsses públicos, não como aquêles que tiram as pérolas das cortinas do Tabernáculo, colocam-nas sôbre bolos de mel para presentear os magnatas, a fim de encontrar graça a seus olhos.

— Meu irmão não tomou as pérolas para si, Deus o livre — saiu Reb Iaacov Sobilenki em defesa do irmão. — O *parnas* de Tschirin tomou as pérolas das matronas judias da cidade e delas fêz uma preciosa dádiva para o Conde Konietzpolski, exaltada seja sua glória, sob cuja graça todos nós vivemos em paz e segurança, por ocasião de seu casamento com a rica Condêssa Zamoiski.

— Justamente, quando um pobretão casa com uma Zamoiski, precisa recorrer aos judeuzinhos de suas aldeias para os gastos nupciais. Afinal, quem é êle? Um Vischniovietski? Os Vischniovietskis não precisam depender das pérolas judias quando casam.

A uma ofensa contra si próprio, Reb Zeharia podia calar, mas não podia tolerar um agravo a seu amo.

— Provedor de Nemirov, o senhor está brincando com o fogo, está ofendendo o Conde!

— E se estiver, o que tem? Tenho eu lá mêdo do seu Conde? Será que o senhor vai me pôr na cadeia como fêz com o Capitão Khmelnitski? Nós aqui, graças a Deus, vivemos sob o domínio do Príncipe Vischniovietski, que é um governante compassivo. Portanto, não tenho mêdo algum de seu amo, provedor de Tschirin!

Quem sabe como terminaria a querela se sùbitamente a porta não fôsse aberta pelo bedel que anunciou:

— Reb Ihiel Mihel está a caminho!

Todos ficaram de pé. Reb Ihiel Mihel entrou. O rabi ainda era jovem, mas já era célebre em tôda a Podólia e Volínia como *gaon* da Ucraína. Todos lhe dedicavam respeito. Primeiro, entrou no aposento vizinho de onde voltou conduzindo sua velha mãe, a quem instalou numa poltrona à cabeceira da mesa. Quanto a êle próprio, sentou-se numa poltrona menor a seu lado e apresentou-lhe todos os *parnassim* e notáveis, atendendo constantemente a mãe, com profundo respeito e cortesia.

O rabi inquiriu os provedores sôbre as novidades em suas respectivas regiões, como se desenvolviam as comunidades e em que pé estavam os estudos da Torá. Ouvindo de Mêndel que êste levava o filho para a academia de Lublin, alegrou-se muito com o fato de Zlotschev já ter o privilégio de enviar um aluno à grande *ieschiva*. Fêz algumas perguntas a Schlomele sôbre seus estudos a que êste respondeu prontamente, para grande satisfação do rabino, o qual ordenou ao bedel que desse ao mocinho alguns bolos de mel; e Mêndel enxugou os olhos, de júbilo.

— Escreve-me o mestre do lugar para que eu lhe envie alguns rapazes de minha *ieschiva*, a fim de ensinarem os meninos em Zlotschev. A gente da cidade lhes proverá comida e alojamento. Louvado seja o Senhor do Universo, o ensinamento da Torá cresce em tôda a parte onde vivem judeus, até mesmo na estepe selvagem — observou, dirigindo-se à mãe.

A velha senhora acenou com sua alta e festiva touca de rendas, usada em homenagem aos *parnassim*, e sussurrou ao filho:

— Meu filho, ofereça bôlo e licor aos provedores.

O rabino ergueu-se e foi, pessoalmente, executar a ordem materna, enchendo os copos dos *parnassim*.

— E como vivem com os vizinhos? Em paz? Vocês moram em lugar tão exposto, no campo...

— Fazemos o máximo para viver em paz. Os fidalgos estão ausentes o ano todo. Nós vivemos apenas entre os aldeões russos; êles é que são nossos vizinhos. Fazemos o possível para viver em paz com êles. Muitas vêzes não pagavam o censo da igreja ortodoxa que os padres poloneses lhes impuseram. Consideravam isso uma humilhação. Então, nada exigíamos dêles e entre nós juntávamos a importância do censo e pagávamos por êles. Mas os padres poloneses vieram a saber e nos castigaram com rigor. Obrigaram-nos a cobrar o censo e isso constitui para nós um grande problema. Temos mêdo de que os camponeses, não o queira Deus, nos façam algum mal. E foi isso que vim dizer ao rabino de Nemirov. Seria aconselhável que os provedores das comunidades da Ucraína e os rabinos obtivessem do Conselho em Lublin que a Grande Assembléia se empenhasse em conseguir que se abolisse a taxa das igrejas ortodoxas, ou que os judeus não fôssem forçados a cobrá-la, porque isso pode, Deus nos livre, atrair uma grande desgraça sôbre nós. Vivemos na beira da estepe e ouvimos dizer que um dia, Deus não o permita, os camponeses se vingarão em nós por êste motivo.

O rabino suspirou e permaneceu calado.

— A êsse respeito quero também falar — disse Reb Scholem Iaacov, o provedor de Nemirov. — Aqui está o provedor de Tschirin, Reb Zeharia Sobilenki. O *parnas* de Zlotschev, Reb Mêndel, teme falar porque, como o provedor de Tschirin, é súdito de Konietzpolski. Mas nós aqui, graças a Deus, estamos sob o domínio do Príncipe Vischniovietski, que é um senhor compassivo para todos. Não temos mêdo. E quero dizer aqui, perante o rabino de Nemirov, que chegou aos nossos ouvidos que o *parnas* de Tschirin, Reb Zeharia, oprime muito os judeus e, em que valha a diferença, os campônios também. Impõe-lhes pesados tributos para presentear o fidalgo. Denunciou perante o senhor um dos seus capitães de nome Khmelnitski, dizendo que o dito capitão tramava rebelar-se, e por isso meteram o capitão na cadeia. E por êsse motivo, os aldeões estão muito irritados contra os judeus e daí poderão advir grandes transtornos para tôda a coletividade — terminou o provedor a sua acusação.

Durante todo o tempo em que Reb Scholem Iaacov desenvolvia a sua acusação perante o rabino Reb Ihiel Mihel, Reb Zeharia permaneceu altivamente silencioso. Com dois dedos penteava a longa barba amarela, erguendo as espêssas sobrancelhas amarelas que se abriam como dois leques no limite da testa, sôbre os olhos, lançando de tempos em tempos um olhar a seu opositor, mas sem dizer palavra.

— Rabino de Nemirov — disse afinal Reb Zeharia — não tomo para mim os tributos, Deus me livre. Nós, judeus, só vivemos graças aos senhores que nos protegem, com sua benevolência, de todo o mal, e nos concedem privilégios para construir sinagogas e fundar comunidades, e assim vivemos com nossas mulheres e filhos, em paz e tranqüilidade como em nenhum outro país. Daí por que devemos ser muito leais aos fidalgos poloneses que reinam sôbre nós com bastante benevolência, e também ao grande e poderoso Rei Vladislau, exaltada seja a sua glória, que renovou os privilégios concedidos a nós pelos antigos reis poloneses e acrescentou outros mais... Devemos ser-lhes submissos e servi-los fielmente, pois, não fôssem êles, seríamos, não o queira Deus, como os rústicos campônios, Deus nos livre. E se êles nos ordenam que cobremos dos aldeões o censo pelas igrejas ortodoxas, devemos obedecer a essas ordens, porque os campônios pertencem aos senhores poloneses por todo o tempo. E, afinal, quem é êsse Khmelnitski, a respeito do qual o provedor da comunidade de Nemirov ergue tamanho clamor? Freqüenta minha taberna e ouço-o segredar, com os camponeses, sôbre uma carta ao Cã tártaro, para que venha ajudar os aldeões a livrar-se dos nobres poloneses. Pensa que não ouço nada, e sentei-me atrás de sua mesa e afirmo não escutar, mas marquei com giz tudo o que êle disse. É claro que devo entregá-lo nas mãos do meu senhor. O Conde, glorificado seja, autorizou-me, caso ouvisse do Capitão Khmelnitski tais falas sediciosas, a mandar açoitá-lo à porta de minha taberna.

Reb Ihiel Mihel ficou absorto, em profunda reflexão. Depois, voltou-se para a mãe e, inclinando-se diante dela, disse como segue:

— Com a permissão de minha mãe, vou responder ao *parnas* de Tschirin: É verdade que vivemos sob a benevolência dos fidalgos poloneses e do Rei Vladislau, exaltado seja, que renovou os privilégios concedidos pelos reis poloneses, Deus lhes dê descanso. Mas não vivemos graças a êles, mas graças ao Senhor do Universo e à Santa Torá. E não são êles os nossos protetores, mas o Senhor do Universo com Sua divina mercê. Nossos livros sagrados determinam que nos cumpre viver em paz com nossos vizinhos e, de todos êles, mais ainda com aquêles vizinhos que são perseguidos e atormentados por seus piores inimigos e cuja fé é humilhada. Sua crença não é idolatria, pois êles acreditam no único Deus vivo e é ação virtuosa auxiliá-los para que possam cultuar Deus à sua maneira. Nós, judeus, temos de sentir e saber o que significa ser perseguido por causa da fé. Por isso, agrada-me o bom parecer do provedor de Zlotschev, no sentido de que o Grande Conselho tome alguma iniciativa sôbre o caso a fim de que os representantes consigam abolir o censo sôbre a igreja ortodoxa e, não sendo isso possível, que nós, judeus, nada tenhamos a ver com êle. *Parnas* de Zlotschev, vou dar-lhe, com a ajuda de Deus, uma carta sôbre o problema, para o rabino de Lublin.

Nisso ressoaram os golpes que o bedel dava no umbral da porta com um martelo de madeira. O rabino exclamou:

— Senhores, é hora das orações da tarde — e voltando-se para a mãe, disse: — Com sua licença, mãe, vamos erguer-nos.

— Ihiel Mihel, depois do serviço, convida os provedores para o jantar — disse a mãe, levantando-se. E o filho, com grandes mostras de respeito, conduziu-a até a porta do aposento vizinho.

9. O PREGADOR DE POLNO

As colinas que rodeiam a cidade de Nemirov estavam envôltas em paz e pureza sagradas, quando as carroças judias, atravancadas de passageiros, almofadas e cobertas, começaram a rodar alegremente pela estrada de areia amarela. A umidade noturna ainda cobria, pesada, os prados e a estrada que levava ao rio Bug. Mas, quando atingiram a outra margem, o céu azul e limpo já se envolvia com a luz do sol, nôvo e brilhante, que bebia o orvalho do capim e das fôlhas das altas tílias que ladeavam a estrada.

Os campos amarelo-dourados já haviam sido ceifados, mas aqui e ali se viam o cinza-pardo da camisa de cânhamo de algum aldeão, ou as côres flamejantes do lenço na cabeça de uma camponesa já entregue, àquela hora, ao trabalho no campo. Carneiros cevados, cobertos de lã preta, rolavam qual bolas pretas pelos vastos prados e roíam o duro restôlho dos cereais. Paravam de ruminar e acompanhavam ingênuamente, com os olhos pasmados e vazios, as carroças que passavam e atrás delas lançavam o seu trêmulo e infantil *ba-aa*.

De tempos em tempos encontravam um mendigo aflito, sentado sòzinho numa pedra do caminho, dedilhando as cordas de uma pequena lira caseira e murmurando uma canção. Logo o pó que as carroças levantavam à sua esteira cobria o mendigo, mas sua canção contagiava os passageiros judeus e não tardava que, pelo alegre mundo de Deus, se derramassem melodias litúrgicas de sinagoga:

Vem, minha amada, vem, amada minha
Vem, minha amada, receber a noiva,
Receber o sagrado *Schabat*...

Os nossos viajantes já não seguiam a sós. À frente, como era natural, ia a grande carroça de Reb Zeharia, puxada por duas parelhas, erguendo tamanha nuvem de poeira à frente e atrás, que empoeirava o mundo. Seguiam-se as demais carroças. Nestas encontravam-se eruditos de diversas cidadezinhas. Alguns dirigiam-se à Assembléia para propor questões, outros para obter a permissão de publicar obras de sua autoria. Os letrados juntaram-se numa das carroças. Sentados em almofadas e cobertas debatiam coisas de erudição. Um segurava o outro pela barba ou pela lapela, forçando-o a ouvir sua interpretação, diante da qual o seu interlocutor, de olhos fechados, teimava na negativa, recusando-se à menor concessão. E as altas vozes da Torá ressoavam sôbre as carroças, despertando as lebres adormecidas nos prados, que fugiam, tomadas de pânico, diante dos gritos dos judeus disputantes.

Durante todo o longo inverno, os judeus da Podólia confeccionam canos de botas e solas, de couro, com os quais carregam as carroças que depois conduzem à feira anual de Lublin. Os peleiros levam nas suas carrêtas peliças de carneiro lavadas. Chapeleiros transportam seus gorros de pele, oleiros conduzem seus vasilhames. Outras carroças trazem utensílios domésticos, outras ainda, xales de oração, vestes e franjas rituais.

O produto do ano inteiro é levado à feira de outono, quando os nobres latifundiários, cheios os seus celeiros com os cereais dos camponeses, vão à feira anual comprar provisões para o inverno. Mercadores judeus correm de uma à outra carroça, barganham entre si, trocam dinheiro, compram dos camponeses feixes de cânhamo, sacos de lã, couros de bezerro, aguardente, como numa Bôlsa. Casamenteiros precipitam-se de carroça em carroça, arrumando partidos e compromissos entre noivos e noivas que nunca se viram, enquanto os pais trocam apertos de mãos e param diante das tabernas para beber à saúde. Os cocheiros tentam ultrapassar-se uns aos outros e fragmentos de orações, pragas e lamentações se perdem entre os estalos de chicotes e nuvens de poeira.

As orações são pronunciadas no campo, junto a riachos, entre as árvores. Pela primeira vez, êsses campos desnudos ouvem as bênçãos e os pássaros acorrem aos bandos, para bicar as migalhas remanescentes das refeições judias.

Pernoitaram em Bar. Aí havia uma numerosa coletividade e aí se encontravam as carroças de Vinitze, de Starograd, de Karsum e outros pontos. Mais judeus, mais eruditos e mais negociantes. E, à entrada de Constantinov, os veículos já formavam uma caravana, atapetados de almofadas coloridas e de cobertas, em meio às quais se acomodavam os judeus à vontade. Pelo caminho entoaram-se todos os entrechos litúrgicos, debateu-se a Torá inteira e negociou-se metade do país. As comunidades eram agora mais numerosas, o país mais povoado, as cidadezinhas com judeus, e as aldeias com aldeões. Em cada estrada um estalajadeiro judeu, onde se fazia uma parada para dessedentar os cavalos e, em que valha a diferença, pronunciar uma bênção. Diante das tabernas encontravam-se os taberneiros judeus em suas calças coloridas e largas vestes rituais, convidando os eruditos às suas casas. Solicitavam a honra de contar com um *minian* para as preces vespertinas e de ver gente de sabedoria brindando-se.

E a mulher do estalajadeiro arrasta da adega os panelões de leite azêdo e de creme, e frita cebolas. Ao mesmo tempo, os filhos do hospedeiro são examinados em seus estudos e a espôsa é solenemente advertida a cuidar para que se observem as regras do judaísmo. Os casamenteiros fazem perguntas a respeito de noivas e dotes, e todos bebem do mesmo cântaro, comem juntos e deitam-se nas almofadas dos outros, como se todo o povo de Israel formasse uma só e grande família.

Logo chegam, porém, às grandes florestas de Vischniovietz. As carroças mantêm-se mais próximas umas das outras e os guardas empunham suas "destruidoras", com que o pessoal se assusta. Muito dentro, na mata, entre as fôlhas sêcas, algo rumoreja, e todos prendem a respiração e indagam entre si: — Ouviram isso?

E os judeus narram um ao outro estórias de espíritos e demônios que habitam as florestas, e metem grande mêdo nos rapazinhos que estão seguindo para as *ieschivas*. E a floresta se torna cada vez mais espêssa, escura e misteriosa. As velhas árvores sussurram como surprêsas e assustadas ante as carroças judias, que se introduziram em seu meio e despertaram-nas de seu sono misterioso e milenar.

Os cascos dos cavalos espantam os animais que dormem na floresta. Na distância ouvem-se os seus rugidos e o som de seus pesados passos esmagando as fôlhas sêcas. Os cabalistas, entre os viajantes, apuram os ouvidos aos rumôres na mata e sussurram preces incompreensíveis. Os pais penduram amuletos ao pescoço dos filhos e colocam-lhes nas mãos os livros de oração. Os judeus agarram-se às franjas rituais para afugentar os maus espíritos que rodeiam os veículos, que estão devassando a floresta virgem, cheia do odor de resina, que exsuda das árvores, e do cheiro úmido dos cogumelos. Alguém está abatendo árvores na mata, alguém está gritando e pedindo socorro, e os cabalistas tapam os ouvidos para não escutar o chamado dos espíritos maus. Os anciãos entoam Salmos e as crianças adormecem em meio ao seu terror.

Pararam em Polno para comemorar o *schabat*. Desejavam ouvir o sermão do Reb Schimschon Ostropolier. Durante anos, vinha êste pregador advertindo a iminência dos maus tempos. Com suas pregações, infligia tamanho mêdo a seus ouvintes que a Grande Assembléia expediu uma determinação, ordenando-lhe que não amedrontasse o povo. A fama das pregações de Ostropolier ecoava em todo o mundo. No sábado à tarde, Mêndel levou Schlomele à sinagoga onde Reb Schimschon pregava.

O local já regurgitava de judeus dos arredores. Quem quer que seguisse para a feira anual, parava em Polno, no sábado, a fim de ouvir Reb Schmischon. As paredes da sinagoga estavam úmidas do vapor que exalava da densa multidão. No alto, defronte da sagrada Arca, posta-se Reb Schimschon em seu longo gabardo branco. Um grande xale de orações cobre-lhe o corpo alto e macilento. Seus negros olhos brilham no rosto pálido, cansado, emoldurado pela barba negra; e, trêmulo, estende as mãos ossudas para fora das mangas do branco gabardo e de sua bôca rolam labaredas enquanto pinta ao grande auditório as chamas do inferno.

Êle conduz os ouvintes através dos sete círculos do inferno. Mostra como os anjos de destruição arrebatam o ser humano, mal a morte lhe cerra os olhos, e o carregam a devastados desertos, atiram-no em pântanos entre serpentes e escorpiões. Logo em seguida levam sua vítima e a abandonam a flutuar num mar de chamas com outras infelizes. E êle continua narrando, ante a multidão apavorada, os caldeirões ferventes que se vêem sôbre as fogueiras do inferno. Membros humanos flutuam nos caldeirões ardentes. Depois, os anjos maus restituem sua vítima à vida a fim de torturá-la de nôvo, arrancando-lhe os cabelos da cabeça com torqueses de ferro, penteando-lhe a pele com pentes de ferro e extraindo-lhe as unhas com tenazes candentes. Então, trazem a vítima de nôvo ao mundo na forma de um cavalo que trabalhará a vida inteira para aquêle a quem fêz mal na vida pregressa ou na figura de um cachorro plangente que vagueia por desertos devastados, incapaz de encontrar uma coletividade humana. O pânico assenhoreia-se da multidão. Bagas de suor molham-lhes as faces. Do balcão das mulheres ouvem-se soluços reprimidos...

E o gabardo branco lá no alto, com as magras e ossudas mãos estiradas, por sôbre as cabeças negras, continua proferindo ameaças pavorosas, lançando o fogo da Geena sôbre as cabeças dos judeus. Segundo êle, não existe ninguém suficientemente irrepreensível para estar imune dos tormentos infernais. A todos êle transmuda em formas novas e traz de volta à terra na figura de um gato e de outros animais, que aspiram a um lugar de repouso.

Logo em seguida, o pregador profetiza um terrível dia de prestação de contas que se aproxima para os judeus. Um após outro, cita versículos da Bíblia que indicam a época, o tempo das guerras de Gog e Magog, que estão iminentes. Em côres vivas, pinta uma grande guerra, em que o inimigo impiedoso cai sôbre o país qual praga de gafanhotos e a ferro e fogo destrói tudo à sua passagem. Nada é capaz de detê-lo, nem rezas, nem rogos, nem lágrimas. Alastra-se como um incêndio de cidade em cidade, de província em província, consumindo tudo com sua língua flamejante, como o boi consome as ervas.

Ninguém sabe a que o pregador se refere. Um terror obscuro, qual nuvem negra que de súbito cobrisse o céu, tomba sôbre os judeus. Um arrepio traspassa-lhes os corpos ante a descrição da cólera divina. Uma única coisa poderá suspender a terrível sentença: Penitência, Oração e Boas Ações. Mas logo êle cerra o Portal de Misericórdia, fecha-o com portas de ferro, e à frente do Portal de Misericórdia posta espadas de fogo e animais chamejantes para rechaçar as orações dos judeus que batem ao Portal. Agora é tarde demais, a terrível sentença foi assinada, e êle não concede nenhum raio de esperança. Nada mais há exceto escuridão, escuridão e escuridão...

10. A FEIRA ANUAL DE LUBLIN

Após duas semanas de viagem, Hilel, com o "Guardião de Israel" na boléia, entrava pela porta de Cracóvia na famosa cidade de Lublin. De longe a cidade já lhes acenava com os pináculos e as tôrres de suas igrejas e castelos. Distantes ainda, Mêndel indicou a Schlomele a cumeeira da sinagoga do famoso erudito Rama.

A feira anual de Lublin já estava em plena atividade. Com grande dificuldade, o cocheiro conduziu a carroça por entre os inúmeros carros senhoriais estacionados de um e de outro lado do caminho. Hilel entrou por uma estrada lateral e chegou às ruas judias, onde a feira estava no auge. Aqui jaziam grandes pilhas de peliças, ali de vigas de madeira pendiam fieiras de botas. Havia barracas atulhadas de tecidos de lã. Lenços poloneses, de côres vivas, brilhavam à luz do sol sôbre as cabeças de judias, paradas diante das tendas e vendendo suas mercadorias: manchas de amarelo-dourado num campo de marfim. E uma babel de gritos e idiomas espalhava-se no ar. Artesãos alemães de Nuremberg vendiam artefatos de prata e de latão. Até persas ali se encontravam com seus tecidos orientais, de muitas côres, de âmbar e marfim; matizes de cobre derretido e de azul límpido como o do céu; o azul profundo da noite e a brancura da neve; e tons brilhantes como o da espuma, e as castas nuanças de pérolas ao lado do brilho intenso de contas vermelhas — tudo amalgamado num oceano flamejante de tecidos, mantos e tapêtes.

As côres moviam-se como num baile de máscaras. As cabeças dos guerreiros e camaristas, dos hussardos e alferes brilhavam com penachos de penas multicoloridas. Aqui e ali a cintilação de uma pedra rara ofuscava no turbante de uma fronte tártara, acenando de longe por sôbre o mar de cabeças.

Mêndel sentiu-se intimidado com a grande multidão e intimidado também estava Schlomele, o jovem marido; o mesmo acontecia ao "Guardião de Israel", Haim, o correio. Sòmente Hilel, o cocheiro, não tinha mêdo. Encolhido na boléia, segurava firmemente as rédeas dos cavalos, procurando abrir caminho por entre as barracas, o povo e as carroças. Não dava atenção a nada, recusava interessar-se por qualquer coisa. Estava absorto no trabalho de dirigir os cavalos, porque a travessia era realmente difícil.

Não foi fácil a Mêndel conseguir hospedagem. Lublin estava cheia de judeus. Dos quatro cantos da Polônia vinham a Lublin para vender ou comprar na feira anual. Das regiões mais longínquas apareciam rabis e provedores com questões rituais e demandas ao Conselho dos Quatro Países, uma *kehila* puxando outra e trazendo suas queixas aos rabinos. Cada *rav* vinha com seus discípulos. Estudantes da Cabala, em longos gabardos brancos, vinham com o rabino de Poznan, Reb Scheftel Hurvitz, emérito cabalista. Inteligências agudas de eruditos seguiam o rabino de Lvov, o futuro autor do *Taz*[1] e que era membro do Conselho. Viam-se judeus estrangeiros; judeus da Alemanha em seus grandes chapéus de veludo; judeus de Praga em largos gabardos de sêda preta; judeus italianos, que eram difíceis de reconhecer como judeus, vestidos como estavam com mantos curtos e coloridos, como os italianos, e espadas pendentes da cintura.

Muitos dêles vinham mercadejar ou estudar na *ieschiva*. Muito celebradas eram as academias da Polônia, como outrora o foram as da Babilônia, e de tôda a parte do mundo, judeus mandavam seus filhos para as *ieschivas* polonesas. Vinham muitos jovens de terras e províncias diferentes a fim de obter, dêste ou daquele grande rabino que pudesse comparecer à Assembléia, o certificado de ordenação para o rabinado. Autores vinham com seus livros, em busca da recomendação dos rabinos, e ainda outros vinham pedir permissão para se tornarem magarefes ou outra função na comunidade.

E tôda essa gente percorria a ruela da sinagoga, onde residia o rabino, onde se localizava a grande *ieschiva* e se realizava a Assembléia. Naquela rua celebrava-se a feira judia. As calça-

---

(1) Acróstico do *Turei Zaav*, "As Filas de Ouro", comentário ao *Schulhan Aruch*, famosa obra de codificação de Iossef Caro.

das eram tomadas por estantes com livros hebraicos. Ali os casamenteiros armavam suas tendas, com o vaivém dos *balebatim* desejosos de ter um erudito por genro e escolhiam entre os estudantes da *ieschiva* de acôrdo com o dote que podiam oferecer. Ali, também muitos cabalistas, taumaturgos, tinham suas tendas onde vendiam amuletos contra maus espíritos e demônios, e máximas para pendurar às paredes contra Lilit. Mulheres devotas, em barracas próprias, vendiam livros especiais de oração para mulheres, livros de orações para defuntos, talismãs para parturientes, dentes de veado, raízes para a dentição de criancinhas, mãozinhas e pèzinhos de cêra, e mezinhas para dor de dentes e contra mau-olhado.

Em outras barracas viam-se escribas a redigir notas de venda para mercadores, promissórias e recibos de empréstimos. Alguns rapazes executavam desenhos artísticos a côres em contratos de noivado, de casamento e em *meguilas*. Era uma concessão exclusiva dos alunos da *ieschiva,* cujo produto ia para uma caixa comum pertencente a êsses rapazes. Ourives vendiam preciosos vasos rituais, taças lavradas para o *kidusch,* caixas para a cidra e porta-especiarias, lâmpadas de Hanucá com caixinhas de música.

O principal comércio, porém, era o de livros. Os impressores de Lublin, que possuíam autorização de publicar livros independentes de censura, eram famosos no mundo inteiro e os judeus de tôda a parte iam a Lublin para adquirir obras judaicas. Em compridas mesas, nas sinagogas e nos quiosques, os volumes ficavam expostos, especialmente a famosa edição do Talmud feita em Lublin.

Os vendedores de xales de oração também possuíam suas bancas, onde expunham xales de lã e franjas trançadas de oito fios finos. Seus enfeites de ouro e prata cintilavam entre as mercadorias. Mais adiante, na ruela, à entrada da casa de banhos, os curandeiros judeus tinham suas tendas, onde extraíam o sangue ruim, receitavam remédios e arrancavam dentes. Ali também, as mulheres encarregadas dos banhos rituais vendiam receitas secretas às estéreis para ter filhos, bem como "indicações" para dar à luz a meninos e "indicações" para meninas; e comerciavam incenso e plantas para conquistar o coração dos maridos.

E judeus de todos os recantos do Reino da Polônia que, durante o ano inteiro, viviam como exilados em suas estalagens, adquiriam estoques de judaísmo para o inverno inteiro. Entre os mercadores circulavam as mulheres devotas que tomavam a si o sagrado dever de prover alojamento e outras necessidades aos discípulos da *ieschiva*. Carregavam grandes cofres de lata lacrados com o sinête oficial da *ieschiva* e gritavam: "Alojamentos para os jovens! Camisas, botas para os estudiosos da Torá!"

Depois de levar o filho à *ieschiva,* Mêndel apresentou-se à Assembléia, a fim de propor-lhes a questão do tributo das igrejas ortodoxas que os fidalgos poloneses obrigavam os estalajadeiros judeus a cobrar dos aldeões cossacos. Graças à carta ao autor do *Taz* que lhe dera o rabino de Nemirov, foi admitido à Assembléia, que se achava instalada na grande sala da casa da comunidade de Lublin. Presidia-a Reb Naftali Katz, de linhagem das mais ilustres, neto do rabino de Lublin, por sua vez de estirpe importante, e, por parte da mãe, neto do *gaon* de Praga. Tinham assento na Assembléia grandes rabinos de Poznan, Lvov e Cracóvia, e representantes oficiais judeus e *parnassim,* como Reb Abraham, o provedor da comunidade de Lublin, e Reb Mosche Muntaltis, que descendia de exilados espanhóis e gozava de grande prestígio na côrte real. Trinta famosos rabis e provedores estavam sentados em tôrno da mesa. Mêndel apresentou-lhes a petição no sentido de que os representantes oficiais obtivessem a ab-rogação do decreto que exigia dos arrendatários judeus a cobrança, junto aos cossacos, do tributo sôbre a igreja ortodoxa, pois, de outra maneira, poderia sobrevir terrível calamidade aos judeus. A Assembléia ouviu Mêndel, e o rabino de Lublin considerou boa a proposição. Mas a Assembléia convidara igualmente a Reb Zeharia Sobilenki, por ser um provedor da mesma região e importante representante.

Reb Zeharia alegou que dessa maneira poderiam despertar a cólera dos eclesiásticos católicos e dos jesuítas. Iriam dizer que os judeus estavam dissuadindo os aldeões de se converter ao catolicismo, e em conseqüência poderia tombar grande desgraça sôbre os judeus. E logo que a Assembléia ouviu a menção à palavra eclesiástico, grande terror invadiu rabinos e *parnassim.* Reb Scheftel Hurvitz, rabino de Poznan, começou a gemer. Lembrou-se da acusação de morte ritual que ocorrera, dois anos antes, em seu distrito de Lentschitz, e dos mártires que os padres haviam torturado até a morte. Seu rosto ascético tornou-se sombrio, os olhos se esconderam sob o osso frontal e êle suspirou:

— Aproximam-se maus tempos para a estirpe de Jacó...

E os provedores responderam que do govêrno secular podiam conseguir tudo, mas receavam imiscuir-se com os padres e a Igreja, porque daí poderia, Deus não o permita, advir grande desgraça para a coletividade.

Assim, despediram Mêndel com um aceno e um gemido e mandaram-no procurar ajuda junto ao Senhor do Universo.

Com isso Mêndel regressou a seu lar. Já se achava instalado na carroça com Haim, "o Guardião de Israel", e Hilel, o cocheiro, quando, entre as barracas e tendas da ruazinha da sinagoga, avistou o piedoso alfaiatezinho, primeiro professor de Schlomele, postado no limiar de um quiosque e gritando por fregueses. Mêndel desceu da carroça e entrou a fim de comprar alguma coisa, mas viu que a loja estava vazia, nada mais havia além de quatro paredes nuas. Indagou ao alfaiate:

— O que é que está vendendo aqui? É apenas uma loja vazia!...

O alfaiatezinho respondeu:

— Vendo Penitência, Prece e Caridade!...

ns/pro# SEGUNDA PARTE

1. JÁ COMEÇOU

Schlomele demorou seis anos na academia de Lublin, preparando-se para a posição que devia ocupar na vida: *parnas* de uma comunidade judia. Estudava com o reitor da *ieschiva*, o rabino de Lublin, e morava, com outros jovens, na hospedaria da honrada senhora Sara Jafe, que possuía uma grande impressora de livros na cidade. Ali também tomava suas refeições, aos sábados e feriados, onde aprendeu boas maneiras e bons costumes, pois era ela mulher de alta posição e, além do mais, de magnanimidade principesca.

De casa, sua mãe costumava enviar-lhe, pelos mercadores que se dirigiam à feira anual, bolos secos de queijo ou um pote de mel, e o pai, um par de botas novas, uma peliça para o inverno e uma carta com cumprimentos de "tua espôsa", o que começava a despertar estranhas sensações em seu coração e ruborizar-lhe as faces.

Ao cabo de seis anos, quando Schlomele completou seu curso de rabino, e a senhora Dvoire já estava crescida para assumir seu papel, os pais do casal se reuniram e decidiram que, considerando não ser bom que marido e espôsa vivam separados, Schlomele deveria ser trazido de volta ao lar.

Mêndel se pôs a caminho de Lublin para ver a feira anual, e trazer o filho de volta. O pai não o reconheceu. Durante êsses anos, Schlomele amadurecera, parecendo um jovem rabino com seu gorro de pele e seus *peies;* o pai começou a dedicar-lhe um pouco de respeito. Schlomele perguntou de todos, da mãe e, em que valha diferença, da criada Marucha, mas nada indagou da espôsa.

— E por que não pergunta sôbre sua espôsa? — disse-lhe o pai, sorrindo.

Schlomele corou.

— Ela cresceu e tornou-se uma bela mulher, benza Deus; você não vai reconhecê-la. Está morando com os pais.

— Por que não está com mamãe? — indaga Schlomele.

— Tem mêdo de você, mêdo de que, quando voltar para casa, você lhe arranque a touca da cabeça como fazia quando era criança.

Schlomele permaneceu em silêncio. Mêndel arrependeu-se de tê-lo envergonhado.

— É costume, em véspera de festas e antes do marido regressar para casa, a espôsa ficar com os pais. Quando, com a ajuda de Deus, você voltar para a casa, ela virá morar conosco.

Schlomele teria gostado de mudar de assunto, mas o pai lembrou-lhe de nôvo:

— Tome algum dinheiro e compre alguma coisa para dar à sua mulher como presente de festas.

Schlomo aceitou o dinheiro do pai para comprar algo para a espôsa. Dirigiu-se à feira, e achegou-se a um judeu que apregoava:

— Sapatinhos dourados de Varsóvia, presente de festas para espôsas piedosas!

Schlomo lembrou-se dos sapatinhos dourados que prometera a Dvoire antes de partir para a *ieschiva*.

Pagou os sapatos ao vendedor e o judeu pronunciou os seguintes votos:

— Permita Deus que a piedosa mulher que vai usar êstes sapatinhos tenha a honra de usá-los em santidade e pureza.

Schlomo fitou o homem. Pareceu-lhe familiar, como se já o tivesse visto antes em algum lugar.

Sòmente depois, Schlomo lembrou-se de que o vendedor era o alfaiatezinho, e o fato afigurava-se-lhe estranho.

Corria o ano de 5408 (cêrca de 1647), justamente antes do Purim. Pelos brancos campos deslizava alegremente um trenó camponês cheio de passageiros. As sombras dos viajantes, cavalos e trenó arrastavam-se através do campo, em seu encalço. A estrada lamacenta subia montanhas e descia vales na vasta amplitude branca. Aqui e ali, pedaços escuros de terra salpicavam, como ilhas, o oceano branco. Encaminhávamos para a noite depois de belo dia ensolarado.

Por cima, o céu brilhava límpido e azul, como se houvesse sido lavado e limpo de tôdas as suas nuvens de inverno, em honra do Pessach que se aproximava. Nuvenzinhas de um azul transparente banhavam-se na luz alegre, e o sol vermelho-dourado fulgia atrás da floresta de Breslau, enviando seus feixes de luz dourada através dos ramos nus das árvores. Uma revoada de corvos negros precipitava-se atrás dos viajantes. Não tendo onde pousar, pairavam sôbre o trenó, baixando de vez em quando e mal tocando a neve onde deixavam impressos os seus pés. Cobria o ar uma côr violeta, formada da mistura do branco da neve com o azul do firmamento. Sentia-se o cheiro úmido das raízes apodrecidas e da primitiva terra nua. Ocasionalmente o trenó atravessava um campo de neve onde se podiam ver pegadas de lôbos. E tôda vez que encontravam êstes rastos exatamente delineados, ouvia-se uma voz vinda do trenó:

— Hilel, estamos em pleno campo entre animais ferozes, e a noite vem caindo, Hilel...

— Vamos chegar logo, patrãozinho. Já se pode avistar o pináculo da igreja de Breslau.

— Para que me serve uma igreja, Hilel? Temos de fazer as orações vespertinas e está ficando tarde. É perigoso parar no campo.

— Chegaremos logo, patrãozinho.

— Vamos chegar atrasados para as Dezoito Bênçãos, Hilel.

— Não vamos atrasar as Dezoito Bênçãos, Deus nos livre. Vamos chegar antes da oração da tarde.

E Hilel começou a instigar os cavalos em tôdas as diferentes línguas que êle conhecia. Falou-lhes em russo: "Vamos, irmãozinhos, vamos!" Falou-lhes em ídiche: "Caros irmãozinhos, por favor, apressem-se um pouquinho, o patrão precisa pronunciar as orações da tarde!" Mas o compreenderam melhor quando Hilel se pôs a cantar um fragmento da prece da manhã. O cocheiro deu expansão à voz através dos campos desertos. Os cavalos pegaram um trote sôbre a terra fresca e molhada, a estrada voava sob seus cascos e logo entraram nas ruas lamacentas de Breslau.

No pátio da estalagem de Berahia, em Breslau, aglomeravam-se muitas carroças cobertas e trenós. A hospedaria enchera-se de judeus de tôda a região. Muitos vinham da feira e pretendiam usar a balsa a fim de atravessar o rio para Nemirov. Mas já se iniciara o degêlo e grandes massas informes flutuavam rio abaixo. Assim, muitos judeus de tôdas as comunidades da redondeza, benza Deus, estavam reunidos na taberna de Berahia, esperando cruzar o rio.

Mêndel encontrou velhos conhecidos: Reb Guedali de Tschirin, Reb Ihiel de Kolnik e judeus de Nemirov; encontrou também Reb Ioine, o pregador, Reb Mosche de Nemirov e muitos outros judeus. Todos estavam alegres, bem-humorados. Haske Baruch, o vendedor de bebidas, bateu nas costas de Berahia e gritou:

— Diga a sua mulher para cozinhar *kliskes* para o jantar!
— E tripa recheada — acrescentou Iohanan Aaron, o peixeiro de Nemirov.
— Com torresmos em gordura.
— E *tzimes,* como no *schabat.*

Mas não era preciso dizer. Junto ao grande forno achava-se a mulher do estalajadeiro, cozinhando o jantar num grande caldeirão sôbre o fogo vívido. O odor apetitoso da tripa com seu recheio e das *kliskes* já enchia a sala.

— Qual é a festa? — indagou Mêndel.
— Nenhuma, à toa. "Quando chega o mês de Adar é um dever festejar." Para isso é que somos judeus. Não é um bom argumento? Já que os *goim,* que adoram a madeira e a pedra, se regozijam, mais razões para alegrar-nos temos nós, os judeus, cujo Pai é o Senhor do Universo! — explicou Reb Haskel de Kolsk, enfiando o polegar na barba de Mêndel.
— E já disseram as orações da tarde?
— Desde o meio-dia, e com o Halel.
— Que grande ocasião é esta? — indagou Mêndel, surprêso.
— Tolo, você não se lembra em que ano estamos? Estamos no ano *Zos,* quer dizer, *Tach* [1], e já começou.
— Começou o quê?
— Você não ouviu? As guerras entre Gog e Magog, como predisse o santo Ari [2] — Reb Ioine explicou a Mêndel.
— Estou vindo de Lublin e não sei de nada.
— O malvado Khmelnitski, o capitão cossaco de Tschirin, reuniu milhares de aldeões e saiu para guerrear os poloneses nas margens da Rio Amarelo.
— E quais são as notícias de Zlotschev? — indagou Mêndel, inquieto.
— Tolo! É o começo da redenção essa guerra entre Gog e Magog e você pergunta sôbre Zlotschev!... *Parnas, ignoramus!*
— e Ioine afastou-se dêle e se dirigiu à sala vizinha, onde se achavam reunidos grande número de judeus em seus xales de oração. Alguns rezavam, outros cantavam, e outros ainda estudavam. Suas vozes exultantes eram ouvidas em outros aposentos.

O assustado Mêndel intrometeu-se entre os judeus e indagava a um e a outro: — Quais são as notícias de Zlotschev?

---

(1) O ano de 5408, quando se deram êsses fatos, é representado pela combinação de letras hebraicas que se lê *Tach*, igual numèricamente a 408. O valor numérico das letras da palavra hebraica *Zos* ou *Zot* na leitura sefardita, que quer dizer *êste*, é também igual a 408.

(2) Abreviatura de Aschkenazi Rabi Isaac, ou Rabi Isaac Luria, figura exponencial da Cabala do século XVI.

— Não se preocupe com Zlotschev! Êles estão perto do Rio Amarelo. Os nobres Pototski e Kalinovski reuniram milhares de soldados e saíram para enfrentá-los — acalmou-o Reb Haskel de Kolsk.

— Louvado seja seu Bendito Nome! — respirou Mêndel aliviado. — Seu fim há de ser tão negro como o de Pavlik há um ano atrás. Hão de decapitá-lo em Varsóvia — comentou Mêndel. — Mas por que tanta alegria? — admirou-se.

— Tolo! A alegria é exatamente por isso. O santo Ari predisse isso mesmo, e há uma indicação na Torá de que êste ano virá o Messias. Pode-se ver tão claro como à luz do dia: *Im tokum olai milchomod be-Zos ani boteach* [3], se contra mim se erguer uma guerra, estou seguro de *Zos*. Ora, o que quer dizer *Zos*? *Zos*, matemàticamente, significa 408. Isso quer dizer que, no ano de 408, se travará uma guerra contra mim e estou seguro dêle — aí você tem tudo na superfície! — e Reb Haskel tornou a enfiar o polegar na barba de Mêndel. — E você, simplório, anda por aí perguntando por que os judeus estão alegres! Ei, Berahia, manda tua mulher enfiar na panela mais uma tripa com recheio de gordura por conta do provedor de Zlotschev! — gritou Haskel de Kolsk ao taberneiro.

— Duas tripas! — gritou Mêndel, contagiado pela alegria geral.

— E quem é o mocinho? — Haskel indagou, indicando Schlomele.

— Um jovem marido, que volta da *ieschiva* de Lublin com o diploma de rabino no bôlso. É meu filho, longe dêle o mau-olhado.

— Seu filho com diploma de rabino no bôlso?! Um pedaço de bucho na panela por conta do casadinho Reb Schlomo, filho de Reb Mêndel, com o diploma de rabino no bôlso! — gritou de nôvo Reb Haskel.

— E já rezaram as orações da tarde? Onde se pode rezar as orações da tarde aqui? — inquiriu Mêndel.

— Orações? Aqui se come, lá dentro é que se reza — indicou Haskel.

Mêndel ainda conseguiu alcançar a *keduscha* das orações vespertinas.

Após a prece da noite, Berahia aprontou a mesa. A sala já estava escura. De fora vinha o ruído dos blocos de gêlo, vogando rio abaixo. O taberneiro acendeu sôbre o forno duas achas de lenha, e algumas velas luziam no *menorá* sabático. Os cocheiros trouxeram das carroças seus archotes de resina e os acenderam. Juntaram-se tôdas as mesinhas e bancos, for-

---

(3) Em hebraico *aschkenazi*, que era o utilizado na Polônia.

mando uma mesa só para a refeição. Os judeus se lavaram e sentaram-se ao redor.

A mulher de Berahia trouxe a grande tigela com tripas recheadas, fígado e bucho, que exalava uma nuvem pesada de vapor. E Berahia colocou na mesa um barrilete de aguardente e um copo. Antes de tudo, tomaram uns poucos tragos à saúde. Depois, começaram a tirar as tripas da tigela, arrancando pedaços com a mão e oferecendo-os uns aos outros. No intervalo entre tripa e aguardente, deram ao chantre de Umã a honra de cantar uma melodia e êle entoou *Va-Isgadal*. Além disso, aconteceu estar entre êles um judeu de Umã, um músico, que costumava circular entre as feiras e tocava violino muito bem — e divertiu a reunião com sua música. Também se achava ali um "Ancião", um cossaco, que tocava numa harpa que os judeus lhe haviam dado para ganhar o sustento, porque era muito velho. Andava freqüentemente entre os judeus, nos casamentos e outras ocasiões festivas, e deliciava os judeus com suas canções e sua harpa. Cantou uma linda balada sôbre um velho rei cujos filhos despojaram-no da coroa e o expulsaram do reino. E no intervalo entre as canções e a música, os judeus falavam do Messias, da Redenção que estava próxima e das guerras entre Gog e Magog. E mais tarde, quando a reunião se tornou mais à vontade, as mulheres também entraram na sala. E por causa da grande felicidade com a iminente vinda do Messias, permitiram-se certas liberdades, e as mulheres executaram um lindo bailado. Os músicos, junto com o "Ancião", forneceram a música, e os judeus batiam palmas marcando o ritmo. E devido à grande felicidade e alegria, alguns judeus esqueceram-se de si mesmos e, segurando na ponta de uma toalha ou lenço, deram a outra ponta às mulheres e dançaram com elas.

E os velhos judeus piedosos permaneceram sentados, observando, e nada diziam, pois grande era a satisfação, cientes como estavam da próxima vinda do Messias.

Assim os judeus passaram a noite festejando. Cantaram-se muitas canções, contaram-se muitas estórias de milagre e maravilha sôbre o Messias, e expuseram-se muitas significações ocultas, versículos bíblicos e problemas matemáticos a respeito do ano em que era esperado o Messias. E o "Ancião", o harpista, contou também que, entre os aldeões, muito se falava de grandes acontecimentos que ocorreriam nesse ano. Estivera em Kiev e lá ouvira dizer que, na igreja, o pope encontrara sôbre o púlpito um documento enviado pelo seu Deus, Jesus de Nazaré, advertindo-os de que se preparassem para êsse ano...

Num canto, junto à parede, estavam sentados três cabalistas, que não compartilharam nem do banquete nem do regozijo geral. Um era muito gordo, outro ainda bem jovem e o terceiro, um ancião. O gordo estava jejuando para tornar o corpo mais

leve. Mas êle achava isso muito difícil, pois seu corpo possuía grande vitalidade, e a alma muitas vêzes capitulava diante de seu corpanzil. Quando surgiram as grandes panelas com vísceras fumegantes, quase não pôde conter-se, pois seu apetite cresceu desmesuradamente. Se fechava os olhos, seu desejo era estimulado através das narinas e da bôca e êle então abria os olhos muitas vêzes e perguntava ao vizinho:
— Que é que êles estão comendo, hein?
— Tripas recheadas — respondia o vizinho.
— Ah! — suspirava amargamente, e para mortificar-se ficava olhando para as tripas.

O velho tinha uma barba grisalha e o jovem era magro, sòmente pele e osso. Êles também estavam jejuando e por uma razão que ninguém conhecia. O jovem não pôde suportar o espetáculo da alegria dos judeus. Saltou de seu lugar e bradou:
— Por que se regozijam sem nenhuma razão? No Livro de Ester há a palavra *Va-Tichtov*, e a letra TAV está escrita em maiúsculo; e a letra HES da palavra *Hur* também está em maiúsculo. Ora, o que quer dizer isso? Isso significa que o decreto de Amã foi adiado até o ano *Tach*.

A multidão encheu-se de mêdo e todos se voltaram para ver quem proferiu aquelas palavras.
— Malvado, você não suporta ver a alegria dos judeus? Quantas vêzes os judeus servem ao Senhor do Universo em tristeza e agora que, por uma única vez, querem adorá-lo em alegria, você não o permite? — repreendeu-o o velho. — Alegrem-se, judeus, alegrem-se! Na Torá está escrito: *"Be-ZOS iovo Aharon el ha-kodesch"*. O que quer dizer isso? Isso quer dizer: Em ZOS, que é matemàticamente equivalente ao ano *Tach*, Aarão entrará no Templo. No ano de *Tach* virá a grande libertação.

Schlomo olhou para o velho e o reconheceu. Era o piedoso alfaiatezinho.

Na sala vizinha, os judeus, de pé, com seus xales de oração cobrindo a cabeça como em dias festivos, cantavam em voz alta a *keduscha* com a melodia dos dias de festa.

2. SCHLOMELE RETORNA AO LAR

À porta, a mãe e a criada aguardavam a chegada do jovem que da *ieschiva* regressava ao lar. Nem uma nem outra o reconheceu. Schlomele mudara muito, tornara-se um homem. Despontava já a escassa barba negra que ia juntar-se aos *peies* encaracolados. A barba dava às suas feições uma aparência mais idosa, e a mãe começou a sentir respeito pelo filho. A glória da Torá repousava sôbre êle, e Ioheved estava em dúvida se ainda podia tuteá-lo... Marucha, postada atrás da mãe, enxugava os olhos soluçando:

— O bezerro cresceu e não reconhece a vaca que o alimentou.

O melhor aposento da taberna fôra reservado ao jovem casal. Dois bancos para dormir, que o pai encomendara ao marceneiro para o jovem par, colocavam-se contra a parede do quarto de teto baixo, atopetado de almofadas e roupas de cama até quase alcançar o telhado. As camas eram separadas uma da outra e rodeadas de cortinas de tecido verde. Um grande baú, reforçado com aros de ferro e montado em rodinhas de ferro, estava encostado a um canto, repleto de vestidos, roupa branca e jóias. Ao baú estava amarrado um cinto de couro, a fim de que, em época de súbita desgraça, que Deus não o permita, em caso de pânico, seus proprietários pudessem fàcilmente amarrá-lo a si próprios e puxá-lo consigo. Havia também uma mesa para refeição e estudo, um banco de dormir de madeira e um berço com estrado pronto para a criança que havia de vir. O berço e o estrado faziam parte do conjunto de móveis que o pai encomendara para o jovem casal. A peça mais importante, porém, era a prateleira de livros. Os livros constituíam a cláusula principal que figurava no contrato de noivado, e o sogro, o rabino, cuidara bastante para que essa cláusula fôsse observada estritamente. Os livros eram mais preciosos do que as jóias, até mesmo do que o dote. E não era apenas com dinheiro que se acumulava a riqueza de livros. Longos anos de esfôrço por parte do rabino, bem como o amor e devoção de Mêndel formaram êste tesouro.

Pronto o ninho para receber o jovem par e a "mulherzinha" ainda não chegou. Na casa da sogra, a jovem espôsa ficou seis anos, esperando que o marido voltasse da *ieschiva,* mudado em grande sábio da Torá, como o é seu próprio pai. O marido já está de volta e o casal ainda não se viu. Ela permanecerá em casa da mãe até a véspera da Páscoa, quando sogra e mãe, juntas, a conduzirão ao ninho que construíram para ela e seu cônjuge.

No Grande Sábado, no sábado anterior à Páscoa, Schlomele foi convidado à mesa do sogro. Na sexta-feira à tarde, quando após o banho ritual, chegou para a Santificação do *schabat,* envergando seu nôvo gabardo enfeitado de pele que trouxera de Lublin, viu sua jovem espôsa pela primeira vez. Estava de pé, no aposento contíguo, com a mãe dela, a *rebetzin,* e abençoava as velas sabáticas. Seria Dvoire sua mulher? Recordava-se dela menina, como a deixara. E ali, junto às velas do *schabat,* ao lado da mãe, está uma princesa judia, uma figura alta e esguia coberta com um véu de renda brocado de prata. A touca bordada, ornada de jóias, cinge-lhe a alta e branca fronte como uma coroa pousada sôbre a estreita cabeça juvenil. Os alvos e delicados dedos escondem os olhos e o rosto e êle só vê a jovem e flexível figura, orgulhosa como um cipreste nôvo, inclinada sôbre as velas acesas. Seus dedos luminosos e transparentes se entreabrem, e entre êles revelam-se dois grandes olhos negros que o fitam em silêncio, timidez e profunda nostalgia. O coração de Schlomo bate com fôrça e dentro dêle desperta ardente anseio. Parece-lhe que sempre estiveram com êle êsses olhos. Via-os nas longas noites de inverno, quando se inclinava sôbre o Talmud na *ieschiva.* Uma ternura impaciente se apossa dêle e êle a fita, mas, incapaz de suportar o olhar úmido e ansioso da jovem, abaixa os olhos. Passado um instante, ergue-os de nôvo, mas agora os olhos dela estão encobertos e êle vê apenas seus afilados dedos côr de marfim, e estaca pensativo.

Está surdo, agora, à perspicaz exegese que o sogro repete. O jovem não pensa mais no grande Rambam [1], com quem plane-

---

(1) Abreviatura de Rabi Moisés ben Maimon, isto é, o célebre filósofo medieval judeu, Maimônides.

jou tomar de assalto as fortificações que seu sogro erguera com tanta arte. Pensa agora em coisas muito diferentes. Aquêles olhos negros, aquêles olhos orgulhosos da côr de negras cerejas, que espreitavam por entre os finos dedos ao abençoar as velas, estão agora à sua frente e êle se lembra de que os viu tantas vêzes durante os anos de permanência na *ieschiva*. Na tristeza dos crepúsculos, quando grandes sombras envolviam as paredes e os livros na sala de estudos, via aquêles olhos. Assim Rebeca olhou Isaac quando êle a viu na estrada. Assim Raquel olhou Jacó quando êste a encontrou junto ao poço com suas ovelhas. E assim a Divina Presença olha o Senhor do Universo quando, a cada jejum do Tischa B'Ab, visita as ruínas do Templo e ali encontra seu Amigo, o Senhor do Universo, imerso em profundo pesar; e duas grandes lágrimas lhe rolam dos olhos e fazem ferver as águas do Jordão. E assim olha a Rainha Schabat, quando desce dos céus e introduz-se nas casas judias, na hora em que as mães abençoam as velas sabáticas.

E, enquanto permanece engolfado no pensamento dessas coisas, percebe de repente que do aposento contíguo se aproxima uma figura sagrada. Sente-lhe os passos avizinhando-se, embora não a veja. Os olhos dêle fitam o soalho, mas em seu íntimo se faz uma súbita luz e um cintilar como que de prata.

Ao umbral da porta encontra-se Dvoire. Êle ainda não olhou seu rosto, mas ante os seus olhos brilha uma luz com reflexos prateados.

— Schlomele, tua espôsa deseja ver-te — diz a *rebetzin*.

Schlomo descerrou os olhos e viu Dvoire à sua frente. Estavam a sós.

Dvoire foi a primeira a dirigir a palavra ao marido.

— Schlomo — disse ela — quando você foi para a *ieschiva,* chorei bastante. Eu não queria que você fôsse para a Academia, porque eu era criança e não compreendia. Por isso, você me acalmou e prometeu uma coisa. Agora venho perguntar-lhe se você cumpriu a promessa.

Schlomo não respondeu, mas aproximou-se do baú, abriu-o e disse:

— Aqui está o que lhe prometi.

A jovem parou diante do baú, espantada e surpreendida. Lá dentro brilhavam os sapatinhos dourados. Ela os tomou nas mãos e examinou os saltos, feitos à moda de Varsóvia, e a jaqueta de sêda de Slutzk com enfeites prateados.

Dvoire examinou por longo tempo os presentes do marido. Depois ergueu-se e disse:

— Então você não me esqueceu. Mesmo longe daqui e por tanto tempo você sempre se lembrou de mim e concedeu-me sua bondade.

— Você não é minha espôsa, a mim consagrada de acôrdo com as leis de Moisés e Israel? — respondeu o marido.
— Não sei se mereço ser sua espôsa, Schlomo. Sou uma pecaminosa mulher e não sei como me comportar para com Deus e para com o homem. Sou ignorante e você é um grande sábio. Na *ieschiva* você aprendeu muita Torá e muito refinamento entre os estrangeiros.
— Deus lhe concedeu muito encanto, Dvoire, tanto quanto à Mãe Raquel — murmurou Schlomo.
Dvoire fitou-o com seu olhar úmido, que Schlomo foi incapaz de suportar. Ela calou-se por um momento, depois disse:
— Para isso rezei a Deus dia e noite, para que eu pudesse encontrar graça a seus olhos, Schlomo. Agora que Deus ouviu minha oração, de que mais preciso?
— O que você fêz durante todo o tempo em que estive na *ieschiva,* Dvoire?
— Mamãe me ensinou como ser uma espôsa boa e piedosa e sua mãe me ensinou como educar nossos filhos "para a Torá, para a *hupe* e para as boas ações".
Schlomo aproximou-se dela e passou a mão em sua touca, sem olhá-la.
— Que Deus nos dê felicidade e alegria por todos os dias de nossa vida, Dvoire!
— Amém! — respondeu ela.

3. A FESTA DOS TABERNÁCULOS

Chegou a bela festa do recebimento da Torá e com ela veio a primavera para a estepe. Zlotschev foi inundada por um mar de capim úmido, verde e veludoso, que da estepe transbordou para dentro da cidadezinha. A vegetação brotava onde quer que conseguisse pé, e não apenas a terra verde com suas plantas úmidas, mas até os telhados das casas, e mesmo as paredes, pareciam florescer. As casas como que brotavam da terra, enfeitadas e floridas como estavam com as videiras selvagens, que escalavam as paredes. Sôbre os tetos baixos, espalhavam-se os ramos protetores das tílias, que se curvavam um para outro, se entreteciam e pendiam sôbre as casinholas como um dossel. Cada sarjeta, em Zlotschev, transformara-se num canteiro de flôres e cada pântano cobrira-se de miosótis; margaridas amarelo-ouro tremulavam nos telhados cobertos de musgo. Altos tufos de jasmim espiavam para dentro de cada janela de Zlotschev, e a fragrância do lilás impregnava as salinhas.

Os ventos primaveris que vieram da estepe começaram a soprar sôbre o vilarejo, ventos das águas que jorravam libertas do gêlo, ventos do vasto mar verde, que se espraiava em tôrno de Zlotschev, em ondas de colinas e vales com matas florescentes e estepes floridas. E vieram as tardes em que árvores e arbustos se envolviam em sombras escuras, e Zlotschev parecia ameaçada de engolfar-se totalmente na estepe verdejante e nunca mais dela emergir.

Na véspera de Schavuot, enquanto as crianças de Zlotschev brincavam junto ao cepo do poço público, na praça do mercado, surgiu, vindo da estrada, um ancião judeu com redonda barba branca, um grande saco às costas e na mão um bastão cortado de ramo verde. As crianças encararam o estranho com curiosidade, porque era raro Zlotschev receber visitantes. De repente, um rapazinho de *peies* encaracolados e pés descalços pulou do cepo e gritou:

— Aí vem o alfaiatezinho!... Aí vem o alfaiatezinho!...

As crianças reconheceram o alfaiatezinho e correram ao seu encontro com as camisas fora das calças e os rostinhos lambuzados de sumo de morangos.

— Alfaiatezinho!... Alfaiatezinho!... Viva!...

— Afastem-se!... Afastem-se!... — fêz o alfaiatezinho empunhando a vara.

— Vamos para minha casa, alfaiatezinho!

— Para a minha! Para a minha!

— Não, para a minha! Dormirá no banco.

Mas o alfaiatezinho tinha seu próprio alojamento na cidadezinha, na antecâmara da pequena sinagoga. As crianças acompanharam-no até lá alegremente. Na antecâmara, depôs o grande saco que carregava, de onde retirou presentes de tôda a sorte para a criançada: para um, um apito entalhado num ramo de árvore; para outro, um bôlo de mel, que restou da última cidadezinha; e para um terceiro, que já sabia ler, um pequeno livro. E, como ainda fôsse cedo para o banho ritual, as crianças reuniram-se à sua volta e êle lhes ensinou uma linda canção em homenagem à festa.

À noite, depois dos ofícios, os chefes de família de Zlotschev disputaram a honra de ter o alfaiatezinho à sua mesa de festa. Todos ansiavam para praticar o sagrado dever da hospitalidade, pois era muito raro terem oportunidade de cumprir êsse dever em Zlotschev.

No primeiro dia da festa, êle comeu em casa de Mêndel, sendo essa honra concedida como especial prerrogativa de Mêndel por ser o provedor. E à mesa o alfaiatezinho estêve muito alegre, cantando e falando muito, o que não era de seu costume. Alegrou-se grandemente por ver Schlomele de volta da *ieschiva* de Lublin e exigiu-lhe pagamento por ter-lhe ensinado a ler o livro de orações, e Schlomele recompensou-o com uma taça de hidromel. Ao beber o hidromel, o alfaiatezinho suspirou:

— Vejam que Zlotschev cresceu e tornou-se "uma cidade e um centro em Israel", coitada...

Ninguém entendeu o suspiro e o "coitada". Apesar de surpresos, ninguém indagou nada, pois maravilhosos sempre haviam sido os caminhos do alfaiatezinho.

No dia seguinte, o segundo da festa, logo cedo, Schlomele estava sentado em seu quarto, estudando sua parte do Talmud. As pequenas janelas encontravam-se abertas e as árvores que cresciam embaixo espiavam para dentro da sala de teto baixo. Ouvia-se fora o suave trinar dos pássaros e um doce aroma de mel exalava das brancas flôres da estepe e enchia o baixo aposento do jovem casal. A espôsa, inclinada sôbre o baú, tirava dêle os lindos vestidos e jóias, com que se enfeitava e embelezava para ir à sinagoga com a sogra. Um grande encanto pairava nela naquela festiva manhã primaveril. Suas faces eram macias, e nelas ainda demoravam as alegrias da noite, e os grandes olhos estavam velados por um orvalho brilhante, como se ainda não houvessem despertado totalmente do sonho noturno. E grande amor pela espôsa acendeu-se no coração do jovem marido, que sentia por ela imensa piedade e ternura. Seu coração também transbordava de amor ao espôso, pois sua salmodia da Torá naquela manhã de festa soava tão doce a seus ouvidos, como o canto de pássaros felizes. Ambos se amavam muito, como acontece com os jovens nos primeiros tempos de casados. Não conseguindo continuar seu estudo, Schlomo colocou seu gorro de pele sôbre o Talmud e percorreu o quarto de um lado a outro. E ela, a jovem espôsa, enfeitou-se e embelezou-se com as lindas indumentárias na sua frente. Quando já estava mui lindamente ataviada, ergueu-se e se aproximou do marido para que êle pudesse abençoá-la antes de sair para a sinagoga. E êle depôs as mãos sôbre a sua cabeça e falou como segue:

— Possa seu encanto conservar-se para sempre, como aconteceu com nossa mãe Raquel.

A jovem pegou o livro de orações feminino, de capa de prata, que o sogro lhe presenteara, e, tôda imponente, enfeitada com suas roupas de festa, encaminhou-se para a sinagoga.

A comunidade está reunida na sinagoga. As mulheres, enfeitadas em homenagem à data festiva, estão de pé na seção feminina, e pelas grades acortinadas espiam para a seção masculina. Entre a mãe e a sogra encontra-se Dvoire, bela em sua nova touca recamada de jóias que o sogro lhe dera quando ela foi visitá-lo em honra da festa, calçando os sapatinhos dourados que Schlomele lhe trouxera da *ieschiva*. Olha para baixo através da grade e vê Schlomele que, envergando seu longo xale de oração, de pé no púlpito e segurando com grande amor um Rôlo da Torá, entoa um cântico em glorificação da festa. Qual pássaro canoro, acaricia em sua voz suave a melodia do *Akdomot*, comunicando a cada palavra tôda a beleza do canto. E, ao ouvir a voz de Schlomele, acodem-lhe doces pensamentos que se insinuam em sua mente como a música e lhe infundem

um terno rubor às faces e aos olhos uma expressão úmida e acanhada. Esconde os olhos nas palmas das mãos, como se receasse que a mãe lesse em seu rosto o doce pensamento que a invadia...
E ainda está ouvindo, como num sonho, a música da voz de seu marido, quando fora do templo irrompe uma gritaria que cobre o cantar festivo. Ninguém a princípio se atreve a tirar o manto de orações e sair para ver o que está acontecendo. E Schlomele se esforça por erguer mais a voz e imprimir mais ternura ao canto, mas o tumulto da rua aproxima-se da sinagoga e afugenta a festividade. Aqui e ali, um e outro se esgueiram para fora. O *parnas* bate na mesa da plataforma e, no minuto seguinte, invade a sinagoga uma multidão de homens, mulheres e crianças e um murmúrio corre a congregação:

— Chegaram uns mensageiros!
— Dois mensageiros de Karsum!...
— Vieram a cavalo; profanaram o feriado...
— O caso deve ser de vida ou morte!...

Ninguém mais escuta o modular de Schlomele; o canto festivo emudeceu. Mêndel bate na mesa da plataforma, a multidão corre para dentro e para fora da sinagoga.
De repente ouve-se um chôro.

— O que aconteceu?
— Silêncio!... Silêncio!... — e Mêndel continua a bater na mesa.

Então a porta da sinagoga se abre com violência e grita uma voz assustada:

— Salvem suas vidas, judeus!...

4. O EXÍLIO DE ZLOTSCHEV

Na plataforma da sinagoga, enfeitada de folhagem verde em homenagem à festa dos Tabernáculos, entre os Rolos da Torá revestidos de prata, acham-se dois judeus em roupas comuns, cobertos da poeira da estrada, pois vieram a cavalo a despeito da festa.

— O cruel Khmelnitski derrotou os dois generais poloneses Pototski e Kalinovski — relatam os recém-chegados — e está avançando com seus exércitos sôbre tôda a Ucraína. O Cã dos tártaros juntou-se a êle. A *kehila* de Karsum já foi totalmente destruída. Muitos judeus pereceram. Sòmente se salvaram êles, os cavaleiros, que, profanando o dia de festa, galoparam para Zlotschev, a fim de avisar que é muito grande o perigo para os irmãos filhos de Israel de Zlotschev, que, apesar do feriado, tratem de salvar suas vidas porque Khmelnitski, com seus cossacos e tártaros, está avançando em direção da cidade.

Com isso criou-se pânico na sinagoga. As mães agarraram os filhos e correram sem saber para onde. Alguns gritavam que deviam atrelar os cavalos às carroças e fugir da cidade, mesmo no feriado. Mas ninguém ousava fazê-lo. Não conseguiam imaginar que suas vidas podiam ser ceifadas tão inesperadamente. Nenhuma mão se erguia para mover um simples objeto naquela bela festividade. Entrementes, mais e mais homens, mulheres e crianças acorriam para a sinagoga, como se buscassem um lugar de refúgio na Casa de Deus. Em tôda a cidade ninguém permaneceu em casa, todos sentiam a necessidade de ficar juntos na sinagoga.

Mêndel, o provedor, muito pálido, subiu à plataforma e, batendo na mesa, falou como segue:

— Judeus, não abandonaremos êsse lugar. Construímos uma comunidade, erigimos uma sinagoga. Nas mãos de quem deixaremos tudo isso? Não pode ser, um mundo inteiro não pode ser assim destruído. Mais um dia ou dois, e chegará auxílio. O nobre Vischniovietski virá com o exército polonês, bem como outros nobres. Por ora nos esconderemos, nos trancaremos na sinagoga, e talvez Khmelnitski tenha seguido com seus exércitos para Tschirin. Êle reside lá, o que é que êle tem contra nós? Não lhe fizemos nenhum mal. Pegar uma comunidade e destruí-la deliberadamente, deixar tudo ao abandono?... Não, não iremos!

Muitos se acalmaram com as palavras de Mêndel. Os judeus que ali viviam desde o princípio, quando se instalou a coletividade, estavam tão profundamente apegados a Zlotschev que se agarraram ao fio de esperança que o provedor lhes oferecia, na possibilidade de que Khmelnitski se tivesse voltado para Tschirin, porque lá era o seu lar. A desgraça se abatera sôbre êles tão repentinamente, tão inesperadamente, que eram incapazes de apreender o perigo. E logo juntou-se ao redor de Mêndel um grupo de judeus, artesãos, mercadores de cavalos, negociantes que freqüentavam o Setch dos cossacos e com êles negociavam, muitas vêzes ao risco de suas vidas. Eram homens de vigor e coragem, os rostos curtidos pelo sol da estepe, com espêssas barbas negras e bastas sobrancelhas, judeus de ombros largos, grandes e pesadas mãos — mãos que construíram cidades, e todos êles concordaram com o *parnas*.

— Quem quiser ir, que vá. Nós ficaremos com nosso provedor.

— Ficaremos com nossa sinagoga.

— A sinagoga! Aos cuidados de quem vão deixar a sinagoga? Os aldeões a queimariam!...

Caiu o silêncio sôbre a congregação. O rabino ergueu-se, subiu à plataforma e bateu na mesa:

— Os judeus não devem arriscar a vida sem propósito. "E deves preservar tua vida", está escrito na Torá. E quem tira sua própria vida não terá lugar no mundo vindouro. E a salvação de uma vida tem precedência sôbre o *schabat,* mesmo sôbre o Iom Kipur. Assim, com o direito de rabino sôbre o provedor da comunidade, ordeno que seja êle o primeiro a atrelar os cavalos ao carro e que saia da cidade imediatamente porque o perigo de vida é grande.

O provedor não se moveu do lugar. Ficou sentado na plataforma.

— Quem quiser ir que vá. Eu ficarei aqui com a sinagoga. Deus construiu uma sinagoga, Êle a protegerá. Deixar uma cidade ao abandono, isso eu não farei.

A multidão, vendo que o *parnas* não se mexia, não se deu pressa em obedecer às ordens do rabino. Ao redor de Mêndel reuniram-se os açougueiros, os mercadores de cavalos, os negociantes do Setch dos cossacos, e ninguém se atrevia a ser o primeiro a profanar o feriado.

Um silêncio de morte reinava na casa de oração. Todos queriam ver o que faria o rabino. Mas êle não pronunciou uma palavra, subiu até a Arca, pegou dois Rolos da Torá nos braços estendidos e dirigiu-se para a porta de entrada.

— Judeus, salvai os Rolos da Torá! — disse o rabino.

Mas não precisava de tê-lo dito. Quando viram o rabino carregando os rolos para fora da sinagoga, o povo irrompeu num côro de lamentações. Sòmente então apreenderam a real desgraça que os ameaçava. Lembraram-se do dia em que se instalaram os rolos na pequena sinagoga, e todos caíram em pranto frenético. Ninguém conseguia falar. Ninguém podia refletir. Agarraram os Rolos da Torá e saíram da sinagoga atrás do rabino.

O velho Reb Samuel já não existia. Assim outro judeu tomou nos braços o seu pequeno rôlo e com êle deixou o templo.

E o rabino ordenou:

— Judeus, podeis profanar o feriado, eu o ordeno! Atrelai os cavalos e salvai o que puderdes. Eu também farei o mesmo.

A multidão precipitou-se para fora da sinagoga, na esteira do rabino. Via-se gente correndo para cá e para lá. Aqui e ali atrelavam-se os cavalos às carroças. Puxavam-nas para a frente da casa, colocavam as crianças em cima, e começavam a carregar os pertences, livros, almofadas e colchões. Alguns arrastavam para fora os baús onde guardavam seus artigos preciosos, atrelavam-se às correias e puxavam-nos sôbre as rodinhas, em direção ao cemitério. Outros agarravam o que primeiro lhes vinha às mãos: uma vasilha, uma roupa, uma peça de mobília. Outros usavam ainda os xales de oração que tinham vestido na sinagoga. E Zlotschev saiu da cidade nas pegadas de seu rabino e se dirigiu a Nemirov.

E na plataforma ainda permanecia sentado o *parnas* da comunidade, imóvel como uma pedra, ouvindo o barulho dos cascos e o rangido das rodas. Era Zlotschev que corria, Zlotschev que se escoava — e êle não se movia do lugar. A seu redor agrupavam-se os artesãos e os mercadores de cavalos, e todos se mantinham em silêncio.

Schlomele estava de pé, junto ao pai. Concordava com o rabino em que salvar a vida tem primazia sôbre tudo e pedia ao pai que deixasse a sinagoga e saísse com os outros. Mas o pai continuava sentado, imóvel como uma pedra.

— Deus construiu uma sinagoga, Êle a protegerá — murmurava dentro de sua barba.

Vendo o pai determinado a ficar, permaneceu com êle. E com êle, Dvoire e tôda a família de Mêndel. E a velha aldeã Marucha, parada junto à porta, chorava:

— Patrãozinho, fuja; os irmãozinhos virão da estepe e não pouparão ninguém. Salve sua vida...

Mas ninguém lhe dava atenção, porque ela não se atrevia a entrar na sinagoga, e ficava junto à porta, chorando para si mesma.

O rumor e a correria lá fora começava a acalmar. Zlotschev escoara e se esvaziara. A estepe agora recuperava o que os homens lhe haviam tirado. Na sinagoga reinava o silêncio. Correntes de ar frio pareciam vir de seus cantos escuros. Pelas duas janelas azul-vermelhas do teto penetravam feixes brilhantes de luz que se espraiavam pela sinagoga, iluminando a Arca aberta e as estrêlas nela pintadas. Diante do púlpito queimava uma única vela solitária que o bedel acendera para os serviços da festa. Ao redor do púlpito ainda pendiam os caniços e a folhagem com que era hábito enfeitar as casas e a sinagoga em memória do Monte Sinai. Na plataforma continuava sentada a guarda silenciosa, o provedor e os judeus que com êle ficaram para cuidar da sinagoga.

De repente alguém se ergueu de um canto e se aproximou da plataforma. Era o alfaiatezinho. Até então ninguém notara que estivera sentado num canto, recitando seus Salmos. Mêndel e os demais ficaram surpresos ao avistá-lo. O alfaiatezinho olhou duro para êles e falou como segue:

— Estais guardando a sinagoga? Com que ides defendê-la? Com a fôrça? Será que Deus precisa dessa fôrça? Não terá mais fôrça uma pedra ou uma peça de madeira? Faltará fôrça a Deus?

Ninguém lhe respondeu.

Sùbitamente, no canto de onde emergira o alfaiatezinho, viu-se crescer o fulgor de uma pálida chama. O fogo alcançou a cortina que pendia ali perto, em frente da Arca. E logo o púlpito, encharcado de óleo, estava ardendo.

— Fogo! Fogo! A sinagoga está pegando fogo!...

— Quem fêz isso? — E os judeus saltaram, querendo correr para a fogueira.

— Esperai, fui eu! — E o alfaiatezinho deteve os homens. — Quando o Senhor do Universo quis expulsar os judeus de Eretz Israel, diz o Talmud, êles haviam incorrido na pena de morte. Mas Deus derramou Sua cólera sôbre paus e pedras. Queimou o Templo e salvou os judeus. Quereis então ser melhores do que

o Senhor do Universo? O que é que pretendíeis defender? Paus e pedras! Poupai vossa fôrça; Deus precisará dela para fins mais elevados, quando chegar a hora e tivermos merecimento. Salvai vossas vidas, elas não vos pertencem, pertencem a Deus!
Os judeus se assustaram com a voz do alfaiate. Um a um, começaram a esgueirar-se da sinagoga. Além disso, já não havia nada que defender. As cortinas e os móveis, encharcados de óleo e sebo, queimavam como gravetos.

— É melhor assim! Nós mesmos a queimamos antes que os *goim* a profanassem. Vamos, irmãos, atrelai os cavalos! — gritou o *parnas* e, junto com os membros de sua família, deixou a sinagoga.

— Levanta, velha, ajuda a amarrar as coisas. Está ficando tarde.

Alguns minutos depois, Hilel estava com a carroça diante da taberna e, de dentro da casa, começaram a carregar livros e baús. E não era sem tempo, pois o pope e alguns aldeões cossacos já começaram a se introduzir na taberna para se apossarem da aguardente.

— Eu sempre te disse que os irmãozinhos viriam da estepe. Vêm voando em seus cavalinhos ligeiros, e o anjo Miguel os acompanha — o pope, já embriagado e cambaleante, gritou para Mêndel com grande contentamento.

— Seu filho dum cão — Marucha batia com um chinelo na cabeça do pope. — Quando o patrão não está, os porcos saem do chiqueiro...

E quando a carroça do *parnas,* a última a sair de Zlotschev, se pôs em movimento, Mêndel voltou-se e olhou pela última vez a cidade. Viu a sinagoga queimando, solitária, e lhe parecia um círio ardendo por um morto.

5. FAREMOS E OUVIREMOS

Longas caravanas de carroças arrastavam-se pela estepe, cheias de mulheres judias, crianças, travesseiros e colchões. Vinham de tôda a região e seguiam para Nemirov. À noite, receosos de prosseguir devido aos animais ferozes, fizeram uma parada junto a um riacho. As mulheres e as crianças foram dormir e os homens montaram guarda a fim de proteger as carroças dos animais ferozes ou dos tártaros cruéis.

Acenderam uma fogueira. Os velhos sentavam-se ao redor do fogo, entoando Salmos com devoção, enquanto os mais jovens vigiavam.

Era a noite do segundo dia da festa de Schavuot, quando os judeus comumente se alegram com a Torá. O piedoso alfaiatezinho não permitiu que os judeus se entregassem à melancolia.

— Judeus, vamos regozijar-nos com a Torá!

Não lhe responderam. Cada um estava preocupado com seus próprios assuntos. A dor de deixar a cidade era muito grande e haviam esquecido o dia festivo, haviam esquecido a fé no Senhor do Universo. Por isso ninguém lhe respondeu.

— Pobres judeus, à primeira provação perdem a fé! — observou alguém.

— Talvez seja essa Sua maneira. Êle quer ver os judeus se alegrarem com a Torá, não nas casas de cidade ou nas sinagogas, mas nos campos abertos.

— E os judeus que receberam a Torá no Monte Sinai também não tinham nem cidades, nem casas, nem sinagogas. Estavam

acampados em pleno campo como nós agora, no entanto disseram: "Faremos e ouviremos"!
— Faremos e ouviremos! — exclamou alguém.
E foi como se grande consôlo os invadisse, como se uma centelha de esperança se acendesse em seus corações, inflamando de nôvo sua fé. Começaram a compreender, a perceber a razão, e depressa alguém tirou o pequeno rôlo da Torá, o rôlo de Zlotschev que acompanhava os judeus ao exílio, e gritou bem alto:
— Faremos e ouviremos!
E a multidão respondeu com voz vigorosa:
— Faremos e ouviremos!
Alguém começou a cantar os Salmos e a multidão o acompanhou. As crianças acordaram e viram o clarão da fogueira que queimava na estepe e os judeus, com os Rolos da Torá nos braços, dançando em tôrno do fogo:
— Faremos e ouviremos!
E a estepe se transformou num Monte Sinai. O fogo crepitava, e longe e muito longe ressoava, através da estepe, o grito dos judeus, dançando com os rolos da Torá em volta do fogo:
— Faremos e ouviremos!
Em poucos dias, alcançaram Nemirov. A cidade estava repleta de recém-chegados, judeus de tôda a região, que tinham acorrido para se refugiar dos cossacos de Khmelnitski na cidade fortificada. A *kehila* de Nemirov, com seu provedor, Reb Isroel, e seu rabino, Reb Ihiel Mihel, à testa, faziam o que podiam pelos refugiados. Os recém-vindos se alojavam nas sinagogas, as mulheres e as crianças nas seções femininas. E as mulheres da cidade juntaram roupa de cama, vestimentas, e prepararam leitos para as mulheres e as crianças. No pátio da sinagoga da ruazinha judia, ardiam grandes fogueiras sob enormes caldeirões de comida para os famintos. Quem tinha algum parente, próximo ou afastado, saía à sua procura, e Nemirov converteu-se numa grande comunidade. Tanto os locais como os foragidos dormiam, todos juntos, nas casas comunais e comiam juntos dos caldeirões coletivos.
Chegaram novas de que Khmelnitski avançara em direção de Tschirin, sua própria cidade. Lá massacrara tôda a comunidade judia, com Reb Zeharia à frente, a quem infligira terríveis torturas antes de matá-lo. Reb Zeharia e a comunidade inteira de Tschirin morreram pela santificação do Nome, como dignos judeus. Êles vestiram seus xales de oração, suas roupas brancas, e se reuniram na sinagoga, onde todos pereceram. Soube-se também que Khmelnitski incendiara algumas povoações judaicas, inclusive Zlotschev. A única esperança residia no Príncipe Vischniovietski, que avançava com um grande exército do outro lado de Dniéper, para oferecer batalha a Khmelnitski. Assim,

esperavam que o Príncipe Vischniovietski, que era também grande amigo dos judeus, derrotasse o malvado, com a ajuda de Deus, e os judeus poderiam então regressar às suas comunidades arruinadas.

Logo, porém, correu a notícia de que Khmelnitski vencera o nobre amigo dos judeus. O Príncipe Vischniovietski retirou-se para a Lituânia e o país inteiro ficou sem qualquer defesa, à mercê do inimigo. Não se podia esperar qualquer auxílio de Varsóvia, porque, após a morte do rei Vladislau, os nobres não conseguiam chegar a um acôrdo sôbre a escolha do nôvo rei da Polônia. E o reino da Polônia estava como um navio sem leme.

O rabino de Nemirov, Reb Ihiel Mihel, convocou uma reunião de todos os *parnassim* e notáveis que aconteciam estar em Nemirov, a fim de decidirem juntos o que fazer, pois o perigo era realmente muito grande.

Durante a reunião, surgiram divergências. Alguns achavam que se devia deixar a cidade e seguir para Tultschin, uma fortaleza maior. Outros optavam por permanecer onde estavam. Entre os últimos incluía-se o provedor de Zlotschev, que falou como segue:

— Ir para onde? Correr para onde? Um país inteiro de judeus em fuga! E onde vamos parar? E êles não virão a Tultschin também? Se, Deus não o permita, não chegar auxílio, êles se apossarão do país inteiro até Lvov, até o Vístula. Não é possível, porém, que a Polônia sucumba. Os nobres não irão permitir que ardam suas próprias cidades e aldeias, e todos os seus bens. Vai chegar algum auxílio, com certeza. Um país não pode ser abandonado à destruição!

Todos escutaram as palavras do *parnas* de Zlotschev e acabaram por concordar que realmente não havia para onde fugir; que, se Nemirov, com seus rabinos e provedores, seus corajosos e sua grande comunidade de judeus, tivessem que fugir, então era, de fato, o fim do mundo, e que não era possível que os nobres abandonassem tôda a Ucraína ao inimigo.

— Mas o que faremos? — indagaram os judeus.

— Nemirov tem uma fortaleza. De um lado, está o rio, dos outros, as muralhas. Graças a Deus, temos reunidos aqui em Nemirov alguns milhares de judeus. Para começar, entrincheiremo-nos na fortaleza, para que os aldeões locais e os poloneses não possam entregá-la aos cossacos quando êstes se aproximarem da cidade. E nos defenderemos até que cheguem socorros da Polônia. Não é possível que o reino permita que pereça uma região inteira!

O plano agradou a todos e concordaram em seguir o sábio conselho do provedor de Zlotschev.

Num canto da sala, porém, estava sentado o alfaiatezinho, resmungando para si mesmo:

— Fôrça! Querem com a fôrça ajudar o Senhor do Universo? Guardem a fôrça para vocês mesmos! Virá um tempo em que precisarão da fôrça para si próprios, para um assunto mais elevado.

Ninguém o ouvia, porém. Os provedores das cidadezinhas, que estavam reunidos com o rabino, eram todos judeus da categoria de Mêndel. Êles mesmos haviam construído as povoações de que eram provedores e, porque amavam os lugares de onde procediam e não queriam deixá-los ao abandono, todos concordaram com o plano de Mêndel e começaram logo a pô-lo em execução.

De um lado de Nemirov corre o rio e a muralha de pedra protege os outros três lados da cidade. Nos cantos estavam postados altos bastiões de pedra, com alguns velhos canhões enferrujados. Todavia, não tinham munição e ninguém sabia manejá-los. Os judeus não pensavam em atirar, queriam apenas defender-se. Assim, começaram por reforçar os portões da muralha. Os ferreiros judeus forjaram longas vigas de ferro, trincos e correntes que prenderam aos portões. E junto à muralha, por dentro, colocaram andaimes com escadas e construíram uma fortificação de madeira, sôbre a qual amontoaram pilhas de pedras, paus aguçados e caldeirões de água fervente.

Havia na cidade algumas centenas de poloneses e uns vinte artífices alemães que sabiam manejar armas de fogo. Mas os judeus não queriam confiar-lhes a muralha ou os bastiões. Permitiram-lhes que ficassem sôbre os andaimes e ajudassem a repelir os cossacos que se aproximassem. A primeira coisa que os judeus fizeram foi esconder, nas tôrres, as jovens solteiras e casadas, assim como suas fortunas. Êles mesmos subiram às muralhas.

Nemirov tornava-se cada vez mais atopetada de judeus. De tôdas as cidadezinhas, chegavam êles em número crescente, trazendo as infaustas notícias de que Khmelnitski enviara contra Nemirov seu General Krive-Nos, com grande número de cossacos e tártaros. Os judeus foram tomados de terror. O rabino, Reb Ihiel Mihel, reuniu o povo na sinagoga, num sábado, vestiu o xale de orações e, de pé, dirigiu-se à multidão.

— Meus senhores, não sabemos o que nos espera — disse o rabino. — Graves acontecimentos se avizinham de Nemirov. Se o Senhor do Universo quer que morramos para santificar Seu Santo Nome, estejamos preparados. Talvez o inimigo venha conquistar, não nossos corpos, mas nossas almas... Para nossos corpos preparamos proteção: fortificamos as muralhas. Mas preparamos também uma proteção para nossas almas? Se o malvado vier, que Deus nos livre, e disser: "Dêem-me suas

almas e lhes deixarei a vida", seremos suficientemente fortes para não ter piedade de nossos corpos, de nossas mulheres e de nossos filhos, e nos dispormos ao martírio pela fé, como fizeram os Dez Grandes Mártires, como o fizeram todos os santos e os puros?
Caiu o silêncio sôbre a sinagoga. As mulheres pararam o soluço e os homens, seus suspiros. Viam-se apenas olhos brilhantes e rostos pálidos e mudos.
Alguém na multidão gritou:
— Ouve, ó Israel, nosso Deus é Único!
O povo gritou em uníssono, como uma só pessoa:
— Ouve, ó Israel, nosso Deus é Único!
O rabino ficou em silêncio. Não falou mais em martírio pela fé. Sua voz tornou-se mais suave e se pôs a consolar:
— Talvez tudo isso seja apenas uma provação. Deveis lembrar-vos do mandamento: "Preserva tua vida". Cada judeu tem o dever de salvar-se enquanto fôr possível. E aquêle que tira sua vida com as próprias mãos comete o pecado de "destruir a si mesmo intencionalmente" e não lhe cabe quinhão no mundo vindouro. Não deveis demorar-vos por nada, Deus vos livre, nem por ouro e prata, nem mesmo pelos livros sagrados. Pois vós não vos pertenceis, mas ao Senhor do Universo, e não deveis arriscar a vida por nada, Deus vos livre, a não ser pela Sagrada Fé.
Altos lamentos ecoaram pela sinagoga quando se calou o rabino. As famílias se juntaram, cada família, marido, espôsa e filhos, sentada em separado, despedindo-se uns dos outros, e consolando-se mùtuamente. E a fé do povo tornou-se mais forte com a fala do rabino.

No dia seguinte, os vigias das tôrres avistaram grande nuvem de poeira que se erguia da estepe. Desceram apressadamente para dar a má notícia de que os malvados se aproximavam. Imediatamente, os homens correram a seus postos nos andaimes junto às muralhas, armados de pedras, machados e barras de ferro, que tinham reunido na plataforma, e as mulheres trouxeram panelas com sebo fervente e massas de cereais moídos que haviam preparado. Adiantou-se então o *Pan* Kaschnitski, representante na cidade do Príncipe Vischniovietski, junto com outros poloneses, sabres à mão, gritando para os judeus:
— O que é que vocês estão fazendo? Para quem estão preparando essas pedras e pastas ferventes? Para os soldados do Príncipe Vischniovietski, que vem salvá-los dos cossacos? Não reconhecem a águia branca polonesa sôbre as bandeiras vermelhas? Não reconhecem os penachos de penas de pavão nas cabeças dos soldados? Usam os míseros cossacos o arminho real

nos uniformes? E não são capazes de distinguir de longe os fortes bigodes de orelha a orelha, e não os bigodes de lagosta dos cossacos? Abram o portão para os bravos do Príncipe Ieremiasch e vão receber com pães de mel e pérolas os heróis que vêm salvar dos cossacos vocês, suas mulheres e filhos!

E, na verdade, viu-se emergindo das nuvens de poeira uma floresta de bandeiras vermelhas nas quais brilhavam ao sol as brancas águias polonesas. Aqui e ali flutuavam bandeiras brancas na vanguarda, como que anunciando ajuda e libertação. E logo tôda a muralha ressoou num só grito de alegria:

— Está chegando auxílio! Os socorros chegaram!

As mulheres deixaram a fortaleza com os filhos nos braços, subiram as escadas e as muralhas e, avistando ao longe os estandartes poloneses, começaram a bradar:

— Milagre de Deus! Maravilha divina! Vejam... vejam o que Deus envia do céu!

E tôda Nemirov saiu às ruas, abandonando os mais secretos esconderijos, adegas e buracos. Todos os que se haviam ocultado por temor dos cossacos, acudiram ao portão da muralha para assistir à chegada dos soldados poloneses que vinham redimi-los. Aqui e ali já se reuniram delegações de judeus em suas roupas de festa e carregando nos braços os Rolos da Torá, a fim de dar as boas-vindas aos soldados do Príncipe. As mães esconderam suas filhas com mêdo dos soldados que chegavam... Rapazes e meninos treparam às muralhas para ver os heróis em sua entrada marcial.

Os soldados já se encontram junto às muralhas e os judeus não se apressam a abrir o portão. Cavalga à frente um arauto com uma bandeira branca, o qual estaca diante do portão e, depois de soar sua trompa, brada:

— Abram os portões aos soldados do Príncipe Vischniovietski!

— Judeuzinhos, afastem-se... afastem-se! Abram o portão, estão chegando os soldados poloneses! — grita *Pan* Kaschnitski.

— Veremos. Quando chegarem ao portão, veremos que espécie de soldados são — responderam os judeus que estavam de guarda.

O exército não se apressa a avançar até ao portão. Continua parado à distância, estacionado no bosquezinho atrás da cidade. Envia contínuos arautos com trombeteiros, mas os judeus se recusam a ouvi-los.

— Não sabemos ainda quem são. Deixem-nos chegar mais perto do portão e veremos que soldados são.

— Oh! judeuzinhos covardes, como têm mêdo! Abram o portão, deixem-me ir ter com êles. Se eu não voltar — se forem cossacos — será minha morte. Se eu voltar, são poloneses. Não preciso que ninguém me acompanhe. Sòzinho arriscarei minha

vida, e quanto a vocês, vão-se esconder debaixo das saias das mulheres — insultou-os o nobre polonês.
Os judeus abriram a portinhola e deixaram que *Pan* Kaschnitski saísse. O arauto conduziu-o até o regimento que estacionava no bosque. Ali êle demorou longo tempo. Depois voltou, cavalgando um cavalo branco e empunhando uma bandeira polonesa. De cada lado vinha um trombeteiro. Sopraram seus instrumentos e os judeus se postaram sôbre a muralha. O nobre leu um documento em voz tonitroante:
— Em nome de sua Excelência, o Príncipe de Rus, Ieremiasch Vischniovietski, senhor e proprietário de Nemirov, ordeno aos habitantes de Nemirov que abram o portão para os soldados de sua excelência.
— Longa vida ao nosso protetor, Conde Vischniovietski! — responderam os judeus e abriram largamente as grades.
As delegações se colocaram em forma. Do bosque, o regimento se lançou a tôda brida para o portão, agitando desordenadamente as bandeiras e berrando: "Hurrah"! Os judeus se aterrorizaram. Não é assim que um exército amigo entra em sua própria cidade. Mas era tarde demais. Os primeiros cavaleiros já estavam dentro da povoação.
Pelos longos bigodes pendidos, como de lagostas, os judeus os reconheceram, e tremendo grito ecoou pela cidade:
— Os cossacos!... Os cossacos!...

6. NEMIROV

"Tudo isso nos sobreveio,
Entretanto não nos esquecemos de ti,
Nem fomos infiéis à Tua aliança."

Salmos.

Na cidade irrompeu o pânico. Os homens agarravam o que lhes vinha às mãos, as mulheres tomavam os filhos nos braços e todos se puseram a correr. Mas para onde fugir ninguém sabia. Uns gritavam: "Para o cemitério! O rabino foi para o cemitério. Se vamos morrer, que sejamos enterrados entre judeus". Outros gritavam: "Para o rio! O rabino correu para o rio". Mas os cossacos já estavam atrás dêles. Nas ruas ouviam-se gritos de terror de vozes juvenis, de donzelas e jovens casadas que os cossacos carregavam em seus cavalos. Aqui e ali ecoava um brado e logo emudecia. E logo reinava um silêncio de morte sôbre tudo, exceto pelo som surdo dos cascos dos animais.

Pelas estreitas ruas de Nemirov reinou silêncio e solidão, como se todos os habitantes estivessem mortos. Rolavam pelas ruas fôlhas rasgadas de livro, roupas manchadas, gorros de pele, toucas, objetos domésticos, castiçais de latão quebrados, xales de oração em tiras e corpos humanos. Não se distinguia mais o que era um corpo ou o que era uma roupa. Tudo se misturara, calcado em massa informe pelas patas dos cavalos. Das pequenas casas, com portas e janelas trancadas, ouviam-se gritos desvairados, gritos de jovens, de velhos e de criancinhas que cessavam abruptamente, o estertor do moribundo e os longos gritos de vozes jovens e vigorosas.

Por vêzes, de uma das casas surgia um cossaco seminu, camisa rasgada ao corpo e nas mãos um castiçal de prata ou de latão e sob o outro braço uma jovem meio despida, descabelada. A jovem, tentando libertar-se do abraço do cossaco, debatia-se e dava sôcos nas costas nuas do soldado, ao que êsse ria de dentes arreganhados. Outro cossaco saía de uma casa vizinha, carregando em seus ombros nus, uma jovem semimorta, desfalecida. Os dois cossacos paravam, colocavam as vítimas no chão aos seus pés, como se fôssem bezerros, e barganhavam as jovens, pagando a diferença com castiçais, peças de sêda, roupas, botas ou peliças. Terminada a troca, separavam-se, arrastando cada um a sua vítima.

De outra rua apareciam três soldados embriagados, meio desnudos, cabeças raspadas, longos rabichos torcidos destacando-se dos gorros de pele, rostos e corpos inundados de suor por causa do sol causticante, carregando às costas crianças nuas, algumas mortas, outras ainda com vida, e apregoavam pelas ruas, imitando os açougueiros judeus: Carne fresca de vitela, doze *groschen* o quilo! *Coscher, coscher!*...

Logo tudo silenciou. Cessaram os gritos de terror nas casas fechadas. Sòmente de vez em quando, em alguma rua distante, correria e gritos erguiam-se e eram silenciados abruptamente. Pelas ruas de Nemirov arrastavam-se cossacos bêbados, seminus, enrolados em lenços femininos de sêda, em peliças judias. Alguns cobriam-se com xales de oração rasgados, tiras de sêda. Ali jaziam mulheres, meninas e crianças, nuas, mortas algumas, vivas outras, louças quebradas, objetos sagrados partidos. Aqui e ali rolavam pergaminhos rasgados dos Rolos da Torá, capas de livros sagrados, barriletes de aguardente, pratos de zinco com comida amassada, armas, retalhos de tapêtes turcos, misturado com sangue humano e aguardente derramada. Era impossível dizer quem estava morto e quem estava vivo. Todos pareciam bêbados, tanto os mortos como os vivos...

O quente dia de verão arrastava-se indefinidamente. Parecia que nunca iria findar, e o terror continuaria para sempre. Fora, o dia claro e quente iluminava tôdas as coisas.

Afinal, começaram a aproximar-se as sombras vindas da estepe e a noite a estender-se de casa em casa, até que tudo ficou encoberto. Tudo ao redor era escuridão e silêncio, as estrêlas luzindo no alto, e o zumbir e coaxar nos pântanos como em tôdas as noites. Mas das casas escuras e desertas espreitava o silêncio da morte. E, no meio de tudo, alguém que dedilhava uma lira e entoava uma canção deplorando o triste destino de alguém.

No cemitério da cidade, havia movimento em meio à tranqüilidade da noite. De trás das sepulturas começaram a emergir cadáveres vivos. Alguns envoltos em xales de oração, outros vestidos em longas batas brancas, outros ainda, que não tiveram tempo de apanhar suas vestes funerárias, escondiam-se no cemitério, com o único pensamento de morrer no cemitério judeu, onde obteriam *kever isroel* entre judeus. Esperaram o dia inteiro pela morte, e a morte não veio.

Ouviram, vindos da cidade, os terríveis gritos dos torturados e em conjunto proferiram a extrema confissão. Cada um procurou a sepultura de seu parente mais próximo e mais caro e deitou-se à espera da morte. Todavia, o dia terminou e ninguém apareceu da cidade. Os gritos também cessaram. Então uma esperança renasceu nos corações dos vivos. Cobraram coragem para sair rastejando dos túmulos e um morto começou a falar a outro.

— Louvado seja Deus, é o fim do mês. Não há lua, a noite está escura.

— Talvez êles se retirem...

— Haverá alguma ajuda?...

— Pss... ss... ss...

Muitos haviam preparado suas mortalhas em vida. E, quando correram para o cemitério, levaram-nas consigo como única fortuna, envergando-as por dois motivos: para que os cossacos, quando os vissem, os tomassem por defuntos, e se, Deus nos livre, tivessem de morrer, fôssem enterrados em suas próprias mortalhas. Agora, dentro da noite, entre as lápides pareciam defuntos que houvessem deixado seus túmulos e errassem entre os vivos.

Por vêzes um dêsses "defuntos", envergando mortalhas, penetrava num grupo de vivos para pedir:

— Alguém tem um pedaço de pão? Estou morrendo de fome — implorava uma velha.

— Já está com a mortalha no corpo e ainda pensa em comer — observava alguém.

— O que fazer? Enquanto a alma continuar no corpo, tem-se de comer — retorquia a anciã.

Entre os diferentes grupos achava-se também Mêndel com sua família. Quando os atingiu a calamidade, êle, como outros judeus, pretendeu atravessar o rio com sua família e escapar para Tultschin. Mas, vendo o tumulto e o morticínio junto ao rio, concluíram que, de qualquer maneira, tudo estava perdido e assim correram ao cemitério para ao menos morrer entre judeus. Durante o dia inteiro a família permaneceu reunida, esperando juntos a morte que devia vir a qualquer momento. Despediram-se uns dos outros, e juntos pronunciaram as confissões. Schlomele, que afinal era um erudito, consolou-os e encorajou-os. Assegurou-lhes que iriam direto ao Paraíso, onde aquêles que perecem por Seu Santo Nome são imediatamente admitidos. E descreveu-lhes o Paraíso, com todos os seus graus e atributos, o sol de energia sétupla, a Côrte Divina em paz eterna, onde têm assento os justos com coroas nas cabeças e os anjos dedilham harpas de ouro, enquanto o Senhor do Universo estuda com êles a Torá. Schlomele sabia mais do outro mundo do que dêste. Nos sagrados livros de homílias e nos livros da Cabala aprendera tudo o que dizia respeito à elevada e santa existência no além, onde se encontram todos os Patriarcas e judeus piedosos de tôdas as gerações. E o que era êste mundo com seus terrores, com o domínio dos iníquos, comparado às grandes e duradouras vantagens da Eternidade?

Com suas palavras reanimou o espírito do pai, da mãe e da jovem espôsa, preparando-os para a grande provação que aguardavam. Tranqüilizaram-se e sentiram-se felizes por terem junto a si o filho como guia e consôlo em sua grande provação. Esqueceram a angústia da morte, libertaram-se dos terrores do mundo, só viam agora a profunda paz que os esperava imediatamente depois da morte, e ansiavam por ela como uma redenção.

Sob uma das lápides estava sentado o jovem casal, Schlomele e sua espôsa. A imensidão da noite os envolvia. No firmamento grandes estrêlas e na beira do rio, lá embaixo no vale, de onde subia o estridor dos cossacos e flamejava por vêzes a chama de um tiro, fogueiras acenavam e se extinguiam, e às vêzes um chôro abafado cortava o ar. A jovem agarrava-se ao marido. Não era a morte que temia, mas o término da felicidade que mal começara a gozar; e ela mais e mais se agarrava a êle, como se desejasse morrer perto dêle e junto com êle, a fim de nunca poderem ser separados.

— Schlomo, apenas começamos a viver e já temos que nos separar! Deus não me concedeu a honra de ser a mãe de teus filhos...

— Dvoire, já estamos unidos por Deus. Êle nos unirá novamente quando tivermos a honra de comparecer à Sua presença em estado de pureza e santidade. Lá, na Côrte Celestial, ficaremos eternamente juntos e nos deleitaremos na glória da Divina Presença até a vinda do Messias, até que a trombeta do Messias nos desperte para a ressurreição dos mortos.

E sùbitamente tôda a angústia de que estavam possuídos se transformou em intensa felicidade. Êles mesmos não sabiam como acontecera. Sentiram como se um grande Schabat descesse ao mundo, no qual êles penetravam, com grande alegria. Na felicidade que os envolveu, recobraram o poder de derramar lágrimas, lágrimas que haviam secado durante o terror da morte, e a jovem espôsa murmurou, com radiante sorriso iluminado pelas lágrimas:

— É tão fácil morrer quando você me fala, Schlomo! Por que êles não vêm logo e nos libertam? Seria tão doce morrer, como seria doce ir agora com você para o dossel matrimonial.

— Não fale assim, Dvoire. Enquanto vivermos, temos de rogar pela vida, não pela morte.

— Tudo é possível a Seu Sagrado Nome. Sim, Schlomo, nós viveremos. Quero tanto viver para você... para você..., Schlomo, se eu merecer a grande honra.

— Cale-se, Dvoirke, cale-se...

— Oh! eu quero tanto viver com você, neste mundo ou no outro. Oh! viver e saber que você está comigo — e a jovem caiu nos braços do marido, adormecendo feliz.

Schlomele, sentado a seu lado, fitava-a. Sua fraqueza e beleza enterneciam-no e faziam tremer seu coração. Parecia não reconhecê-la. Afigurava-se que ela se tivesse despido do terrestre, que se tornara uma luz, etérea, como que uma das filhas do céu, como uma das santas Matriarcas, como aquela divina feminilidade, a Divina Presença que chora à noite sôbre as ruínas do Templo, como a pomba que simboliza o povo de Israel.

7. DO OUTRO LADO DO RIO

Com a noite voltou a esperança e a vontade de viver. Mêndel esqueceu a morte. Todo o seu ânimo e energia reacenderam-se. Seus olhos brilhantes olharam agudamente em volta, e todos podiam ler-lhe os pensamentos. Fitou longamente a nora adormecida.

Dvoire era jovem e bela, e se os cossacos a apanhassem, poupar-lhe-iam a vida e lhe fariam mal, o que seria pior do que a morte. Ninguém falava a respeito, mas todos sabiam e pensavam no assunto.

Entrementes, a turba começou a movimentar-se. Aqui e ali formavam-se pequenos grupos, sussurrando e segredando. Isso despertou mais ainda as energias de Mêndel. Êle se ergueu.

— O que você vai fazer, Mêndel?
— Vou até à cêrca, dar uma olhada, quem sabe...
— Mêndel...
— Pss... silêncio...
— Onde você vai? Não o deixo! — impediu-o a espôsa. — Se vamos morrer, que morramos juntos.
— Vou até à cêrca; talvez haja alguma esperança...

Dvoire despertou. Olhou em volta assustada e perguntou:
— Quem está tocando tão bem? Ouvi uma música em meu sonho...

E, de fato, na distância ouviam-se os sons de uma lira campônia. A melodia era triste e lamentosa.

O terror se apoderou dos judeus. Alguns murmuraram que os cossacos estavam chegando, e a multidão sumiu entre os túmulos, retendo a respiração. As mães cobriram os filhos, advertindo-os de que não gritassem. De repente havia um silêncio total no cemitério. Ouviam-se apenas o roçar dos longos ramos de solitários e trêmulos salgueiros e o som da lira que se aproximava cada vez mais.

Por fim alguém penetrou no campo santo. A música cessou e uma voz judia chamou:

— Judeus, judeus, "é hora de servir a Deus". O que estão esperando?

O povo achou coragem para erguer-se e aproximar-se do estranho. À luz das estrêlas viram um velho mendigo com uma lira entre as mãos.

— Quem é você?

— Não me reconhecem? Ora, sou o alfaiatezinho. Sei falar a língua dos aldeões e assim me disfarcei como um velho dêles e estou vivendo entre êles. Agora, devem salvar suas vidas. Ouvi-os falar entre si que no cemitério havia muitos judeus com muito ouro e prata e, logo ao amanhecer, viriam para cá. Vocês devem fugir!

— Para onde?

— O rio está calmo, os vilões estão se divertindo na cidade, bebendo, comendo e cometendo as piores maldades. Ai dos olhos que têm de presenciar tudo isso... Fuja pelo rio quem puder, pois o perigo é grande!

A multidão começou a mexer-se. Sombras negras se juntaram atrás das lápides, murmurando, resmungando. De repente começou uma corrida. A espaços, ouviam-se exclamações e gemidos:

— Pss... ss... êles vão ouvir — uns advertiam aos outros.

— Que é que você está fazendo? Os *goim* vão vê-lo!...

— Um a um, um a um... espalhem-se pelo campo — aconselhou outro.

De espaço a espaço via-se alguém se arrastando, adiantando-se. Mêndel continuava sentado, fitando Dvoire com olhos muito abertos e sem se mexer do lugar. Estava arquitetando planos. Todos sabiam em que êle pensava, e Dvoire também sabia, e ficaram calados, como que culpados.

Entrementes, o cemitério se ia esvaziando cada vez mais. Mêndel continuava sentado sem se mexer.

Sùbitamente alguém arrastou-se até êle e atirou-se-lhe aos pés.

— Caro patrão, salve sua vida. A noite está escura, fuja. — E caindo sôbre Dvoire, começou a chorar: — Minha querida filhinha!...

Mêndel e sua espôsa ficaram imensamente surpresos ao verem a velha Marucha, a criada cossaca. Na alegria de revê-la, esqueceram por um momento o perigo que corriam.

— O que você está fazendo aqui? Por que não está na cidade? A ti êles não farão mal algum.

— O que vocês estão pensando? Que vou abandonar meus patrões para ir me divertir com os cossacos? Se é para morrer, vamos morrer juntos. Com quem comi meu pedaço de pão, com êles quero viver e morrer.

— Mas como chegou até aqui?

— Eu os acompanhei. Vi meus patrões virem para o cemitério e corri também. Fiquei com mêdo de que me expulsassem porque sou de outra religião, e por isso permaneci quieta como um gatinho atrás de uma tumba, pensando: Vou ficar aqui até chegarem os irmãozinhos, aí pegarei meus dois filhinhos e os protegerei com meu corpo e direi: "Irmãozinhos, podem me matar, mas poupem meus filhos". Embora de outra religião, são meus filhinhos.

— Volte para a cidade. Não vê que corremos perigo? Volte para os seus, ou êles a torturarão como a nós.

— Patrãozinho querido, não me mande embora — implorou a velha. — Eu os servi fielmente e amo meus filhinhos. E vim salvar Dvoire. Trouxe-lhes roupas cossacas e vou disfarçá-la em uma das nossas. Direi que é minha filha, e, para que os irmãozinhos não reparem nela, vou fazê-la velha e feia. Leve a patroa e o jovem patrãozinho e nadem para o outro lado do rio. Talvez Deus os ajude. Não levem a patroazinha. Conheço meus irmãozinhos, os cossacos. Farejam uma môça a léguas de distância, como os cães farejam as lebres. E por uma mulher saltariam até ao inferno, quanto mais à água. Vou disfarçá-la em cossaca e levá-la a um pescador, não muito longe daqui. Conheço um. Diremos que somos camponesas cossacas. Darei ovos a êle e êle nos atravessará em seu barco. Lá do outro lado nos encontraremos. Ou então, eu a levarei a Tultschin, com a ajuda de Deus. Comigo ela estará mais segura. Cuidarei dela, como de minha alma, de minha vida. Oh, meu pintinho!...

Por um minuto, uma nova esperança luziu em Mêndel. O plano da mulher lhe agradava. Mas não lhe era fácil separar-se de Dvoire, embora compreendesse que a nora estaria mais segura com a cossaca do que com êle. Mas a idéia de "morrer juntos" estava tão enraizada nêle, que ficou calado, refletindo. Ninguém se atrevia a pronunciar uma palavra, a dar um conselho. Esperavam pelo pai, êle que decidisse.

Mas Marucha não lhe deu muito tempo para pensar. Atirou-se novamente a êle, implorando:

— Patrãozinho, salve sua vida. Estive na cidade e vi o que os irmãozinhos fizeram aos judeus. Os irmãozinhos da estepe viraram selvagens e esqueceram Deus. Maus tempos chegaram, os cossacos esqueceram Deus... Fujam... fujam!...

— Sigam-me. O que importa como a morte nos atinja?... — e Mêndel juntou sua família.

Saíram do cemitério, que se estendia no vale, e chegaram ao tôpo da colina. Dali avistaram o acampamento dos cossacos que se espraiava ao longo do rio. O acampamento estava iluminado pelas fogueiras que queimavam em baixo dos caldeirões, e por algumas tochas. Os cossacos ainda não dormiam. Aqui e acolá ouviam-se acordes de música, uma canção ou os berros de algum bêbado. Formavam-se círculos em tôrno de pares que dançavam. Por vêzes explodia um alarido. Tôdas essas coisas podiam ser vistas e ouvidas no espaço entre a colina e a beira do rio.

Marucha atirou-se aos pés de Mêndel.

— Caro patrãozinho — ela implorou — não vá. Bem vê o que se passa. É morte certa, os irmãozinhos nos avistarão. Êles farejarão a môça...

— Temos de nos separar. De qualquer maneira, estamos cara a cara com a morte. Quando amanhecer, êles nos verão. Quem sabe se tentarmos nos salvar, Deus nos ajudará como nos ajudou até agora... E nos veremos de nôvo em Tultschin. E se, Deus nos livre, nosso destino é morrer, vamos morrer por Seu Sagrado Nome — disse Mêndel aos seus.

Abraçando-os, disse ainda, elevando os olhos para o céu:

— Senhor do Universo, concede-nos a tua ajuda!

Ninguém chorou. Apenas se abraçaram pela última vez em silêncio.

— Despeça-se de sua espôsa, Schlomele. Talvez Deus nos ajude, se nos separarmos.

Marido e mulher ficaram a sós por alguns instantes. Schlomo acariciou a cabeça de Dvoire e falou como segue:

— Dvoire, tenha fé em Deus. O Senhor do Universo pode tudo, até mesmo quando o cutelo já está sôbre o pescoço.

A jovem fitou-o nos olhos, calada.

— E nós ainda nos veremos, Dvoire, devido a seu grande merecimento, pois você é um dos justos, Dvoire.

— Devido a seu grande mérito, Schlomo. E se, Deus nos livre, não nos virmos mais, comparecerei diante do Senhor do Universo em estado de pureza e santidade, como você me ensinou.

— Proteja sua vida, Dvoire, e deposite sua esperança em Deus.

— Por causa de nossos filhos que Deus nos concederá — disse a jovem espôsa, em voz baixa. E foram as últimas palavras que disse ao marido.
Marido e mulher se separaram.
— Que Deus a recompense por sua bondade, Marucha, pelo bem que nos faz — disse Ioheved à cossaca. — Em suas mãos entrego o que me é mais caro, minha vida e a vida de meu filho. E que Deus lhe pague o que você está fazendo por nós. Não sei se estarei em condições de lhe pagar...
— Rogue a Deus por nós e nós rogaremos por vocês — disse a velha, antes de desaparecer com Dvoire por entre os arbustos.
Mêndel esperou alguns instantes. As lágrimas que sòmente agora puderam irromper corriam pelas faces de Ioheved.
Por um minuto Schlomo escutou o ruído dos ramos e das fôlhas sêcas, onde se desvanecera tôda a sua alegria...
Mêndel disse afinal:
— Bem... em nome de Deus...
E começou a arrastar-se de quatro entre os arbustos e as ervas, colina abaixo, em direção à margem do rio. Mulher e filho o seguiam. Arrastaram-se assim por longo tempo. As vozes dos cossacos soavam cada vez mais próximas. Já se ouviam suas risadas e o que diziam. Não poucas vêzes julgaram-se perdidos.
Mas Deus os ajudou e chegaram à margem sem serem percebidos. As altas ervas os escondiam. O acampamento agora já estava mais silencioso. As fogueiras por baixo dos caldeirões começavam a extinguir-se e a movimentação ia cessando. As tochas nos carros ainda queimavam, e um ou outro cossaco levava seu cavalo para dessedentá-lo no rio. Mêndel, com a mulher e o filho, deitados de lado entre o capim, esperavam que o acampamento silenciasse de todo, a fim de que ninguém percebesse o rumor na água. Tinham mêdo de falar entre si, e, deitados, retinham a respiração.
— O Senhor do Universo quer ajudar-nos — sussurrou Mêndel. — Eu levarei sua mãe nas costas, e você, Schlomo, venha atrás de mim. E se, Deus o livre, você vir a enfraquecer, agarre-se a mim.
A água borbulhou uma e outra vez e duas manchas negras começaram a mover-se na superfície, desfazendo a calma das vagas. O rio teve um súbito movimento de regresso e vagas silenciosas, uma após outra, puseram-se a lamber a margem arenosa.
Na beira do rio, deitado em sua sela, um cossaco fitava as enormes estrêlas e cantarolava uma melodia melancólica e monótona. O balanço das ondazinhas na areia despertou-o de seu devaneio. Lançou um olhar solerte em volta e seus olhos penetrantes de habitante da estepe logo avistaram as duas peque-

nas correntes que cortavam a calma da água. A curiosidade venceu nêle a preguiça, depois de uma luta interna entre os dois sentimentos. Agarrou a baioneta. Como já estava descalço e a noite de Tamuz era quente, atirou-se logo na água.

Em meio a seus esforços ao nadar, Mêndel julgou ouvir uma exclamação: "Ouve, ó Israel!" Por fôrça de hábito, nadando à frente com a espôsa às costas, Mêndel respondeu num paroxismo de mêdo: — Ouve, ó Israel, nosso Deus é Único!

E quando alcançou a outra margem, viu-se sòzinho com sua mulher. À luz das estrêlas, avistou na superfície da água uma faixa que nadava de volta à margem oposta.

8. O PRISIONEIRO

"Vendes por um nada o Teu povo,
E nada lucras com seu preço..."

Salmos.

— O que você apanhou, irmãozinho?
— Um judeuzinho, um jovem. Pensei que fôsse uma môça, de longe parecia mulher. Quando vou ver, é um rapaz de trêmulos cachos laterais — disse o cossaco ao outro que o esperava na margem.
— O que você vai fazer com êle? — indagou êste.
— Não sei. Seria pena matá-lo, e ter entrado na água por nada...
— Se o deixar viver, você terá de alimentá-lo.
— É verdade — retorquiu o cossaco, com um gemido.
No chão, a seu lado, estava Schlomo, todo molhado e encolhido. Ouvia a conversa dos cossacos, mas não lhe dava atenção. Estava pronto a morrer e recitava a si mesmo sua oração de última confissão. Por um instante talvez lamentasse terminar sua curta vida e a felicidade que mal começara a gozar. Tinha, porém, tanta certeza de que encontraria Dvoire no mundo vindouro, onde viveriam a longa e eterna vida em paz constante, que se sentiu feliz por estar tão próximo do momento. E se lamentava algo, era que Dvoire não se encontrasse junto dêle e que ambos não pudessem morrer juntos. A incerteza quanto

ao que poderia acontecer a Dvoire o torturava, bem como o pensamento de se ter separado dela no último instante. Mas depressa se sentiu inundado da tranqüilidade da fé no Senhor do Universo, que vê e sabe tôdas as coisas.

O cossaco segurava-o pelo gabardo e outros cossacos reuniram-se em tôrno dêles. A noite era escura e calma. A estepe e o rio se fundiram e se perderam algures dentro da noite. Só a margem se achava iluminada por pequenos braseiros. Os cossacos, um após outro, se aproximaram do grupo. Todos estavam curiosos por saber o que o companheiro havia tirado da água.

— Uma môça ou uma velha avó? — perguntou um, iluminando o rosto de Schlomo com a tocha acesa.

Avistando os longos e trêmulos cachos laterais no rosto pálido e jovem, começaram a rir, dando berros selvagens.

— Ho... ho... ho... Êle deixou a judia atravessar o rio e apanhou o judeu. Vejam, amigos, o que êle pegou. Vejam só a pesca dêle! Você é um grande pescador!...

O cossaco, jovem ainda, de rosto bondoso e dois olhinhos agudos, examinava sua vítima. Já empurrara Schlomo com o pé por várias vêzes, não por maldade, só por não saber o que fazer com êle. Por fim decidiu:

— Vou batizá-lo e dá-lo de presente à Igreja. Pelo menos ganharei algum mérito perante Deus por meu trabalho.

Dizendo isso, o cossaco tirou do pescoço uma pequena cruz de metal e aproximou-a do rosto de Schlomo.

— Reza a Cristo, ajoelha-te diante d'Êle e te deixarei viver.

Schlomo não respondeu. Continuou imóvel, todo enrodilhado, com o rosto enterrado no peito.

— De pé, judeu — disse o cossaco, soerguendo-o. — Olhe aqui, vou te prestar um grande favor. Vou te introduzir na Santa Igreja e, além disso, vou deixá-lo viver, sòmente porque os cossacos riram de mim. Reze a Deus, ajoelhe-se diante d'Êle, beije a cruz, e diga comigo as seguintes palavras: Em nome do Pai, do Filho... Fala, judeu maldito, senão eu te mato, tal como Deus vive, eu te mato!...

Mas, assim que o cossaco largou sua vítima, esta voltou a se atirar ao chão e, enfiando o rosto nas mãos, permaneceu muda.

— Você não consegue nada com êle. Conheço essa gentinha. Agarrei um em Karsum, jovem, belo, uma pena matá-lo. Quis dar-lhe minha própria filha como espôsa. "Batiza-te", eu lhe disse, "e te darei minha filha como espôsa. Irás comigo ao Setch e te tornarás um cossaco". Não houve jeito, tive mesmo de matá-lo. Couro duro! Os rabinos põem feitiço nêles. Os rabinos lhes dão uma espécie de vinho tinto para beber quando os circuncisam e êsse vinho tinto não os impede de esquecer sua fé. Você não vai conseguir nada com êle. É melhor matá-lo.

— Seus rabinos lhes dão sangue para beber quando os circuncisam, e êsse sangue possui tal poder que, tôda vez que querem mudar de religião, o sangue vem e não o permite — explica outro.
— Dizem que vêem uma espécie de luz antes de morrer. Nessa luz êles vêem as mães, e isso não os deixa mudar de crença. Mas, quando a gente cobre os olhos dêles, não podem ver mais essa luz...
— Que diferença faz? Você não vai arranjar nada com êle. Mata-o...
— Dá-o a mim! — pediu um dos cossacos.
— O que você vai fazer com êle?
— Vou dá-lo de presente à minha avó.
Os cossacos riram.
— Mata-o logo, não o deixes sofrer. É pecado zombar de uma criatura de Deus — disse um velhinho.
— Você tem razão, paizinho, é melhor matá-lo — decidiu o cossaco que capturara Schlomo.
De longe ouviu-se o som de uma lira. Um velhinho aproximou-se apoiado num cajado e dedilhando as cordas de uma lira.
— Oh! cossacos, de que estão rindo?
— Não está vendo, velho? Apanharam um judeuzinho e não se sabe o que fazer com êle.
— Vende-o a Murad Cã. Êle compra todos os judeus. Por um velho êle paga uma moeda de prata, e por um môço, uma de ouro. Talvez você ainda possa obter por cima um jarro de cerveja tártara para os amigos cossacos. Sujeito astuto, êsse Murad Cã. Vai conseguir enorme quantidade de tapêtes persas e armas turcas pelos judeuzinhos lá na Turquia. E nossos irmãozinhos, os cossacos, não sabem cuidar do que possuem. Matam os judeuzinhos. Em Constantinopla, alcançam um bom preço.
— Você fala com sabedoria, velhinho. Nossos irmãozinhos cossacos não sabem aproveitar o que possuem — concorda com êle outro cossaco.
— Hei, velhinho, leve-nos a Murad Cã. Onde é que êle está? — indagou o cossaco, agarrando Schlomo pelas costas e arrastando-o atrás de si.
— É melhor não arrastá-lo assim, você precisa ter cuidado com êle. Por um judeu morto Murad Cã não vai querer dar nada — aconselhou o velhinho.
— Faça-o empinar um pouco, como um cavalinho. Dê-lhe um pouco de aguardente, para torná-lo mais esperto.
Um dos cossacos apanhou um caneco de cobre cheio de aguardente e aproximou-o da bôca de Schlomo, obrigando o jovem semidesfalecido a beber.

— Ouve, ó Israel, nosso Deus é Único! — soou aos ouvidos de Schlomo.

Como em sonho, mas algo desperto pelo álcool, êle olhou em volta e deu com o velhinho que o segurava pela mão e lhe dizia:

— Então, judeuzinho, que é isso? Está dormindo? Acorda! Dá graças a Deus!

A voz era familiar a Schlomo, muito familiar, mas êle não podia lembrar-se onde a ouvira.

Chegaram a um grande pátio rodeado por uma cêrca. Do outro lado do tapume ouvia-se um murmúrio de vozes judias como de gente rezando em voz alta. Sôbre um tapête, à porta do pátio, estava sentado Murad Cã, e perto dêle fervia um barril de alcatrão. Em sua frente, sôbre o tapête, viam-se pequenas pilhas de moedas de cobre e de prata, diversos artigos turcos, tapêtes, objetos de troca. Murad Cã, um homem doentio, de longos bigodes pendentes, os olhinhos calmos e mortiços, permanecia calado. A seu lado, de pé, cabeças cobertas, dois tártaros apregoavam em idioma cossaco:

— Irmãozinhos cossacos, tragam seus prisioneiros a Murad Cã. Murad Cã, o grande mercador, compra escravos.

— Cossacos, cossacos, Murad Cã paga bom dinheiro turco por escravos.

Um tártaro baixinho aproximou-se do grupo dos cossacos, examinou Schlomo, apalpou-o e indicou com a mão duas moedinhas.

— E mais um pote de cerveja tártara — exigiu o cossaco. O tártaro negou com a cabeça.

— Então o matarei; assim como Deus vive eu o matarei. Se deres um pote de cerveja para os cossacos bebêrem, está bem. Senão, eu o matarei.

O tártaro aproximou-se de Murad Cã, sentado sôbre as pernas dobradas e com o ar triste e mudo como uma pessoa acometida de alguma moléstia. O rosto era indiferente e os olhos alongados, mortiços, inteiramente inexpressivos.

Murad Cã sacudiu a cabeça negativamente.

— Nesse caso vamos matá-lo e não vendê-lo aos tártaros.

— Esperem, cossaquinhos, esperem! — interveio o velho tocador de lira, e, aproximando-se do tártaro, falou-lhe ao ouvido, gesticulando com as mãos:

— Êsse prisioneiro é um judeuzinho muito importante — e mostrou Schlomo. — Eu o conheço, é um rabi. Os judeus de Esmirna pagarão muito dinheiro pelo seu resgate. Um rabi é o que êle é.

O tártaro voltou a avizinhar-se de Murad Cã e repetiu-lhe as palavras do velho.

Murad Cã assentiu com a cabeça. O tártaro tomou um jarro de cerveja, que se achava junto de Murad Cã, e estendeu-o aos cossacos. Recebeu Schlomo e levou-o ao pátio onde se encontravam os outros cativos.

Do outro lado da cêrca ouvia-se o entoar de Salmos:

"O Senhor é minha luz e minha salvação,
A quem temerei?"

— Vamos, irmãozinhos, vamos beber — gritaram os cossacos, e acomodaram-se no prado para beber a cerveja tártara.

— E você, velho, toque para nós alguma coisa alegre, e triste também — pediram alguns.

Os cossacos sentaram-se em círculo em tôrno do velho que, pegando em sua lira, começou a dedilhá-la e cantou-lhes o seguinte numa estranha mistura de hebraico e polonês:

Ó Tu, *Ribono schel olom*
Por que Tu não reparas,
Por que não queres ver
A nossa amarga *golus,* a nossa amarga *golus*?
A nossa amarga *golus* havemos de vencer
E para nossa terra havemos de voltar!
Para nossa terra regressar.
E lá encontrar nosso Senhor
E lá encontrar o Criador
E lá encontrar o Redentor.
O desespêro nós não teremos,
Nossa coragem não perderemos;
Nossa Mãe será redimida,
Nosso Lar veremos reconstruído.

Sê inteligente, espera o fim!

Abraão, caro Abraão
Tu, nosso ancestral;
Isaac, querido Isaac,
Ó tu, que és nosso avô;
Jacó, Jacó querido,
Tu, o nosso pai;

Por que não rogais por nós?
Por que não rogais por nós?
Por que não rogais por nós?
Diante de Deus, nosso Senhor?

> Nossas casas serão reconstruídas
> Nossa terra resgatada será
> E para nossa terra seremos levados
> Nossa terra, nossa terra
> Nossa terra, nossa terra...

Acompanhando-o, todo o acampamento cantou em côro:

> Nossa terra, nossa terra,
> Nossa terra, nossa terra.

E do outro lado do muro ouviu-se o canto em acompanhamento ao velho:

> Nossa terra, nossa terra
> Nossa terra, nossa terra...

9. OS DADOS

Pequena fogueira de galhos secos queima na estepe. Em tôrno dela discutem três cossacos.

— Eu a avistei primeiro, por isso ela me pertence — diz um dêles, um velho. De seu rosto ressecado, iluminado pelos gravetos acesos, destacam-se, na escuridão da noite, os pequenos olhos luzentes, que se enterram em sua larga face qual negras passas dentro da massa branca de um bôlo. Inclinou-se para a môça, que jaz um pouco mais longe deitada na relva nua, coberta com uma longa bata branca de cossaco. Tenta acariciá-la com sua velha mão peluda, mas é impedido pelo braço de uma velha, que está ajoelhada perto dêle, numa postura agachada, velando pela jovem.

— Não importa que você a tenha visto primeiro, escondendo-se entre as ervas — disse o segundo. — O que você viu foi um burro velho e afinal verifica-se que é uma bela potrinha. Uma velha avó foi o que você viu, uma velha cossaca, antes que a arrancássemos dentre os arbustos. E fui eu quem reconheceu a jovem judia. Puxei o lenço da cabeça dela e lavei a lama do rosto com que a velha bruxa a disfarçou. Você viu uma velha égua cega, um velho burro manco, foi o que você viu, e eu encontrei uma àguiazinha, uma pombinha! E então, a quem ela pertence, a mim ou a você? — insiste o segundo com o velho. As chamas iluminam o rosto cheio e redondo, que ressalta do alto gorro de pele. Seus olhos negros e ingênuos são prazenteiros, mesmo em meio à discussão.

— E eu digo, nós três a achamos, logo ela pertence aos três. Assim é a camaradagem entre os cossacos — faz-se ouvir o terceiro cossaco sentado junto à fogueira. Não se agita nem grita como os outros dois, fala com firmeza e segurança. Os bigodes pendem-lhe até a bôca como duas antenas de lagosta. Está seminu e o clarão do fogo se reflete na côr bronzeada de sua pele. Segura sôbre as chamas um pedaço de porco prêso a um espêto. Gôtas de gordura caem sôbre o fogo, fazendo-o estalar. O clarão vermelho em seu rosto bronzeado assume uma tonalidade cinza junto aos olhos fundos, negros e amendoados. Rosto comprido, maxilares salientes, e na nuca solitários cabelos negros espetados. Um longo cacho de cabelo, que remanescia na cabeça raspada, cai-lhe sôbre a face, dando à fisionomia uma expressão de energia muda, como se nela nunca surgisse um sorriso.

— Pertence aos três? Oh, não, meu camarada, a um ou a nenhum — redargüe o mais jovem.

— He... he... meu rapazinho, nada de contradizer um velho cossaco. Que tempos!... — suspira o velho.

— Se é assim, vamos matá-la — decide o outro.

— É uma pena matá-la, companheiro — observa o primeiro cossaco. — Seria melhor levá-la aos tártaros. O Cã não possui uma igual em seu harém. Êle nos dará por ela um saquinho com ouro, e ouro podemos dividir.

— E o que mais você vai levar ao Cã? Sua própria mulher e filhas? Que tempos êstes em que vivemos! Os cossacos se tornaram servos do Cã. Khmelnitski nos vendeu inteiramente aos tártaros... Um cossaco já não mais pode dar-se ao luxo de ter uma linda judiazinha... Tudo é levado ao Cã... Não, meu bom camarada, ou ela há de pertencer a um de nós, ou a mataremos — acrescenta o cossaco seminu e, dizendo isso, retira do cinturão um saquinho do qual extrai dados de osso. — Camaradas, vamos agir como cossacos, vamos tirar a sorte, aquêle que os dados indicarem será o dono. Será sorte dêle, e não reinará inveja entre cossacos por causa de uma bela judia.

— Certo! Você fala como camarada e como cossaco! Quem quer que os dados indicarem será aquêle a quem Deus a destinou e que não reine inveja entre os cossacos por causa de uma judia.

O cossaco mais môço permanece em silêncio, e com seus olhos aveludados fita a bata branca sob a qual se encontra a vítima.

— Vamos, irmãozinho; será que os cossacos vão brigar por causa de uma judia? Aquêle que Deus designar, a êle pertencerá. E se não fôr você, depois você poderá ter judias até para encher o estábulo de sua mãe. Krive-Nos vai levar-nos a Tultschin, para onde acorreram judias de tôda a Ucraína, e você poderá escolher quantas quiser.

O jovem cossaco abaixa-se sùbitamente para o fogo, pega nos dados e atira-os:
— Três, oito, cinco — começa a contagem.
— Seis, três, dez.
— Belo lance!
— Cinco, oito, doze! — grita alguém rindo e sua risada ecoa na noite, na margem do campo.

Sob o manto branco de cossaco, Dvoire acompanha, com seus olhos brilhantes, o jôgo de dados ao clarão da fogueira. Sabe que a parada do jôgo é ela. É ela que está em jôgo. Mas nem por um minuto desespera. Uma certeza íntima de que Deus há de vir em seu auxílio inunda-lhe o coração. Acredita em tudo o que Schlomo lhe disse antes de se separarem: que Deus os reunirá de nôvo e que viverão juntos. Na angústia de sua situação, lembra-se, com saudades, dos dias felizes que passou junto ao marido. Com isto, acalmam-se os seus temores, permitindo-lhe crer firmemente que chegará o momento em que Deus a libertará de todos os infortúnios e a devolverá ao seu espôso. E essa fé dá-lhe fôrças para viver.

Novamente gritos junto à fogueira.
— Três, seis, cinco.
— Sete, três, oito.
— Ha... ha... ha...
— Quatro, oito, doze — ri uma voz dura para dentro da noite.

Nesse momento, ergue-se de repente do capim a mancha negra que está ajoelhada junto a Dvoire, e que todos julgam emudecida para sempre pela pancada que recebeu do cossaco tártaro.
— Joguem dados por suas almas, por suas mães, e não por minha àguiazinha, minha filhinha, não por ela que eu criei com tanto sofrimento, não por minha preciosidade — grita a velha Marucha aos cossacos, e, inclinando-se sôbre a jovem, abraça-a, consolando:
— Minha almazinha, Deus nos ajudará, você vai ver. Deus enviará seu fogo sôbre êles. Ah! os cossacos se tornaram selvagens, esqueceram seu Deus, esqueceram seus próprios pai e mãe, não têm mêdo do rei, não cumprem nenhuma lei... Oh! a cólera de Deus os destruirá, com raios e trovões! Queimará as pontes sob seus pés. Fará a terra abrir-se. Mergulhará a todos no inferno, seus filhos de cães!....
— Cale-se, bruxa velha, cale-se, você é que se vendeu ao diabo.
— Vamos cortar-lhe a língua.
— Não, antes a cabeça, poupa o trabalho de cortar a língua em separado.

De sob a bata branca os brilhantes olhos negros se erguem para o céu, contemplando as estrêlas. Estão plenos da fé de que lá entre as estrêlas está sentado Êle que tudo vê e tudo sabe.

De uma única coisa ela está certa: não quer morrer. Ela viverá e lutará pela vida enquanto fôr capaz, como prometeu a Schlomo. Não por si própria, mas pelo marido, para que talvez mereça a honra de ser a mãe de seus filhos.

Os cossacos começam a atirar os dados pela última vez.

— Três, seis, cinco.

À memória de Dvoire vem a manhã de Schavuot, antes da desgraça se abater sôbre êles, quando as árvores e os prados verdes espiavam pelas janelas de seu pequeno aposento. Vê novamente o marido debruçado sôbre o Talmud, balançando-se e estudando-o em voz alta. Ouve a voz dêle que lhe soa aos ouvidos como uma canção. E ela está de pé junto ao baú, enfeitando-se para êle, não, para Deus, a fim de ir à sinagoga, com as jóias festivas que êle lhe trouxera de Lublin. E ela se aproxima dêle, com sua bela touca e êle põe as mãos sôbre a sua cabeça e fita-a profundamente nos olhos...

Junto à fogueira ergue-se um tumulto, um bater de palmas, risos selvagens e bestiais. Ela não compreende o que isso significa, mas sabe que chegou o momento crucial e que agora Deus vai ajudá-la.

Junto à fogueira, alguém se levanta. Arrastando os passos, o desnudo e silencioso cossaco aproxima-se da mancha branca e puxa o capote cossaco. Na noite estrelada revela-se um corpo feminino, meio encoberto por trapos, que se encolhe e enrodilha qual minhoca.

— Você não vai chegar perto, nem fará mal à minha filha, eu arrancarei teus olhos! — grita a velha Marucha e salta, como uma gata enfurecida, entre o cossaco e a jovem, e estende as magras mãos.

Quer dizer mais alguma coisa, rogar, implorar, mas soa um estalo repentino e a velha Marucha tomba ao chão, como um feixe de ossos, gemendo.

— Tem dó, Pai!...

O cossaco estende a mão, tentando agarrar Dvoire, mas esta, com a agilidade de um gato, salta para longe. Seu olhar, à procura de socorro, tomba sôbre a figura flexível do jovem cossaco, que a fogueira ilumina. Os olhos aveludados e tristes do rapaz parecem acariciá-la e um raio de esperança luz no pensamento da môça.

— Salve-me dêle, não quero pertencer-lhe — ela diz e agarra-se ao jovem, apertando-se contra êle, como uma criança se apega a uma árvore para abrigar-se da chuva.

O jovem cossaco estremece. A voz da môça, que êle ouve pela primeira vez desde que a aprisionou, faz pular seu coração. E, quando ela pousa em seu rosto o olhar úmido e suplicante, o jovem não consegue enfrentá-lo, e evita-o. Fica imóvel como

um tronco, o rosto empalidece e o coração é tomado de incompreensível palpitação.
Por um instante o segundo cossaco fica observando para ver o que o jovem fará. Depois, aproxima-se da môça com passos pesados e estende a mão para ela.
— Êle fêz trapaça no jôgo, não quero ir com êle! — grita Dvoire, quando o cossaco começa a avizinhar-se.
O jovem continua duro e imóvel como um tronco. Mas em seus olhos acende-se uma faísca.
— Cale-se, maldita, e venha já para seu dono! — Tenta agarrar Dvoire pela mão e puxá-la para si.
O jovem dá um salto para o lado e se posta frente ao outro. Duas lâminas lampejam ao clarão da fogueira.
— Cossacos, o que estão fazendo? Vão matar-se por uma judia? Não há bastantes judias na Ucraína? Cossacos, pensem no que estão fazendo! — grita o terceiro.
Mas tem receio de se aproximar. Os dois contendores acham-se frente a frente, olhando-se nos olhos, e as encurvadas cimitarras turcas rebrilham na luz.
Sùbitamente, o mais môço, qual um animal selvagem, salta sôbre o outro com a arma e, no mesmo instante, o cossaco jaz no chão, enchendo a noite com sua respiração ofegante.
— Maldito seja, alma pecadora! Você matou um cossaco por causa de uma judia. Que o pecado caia sôbre você, como uma carga pesada por tôda a vida e em tôda a parte — pragueja o velho. Cospe e afasta-se dentro da noite.
Por um instante o jovem permanece imóvel como que imerso em seus pensamentos. Depois, parece lembrar-se de alguma coisa e grita para o velho que se afasta:
— Hei, velho, para onde vai?
— Não quero nada com você. Você vendeu a alma ao diabo — replica a voz de dentro das trevas.
O cossaco ainda permanece no lugar por algum tempo, sem saber o que fazer. Volta-se, procurando a judia com os olhos. Avista-a desfalecida sôbre a relva.
Inclina-se, levanta-a e carrega-a até junto ao fogo. Cobre-a de nôvo com o manto e senta-se a seu lado. O clarão da fogueira ilumina o rosto da jovem. Êle vê como é alvo aquêle rosto, a tênue película que lhe encobre os olhos como em uma pomba. E sente-se possuído por terno sentimento para com a frágil criatura deitada a seu lado.

10. EM PLENO CAMPO

— Como é seu nome, judia? — indagou o cossaco.
— Dvoire.
— O meu é Ierem — disse o alto cossaco, mostrando os alvos dentes num sorriso.
Dvoire tremia.
— Por que está tremendo? Está com frio?
Dvoire assentiu com a cabeça.
— Venha para mais perto do fogo.
Mas Dvoire lembrou-se de sua velha ama e olhou em volta, à sua procura.
— O que você está procurando, a velha? — perguntou o cossaco. Aproximou-se da velha Marucha, que jazia sôbre o capim, imobilizada pelo golpe que recebera, e arrastou-a para junto de Dvoire. A jovem segurou a cabeça da velha e apertou-a contra o peito.
— Espere, eu a farei voltar a si — disse Ierem. — Hei, velha, tome um pouco — e aproximou de sua bôca o chifre de aguardente que carregava consigo. — Tome um bom gole, pode gastar, os irmãozinhos têm bastante.
Depois de beber, Marucha abriu os olhos e olhou ao redor. Avistando Dvoire junto de si, abraçou-a.
— Está viva, meu passarinho... Oh! graças a Deus! — e arrastando-se até o cossaco Ierem, agarrou-lhe as mãos e beijou-as.

— Oh! águia, você, homem forte, que nos salvou das mãos do demônio, salve-nos, em nome de Deus, salve esta avezinha. Oh! anjo enviado por Deus!...
— O que ela é sua? É filha?
— Mais do que filha, é meu tudo, minha vida, minha alma... — envolveu Dvoire em seus braços como para protegê-la.
— Mas ela é judia e você é cristã...
— Eu mesma não sei. Ela está dentro de meu coração, embora seja de outra religião, como uma avezinha de ninho estranho. Criei-a desde criança. A ela e a seu marido, quando ainda eram pequeninos...
— Ela tem marido?
— Sim, águia, casaram há pouco tempo. Êle voltou dos estudos, casaram, se acomodaram no ninho, para criar filhos, e aí caiu a desgraça...
— E onde estão os parentes?
— Só Deus sabe. Salvaram-se ou caíram nas mãos dos cossacos. Quem sabe se ainda vivem...
— Como podem viver, perdidos entre os cossacos — disse o rapaz, e, aproximando-se de Dvoire, tomou-a pela mão e perguntou:
— Quer ser minha, judia?
Dvoire permaneceu em silêncio.
— Como sua, águia? Pois se ela tem marido?... — observou a velha Marucha.
— Cale-se, velha, os parentes dela não existem mais. Os cossacos mataram todos os judeus. Ela não tem mais marido. Então você será minha, judia, e poderá viver. Do contrário morrerá. Como você quiser.
Dvoire continuou calada.
— Então, por que não responde, judia? Vai ser pior, se não responder. Pelo direito, você devia pertencer a Iefrem Skvoz, êle a ganhou nos dados. Mas êle trapaceou e eu o matei e salvei você. Salvei-a para mim, porque você me agrada e comecei a querer-lhe bem logo que a vi. Diga, judia, você será minha? Você prometeu, hein?
Dvoire ainda permaneceu muda.
— Mas você é bondoso... é um anjo... Foi uma mãe que concebeu você, não uma cadela como aquêles outros... Você tem Deus no coração... Não fará isso... Não irá pecar perante Deus. Ela tem um marido... — implorou Marucha.
— Cale-se, velha, ou te espancarei como fêz Iefrem. Já não lhe disse que o marido dela não existe mais? Mataram todos os judeus, todos.
— E se êle estiver vivo? — insistiu a velha.
— Foi morto. E se não, eu o matarei. E você, velha, cale-se, diabo. Você é cossaca, tem que estar do meu lado e não do

lado dêles. Você vendeu a alma ao diabo judeu; tome cuidado, velha! — disse o cossaco encolerizado e sentou-se ao lado de Dvoire, junto ao fogo. Tomou-lhe a mão e disse-lhe da maneira mais suave que conseguiu:

— Você me pertence, fui eu quem primeiro percebeu que você é jovem e bonita. No meio dos trapos com que a velha a disfarçou, eu percebi tudo isso. No momento em que a olhei, meu coração estremeceu. Comecei logo a gostar de você e a ter pena de você como de uma pombinha recém-nascida. Não a cederei a ninguém, nem ao hétmã, nem ao Cã. Matarei a todos e ficarei com você para mim.

Dvoire ainda permaneceu calada por alguns instantes. De repente, olhou o cossaco bem nos olhos e disse:

— Estou em suas mãos e você pode fazer comigo o que quiser. No entanto, não tenho mêdo de você. Pode até mesmo me bater e não tenho mêdo. Se eu quiser, amarei, e se não quiser, não amarei.

— Se eu quiser amarei, e se não quiser não amarei: bem falado, judia, bem falado. E eu não vou forçá-la a me amar. Mas farei uma coisa — disse o cossaco chegando-se à velha: — não sei o que ela é para ti, mãe ou o quê? Para mim dá no mesmo, judia; se você fôr minha, deixo-a viver. Do contrário, mato-a.

Os olhos de Dvoire cintilaram. Só hesitou por um momento. Sentiu logo que tinha de salvar a velha. Como salvá-la ainda não sabia, embora estivesse pronta a tudo.

Exclamou, como que envergonhada:

— Serei sua espôsa, mas amante, não.

— Está certo; você disse bem. Isso me agrada: será minha espôsa, mas não minha amante.

— O que você fêz, filha? Por meus velhos dias você pecou diante de Deus. O que você fêz? — gritou Marucha.

— Cale-se, velha, eu a amo — disse o cossaco, profundamente comovido. — Só pode ter sido feitiçaria que me puseram, não pode ser outra coisa. Matei por ela meu melhor amigo... Era meu tio — e mostrou com o dedo o cossaco morto. — Foi meu mestre, ensinou-me a montar e a atirar e eu o matei por uma judia. Minha própria mãe eu seria capaz de matar por ela... Deve ser um feitiço que ela me pôs...

Uma súbita idéia ocorreu a Dvoire. Ergueu-se de junto do fogo e, ao clarão das chamas, ficou ereta como uma aparição do outro mundo.

— Foi isso que eu fiz.

— Como foi que você fêz?

— Com o poder de feitiçaria que possuo.

— E quebrou o juramento que você fêz a seu marido e esqueceu a Deus, desgraçada! — admoestou-a Marucha.

Dvoire elevou os belos braços esguios para o alto, erguendo o pálido rosto para as estrêlas.
— Assim me ordenaram.
— Quem?
— Aquêle que está lá no alto e com Seu poder.
O jovem cossaco ficou assustado com seu aspecto. Voltou-se para a ama.
— O que é que ela está dizendo?
— Não sei — balbuciou Marucha, igualmente assustada. — Não a reconheço. É com o seu Deus que ela fala assim.
— Meu corpo eu untei com ungüento mágico que Êle me deu e ninguém pode me causar qualquer mal. Aqui estou diante de você, experimente em mim o seu punhal, para ver se estou mentindo.
O cossaco ficou terrificado. Suas narinas tremiam e o punhal queimava em suas mãos.
— O que é que você está fazendo? Que é que você está dizendo? — indagou a ama, abraçando-a.
— Tôla... velhinha tôla!... Por que tanto susto? Você não sabe que, quando Deus me protege, nenhum mal pode me atingir?
A ama caiu a seus pés, agarrou-lhe as mãos, e nelas enterrou o rosto molhado de lágrimas.
O cossaco mantinha-se à distância, tremendo. O terror invadira o alto e forte aldeão na presença da jovem judia.
— Venha para a casa de minha mãe, judia. Você ficará com minha mãe até o casamento. Os cossacos podem aparecer, ver você e tirar você de mim.
— Não irei com você enquanto não jurar por sua alma, por sua fé.
— Por você farei qualquer juramento, linda judia. Diga o que você quer que eu jure por minha alma, por minha fé...
— Sei que você é bom, Ierem. Você me salvou de mãos cruéis. Não permitiu que me fizessem mal. Deus o recompensará por tudo isso. Agora prometa, Ierem, antes que eu vá com você, que me poupará até o casamento, respeitará minha pureza e não me fará mal.
O esbelto cossaco sorriu.
— Diante de Deus, prometo a você, minha linda judia, que até o casamento pouparei você, cuidarei de você e não lhe farei nenhum mal.
— Lembre-se, Ierem, você prometeu por sua fé e jurou por sua alma. E se lhe ocorrerem maus pensamentos e você quiser me fazer mal, logo terei conhecimento dêles graças ao poder mágico que possuo. E assim que pretender me fazer algum mal, a Fôrça Poderosa que me protege virá e me levará e você nada poderá fazer.

— Juro por Deus — disse o trêmulo cossaco; — cuidarei de você como de um ícone sagrado, como de uma santa. — E envolveu-a em sua longa capa branca, e conduziu-a para fora do campo, em direção à casa de sua mãe. A velha Marucha seguiu-os. A manhã despontava, iluminando o alto das árvores, que começaram a mirar o mundo como que saindo de uma neblina.

11. PELA FÉ E PELA TORÁ

Khmelnitski negociava com o marechal-de-campo polonês Dominik sua submissão à coroa polonesa. Ao mesmo tempo, continuava a enviar suas hordas de cossacos para assolar cidades desprotegidas, a fim de pagar a seus homens com o butim. A fim de conservar a amizade dos tártaros, êle tinha de enriquecer os haréns do Cã com belas mulheres judias. Assim, uma horda de dez mil cossacos, comandada por um de seus bandoleiros, chamado Krive-Nos, caía sôbre as cidades e vilas da Ucraína e as extinguia da face da terra. No rastro das hordas cossacas vinham os bandos de tártaros, como revoadas de negras aves de rapina.

Inúteis foram os apelos do Príncipe Vischniovietski aos nobres e soberanos poloneses, no sentido de que enviassem reforços à sua pequena tropa de soldados poloneses que combatia contra os cossacos e os tártaros. Sua voz, que avisava contra o perigo cossaco, ficou sem eco. O Marechal-de-campo Dominik ainda contava com o espírito de justiça e a disposição de Khmelnitski de submeter-se a Polônia. Continuou a fazer concessões aos cossacos e a conferir novas honras e títulos a Khmelnitski, pensando assim conciliar o chefe cossaco. Os nobres se achavam ocupados na eleição de um nôvo soberano que sucedesse ao Rei Vladislau, que falecera. Ninguém se preocupava com o destino da longínqua província ucraína. Afinal, o próprio Vischniovietski teve de abandonar seu pequeno exército e dirigir-se pessoalmente a Varsóvia em busca de auxílio, junto aos dissolutos aristocratas, para a infeliz população ucraína.

Nesse entretempo, o país inteiro ficou indefeso, à mercê das hordas cossacas. Como um rio que transborda, elas se espraiavam de cidade em cidade, apagando a vida em tôdas elas, incendiando e pilhando. O povo, jovem ou velho, judeu ou polonês, era passado pelas armas. Sòmente os que serviam para o mercado de escravos, eram poupados pelos tártaros, que enriqueciam seus haréns com as mulheres e môças mais belas.

Depois de Nemirov investiram contra Tultschin. Na fortaleza de Tultschin, refugiavam-se os judeus das localidades vizinhas e os sobreviventes de Nemirov. Assim, reunira-se em Tultschin uma população judia de dez mil almas e considerável fortuna que os judeus traziam consigo. Sôbre essas riquezas lançaram-se os cossacos, e os tártaros, sôbre as mulheres e môças.

Mas não foi fácil a Krive-Nos e suas hordas submeter Tultschin. A cidade era uma praça-forte e os judeus, que em sua maioria haviam escapado das pequenas cidades vizinhas destruídas, sabiam o que significava cair nas mãos dos cossacos. Decidiram então que, a cair sob o jugo cossaco, era preferível perecer de fome na cidade ou morrer combatendo.

Na cidade havia também boa quantidade de poloneses e algumas centenas de soldados. Judeus e poloneses se uniram e juraram, e o rabino, Reb Aaron, o reitor da *ieschiva* de Tultschin, e o Barão Tschvertschinski assinaram juntos um documento, pelo qual se comprometiam a lutar até o último homem, até a última gôta de sangue, lado a lado, defendendo a cidade contra os cossacos.

E grande camaradagem uniu poloneses e judeus. Êstes reuniram-se em suas sinagogas e aquêles na igrejas, e pediram a Deus que os salvasse das mãos dos cossacos, e juraram defender-se uns aos outros. O companheirismo era completo. Os poloneses chamavam os judeus de "queridos amigos", e os judeus dividiam com êles as provisões que haviam acumulado na cidade para enfrentar o cêrco até a chegada de socorros dos senhores poloneses.

Os civis e os soldados poloneses, sob as ordens do Barão Tschvertschinski, mais familiarizados do que os judeus com a arte da guerra e sabendo manejar armas, encarregavam-se da defesa da fortaleza de Tultschin. E os judeus, que eram em número muito superior e também mais corajosos que os poloneses, porque o perigo para êles era maior, incumbiram-se da defesa das partes mais fracas e desprotegidas da cidade.

Armaram-se com sabres turcos e espingardas de pederneira, que receberam na fortaleza. Em tôrno do muro ergueram andaimes e escadas, construíram plataformas sôbre as quais acumularam pilhas de pedras e de outros objetos pesados. As mulheres prepararam grandes caldeirões de sebo derretido, cereais e água ferventes e os trouxeram para junto da muralha. Muitas vêzes os judeus deixavam que os cossacos se achegassem do muro e aplicassem suas alavancas a fim de abrir uma brecha. Inesperadamente, os judeus lançavam sôbre êles uma chuva de pedras ou derramavam líquido fervente em suas cabeças. Os cossacos fugiam esbaforidos, deixando atrás de si os ganchos de ferro e os mortos ao pé da muralha. E não poucas vêzes, como outrora durante o sítio de Jerusalém, os judeus lançaram-se em surtidas e, com desprêzo pela morte, atiravam-se contra as hordas de cossacos, matando muitos dêles e repelindo os restantes a seus acampamentos.

Entretanto, as provisões começaram a escassear cada vez mais. Os alimentos que os judeus haviam armazenado na praça eram distribuídos, por uma administração especial, em partes iguais para judeus e poloneses. Primeiro, alimentavam as mulheres e as crianças. Os homens muitas vêzes conseguiam víveres dos cossacos. Por meio de vigias, eram informados da hora e do local em que os cossacos reuniam seus rebanhos de carneiros, vacas e bois. Lançavam-se então fora da cidade, introduziam-se entre os cossacos, tomavam os rebanhos e os conduziam para o interior da fortaleza. Dêste modo, a cidade era abastecida de alimento por semanas.

Entre os defensores judeus estava Mêndel, o provedor de Zlotschev. Depois de perder o filho, sob seus próprios olhos, enquanto atravessavam o rio, e sem ter notícias da nora, que partira com a velha Marucha, dirigira-se com a espôsa a Tultschin, como tantos outros que se haviam salvo, na esperança de que Marucha tivesse levado Dvoire para essa cidade por um caminho diferente. Não a encontrando em Tultschin e certo de que seu filho, após cair em poder dos cossacos, não mais vivia, sentiu-se cansado da vida. Não tinha mais por que viver, nem desejava mais continuar vivendo. Seu instinto de conservação, porém, era forte, e seu temor a Deus não lhe permitia dar cabo de sua existência. Êle, como muitos outros, perdida qualquer esperança de felicidade pessoal, dedicou todos os seus pensamentos ao bem-estar da comunidade como um todo. A comunidade de Tultschin tornou-se seu filho, seu Schlomo, seu futuro, sua própria vida. Na comunidade reencontrou sua fôrça e por sua existência êle se atirou à luta com um total desprêzo pela morte e pela felicidade pessoal de que não mais necessitava. Desejando morrer pela fé judaica, foi o primeiro a lançar-se à batalha, o primeiro nas empresas perigosas, inspirando outros a segui-lo, excitando nêles sagrado entusiasmo com suas palavras.

— Judeus — dizia, com os olhos luzentes de entusiasmo — êles mataram nossos filhos, êles nos matarão, mas Deus é eterno. Por isso lutemos por Sua Glória, pela Fé e pela Torá!...

E os cossacos não compreendiam nem reconheciam mais os judeus. Seriam êsses os mesmos judeus que se reuniam nas pequenas cidades como cordeiros amarrados, como frangos degolados? Seriam êsses os mesmos judeus constantemente trêmulos e assustados? Lançam-se agora das muralhas como tigres enfurecidos... com as mãos nuas ou armados com paus e pedaços de ferro e com o brado: "Pela Fé e pela Torá!", caem sôbre os cossacos. Não ligam às flechas que chovem sôbre êles, nem às balas, e o estrondo dos canhões não os detém. De olhos chamejantes e com grandes gritos, rasgam as nuvens de fumaça que escapam das bôcas dos canhões e atiram-se sôbre os cossacos, mordem-nos, arrancam-lhes os olhos com suas unhas e com os facões cortam gargantas e cabeças... Muitas vêzes um judeu se enroscava num cossaco e, em furioso abraço, enterrava os dentes em sua garganta e com sua teimosia judaica agarrava-o até que ambos caíam juntos, e no solo o sangue judeu se misturava ao sangue cristão.

Muitos judeus, preparados para morrer, vestiam suas mortalhas, as batas brancas e os xales de oração, e, com facões na mão, precipitavam-se sôbre os cossacos. Avistando os vultos brancos surgindo dentro da noite, com olhos cintilantes e os rostos iluminados por uma chama sagrada, as hordas de cossacos eram tomadas de pânico. Caíam de joelhos diante dos brancos judeus e rezavam-lhes como se fôssem anjos:

— Deus, tem piedade!...

Outros eram tomados de terror ante a terrível cólera que chamejava nos rostos pálidos e fugiam com gritos selvagens como se a persegui-los tivessem aparições celestiais. E seus gritos de pavor contagiavam os companheiros. Regimentos inteiros de soldados fugiam diante dos judeus amortalhados, largando tudo atrás de si.

Durante semanas, o exército cossaco assediou as muralhas de Tultschin, sem poder tomar a cidade. Krive-Nos amaldiçoava e insultava inùtilmente seus capitães: os cossacos fugiam dos brancos judeus como se os tivesse atingido o terror de Deus. Todavia, Krive-Nos decidira tomar a cidade de assalto. Sentia-se envergonhado de que seus cossacos fugissem dos judeus, diante dos tártaros que se achavam com êle no acampamento. Temia Khmelnitski e assustava-o a possibilidade de vir o Cã a saber do que ocorria. Reuniu grandes hostes de cossacos e aldeões dos arredores, dezenas de milhares de aldeões libertos nas cidades e aldeias. Cavalos, carros e homens cobriam tôda a terra em volta de Tultschin como uma vestimenta negra. Na cidade ouviam-se os rinchos e o zumbido que se elevava do acampamento dos sitiantes. À noite viam-se as chamas das fogueiras acesas pela estepe inteira, miríades de fogueiras estendendo-se até muito longe na estepe. Os judeus não se amedrontavam e estavam todos prontos a morrer até o último homem. Não como cordeiros êles morreriam, mas na luta, na luta por Deus e por Sua Torá.

A frase lançada pelo *parnas* de Zlotschev na comunidade transformou condenados à morte em heróis, reacendeu nos judeus o antigo espírito judaico. A morte tranformara-se em alegria para êles. E, como outrora, atrás dos portões de Jerusalém, agora lutavam. Durante tôda a noite as mulheres carregavam pedras para as plataformas, derretiam sebo, chumbo, arrastavam grandes tonéis de alcatrão para as armações atrás das muralhas, preparando tudo para a batalha.

Tschvertschinski e seus seiscentos soldados poloneses, armados de carabinas e canhão, estavam na fortaleza. Com êle também se encontrava tôda a população polonesa de Tultschin, todos armados para defender a cidade.

Quando os primeiros raios do dia coroaram as tôrres de Tultschin, Krive-Nos enviou as primeiras fileiras para junto das muralhas com furadeiras. Eram formadas de aldeãos da região vizinha, armados por Krive-Nos. Esperava que sôbre êstes os judeus atirassem tôdas as pedras e derramassem o alcatrão de que dispunham; assim, quando se aproximassem os cossacos mais experientes, os sitiados estivessem enfraquecidos. Mas inesperadamente, os judeus assestaram seus canhões antes que as fileiras chegassem à parede. Durante a noite, haviam removido os canhões do forte, e instalaram-nos em edifícios ao redor da muralha. Quando os aldeãos escutaram o troar dos canhões e se viram envolvidos por nuvens de fumaça, fugiram espavoridos, espalhando-se em tôdas as direções.

Krive-Nos enviou fileira após fileira e os judeus continuaram a afugentá-los com tiros de carabina e de canhão. Durante todo o dia repeliram os cossacos da muralha, mas, quando chegou a noite, o cossacos se aproximaram afinal, colocando as furadoras em posição. Os judeus os enfrentaram com uma chuva de pedras, derramaram sôbre êles chumbo derretido e massa de cereais fervente; massas informes de alcatrão em chamas desciam da muralha sôbre as cabeças dos assaltantes. Muitos eram queimados pelo fogo e caíam fumegantes sôbre suas furadeiras. Entretanto, um número crescente de cossacos a cavalo lançava-se contra a muralha e cada vez mais o fogo que se derramava do alto queimava e destruía as fileiras embaixo.

Os cossacos berravam, praguejavam, faziam grande alarido, instigando-se mùtuamente com grandes gritos. Mas a chuva de fogo não cessava de cair do alto da muralha e os montes de cadáveres fumegantes no alcatrão ardente cresciam cada vez mais junto à parede. Finalmente, o portão da muralha se abriu e uma multidão de brancos judeus se arremessou para fora dos muros. Com facas nas mãos e aos gritos de "por Deus e por Sua Torá", arremeteram contra as hordas cossacas feito demônios. Ao avistar as brancas hostes de judeus, o terror de Deus apoderou-se dos inimigos e se espalharam, correndo para todos os lados. E os judeus voltaram à cidade, cantando Salmos.

Afinal desceu a noite e os cossacos se reuniram ao redor das fogueiras. Do outro lado da muralha, ouvia-se ainda o canto dos judeus. Durante tôda a noite escutou-se a salmodia que vinha da cidade. Eram os chantres das sinagogas que entoavam Salmos e em voz alta apelavam a Deus. Não eram os gritos de sitiados, mas um grande peã de louvor a Deus, entoado por aquêles que estavam prontos a morrer por Sua honra, pela Fé e pela Torá.

Na noite estrelada, os cossacos falavam entre si, sentados junto às fogueiras:

— O velho Deus dos judeus despertou e voltou de Jerusalém. Agora está na cidade com os judeus. Ai de nós! Ai de nós!...

12. A CARTA

Em sua tenda, sôbre uma pilha de tapêtes cossacos, estava estendido Krive-Nos, o chefe dos sitiantes. Cobria-o uma pele de carneiro, embora fôsse uma noite quente do mês de Ab. Na tenda reinava um cheiro sufocante de uma espécie de sebo de cavalo com que uma velha cossaca, meio feiticeira e meio curandeira, untava tôdas as noites as pernas do chefe, que sofria de reumatismo. O odor do sebo ressecava a garganta e fazia cócegas no nariz. Espirros e tosses dos *sotniks* sentados ao redor do chefe eram em tal número que chegavam a soprar as chamas das velas de sebo espetadas nas pontas de altos castiçais turcos.

Krive-Nos estava mal-humorado. O reumatismo incomodava-o muito. Sentia as pernas e os pés úmidos e pesados como se grandes pedras estivessem amarradas a êles. A tenda era tão quente e, no entanto, no interior das pernas, uma dorzinha fina roía e roía como um verme, não lhe permitindo pensar em outra coisa. E havia assuntos importantes e sérios a tratar.

Havia quatro semanas que sitiavam Tultschin, sem conseguir tomar a cidade. Deveriam estar há muito tempo em Bar, deveriam ir a Lvov, e o Príncipe Vischniovietski poderia chegar nesse entretempo. E por que essa demora? Por causa dos judeus! Não eram soldados que os estavam segurando, eram judeus! O que Khmelnitski iria pensar de uma coisa dessas? Incapazes de tomar a cidade por causa dos judeus! Cossacos fugindo de judeus. Krive-Nos amaldiçoava e insultava os capitães, e ao

mais próximo, que estava a seu alcance, deu violenta pancada com seu cacête.
— Ah! seus broncos, estúpidos! Desde quando cossacos fogem de judeus? Os tártaros vão saber disso, o Cã vai zombar de nós, vai rir à socapa. Será uma vergonha e uma humilhação. Êle abandonará os cossacos e voltará para Astracã, e os irmãozinhos cossacos ficarão sòzinhos, uma brincadeira para os poloneses, serão levados a Varsóvia e lá decapitados.
— Não fique com raiva, paizinho. Dos judeus sòzinhos não teríamos mêdo. É a Satã que tememos, ao Demônio que se tornou amigo dêles. Logo que saem pelo portão, Satã aparece entre êles. Veste batas brancas e empunha facões. E é tão numeroso o Satã, que só o diabo sabe. Ora está aqui, ora está lá. E no momento em que os cossacos avistam o Satã entre os judeus, nada mais se pode fazer; atiram tudo fora e saem correndo e nem mesmo com correntes de ferro podemos segurá-los.
— Não é o Satã. É o Deus dêles que aparece vestido de bata branca — observa outro capitão. — Dizem que o Deus dêles voltou e os está ajudando. E se é assim, ai de nós, cossacos...
— Deus ou Satã, vocês, *sotniks*, é que merecem ser decapitados pelo vexame que trouxeram aos cossacos. Prometemos ao Cã duzentas jovens e mulheres de Tultschin, além de muitos escravos. E aqui estamos nós, e os judeus até se apossam de nossos rebanhos. Onde se ouviu coisa igual? Vocês são cossacos? Cães, é o que vocês são, vira-latas sarnentos, saiotes de mulher!... — esbravejou o chefe e acertou aquêles que pôde alcançar.
— Irmãozinho, aqui nada vamos conseguir. Precisamos inventar um estratagema, um bom artifício para penetrar na cidade, como fizemos em Nemirov. Não há outra coisa a fazer — sugere um dêles.
— Com bandeiras polonesas vocês não os enganarão mais. Nemirov despertou a manha dos diabos judeus.
Num canto se achava um cossaco silencioso, um sujeito alto e magro, de olhos prêtos e tranqüilos. Observava tudo calado. Embora sua fisionomia fôsse rude e selvagem, parecia o mais letrado entre os cossacos. Tinha uma expressão tristonha e ocupava-se em catar seus sovacos.
— E você? Por que está calado? O que é que você está maquinando? Você ouve e ouve e não diz nada... — gritou-lhe o chefe.
— Dizer o quê? Não há o que dizer. Precisamos agir — redargüiu êle sem interromper a ocupação que, era evidente por sua expressão, proporcionava-lhe imenso prazer.
— E como vamos agir?
— Escrever uma carta.
— A quem? Aos judeus? — todos perguntaram, surpresos.

— Calem-se, cossacos — ordenou o chefe.
— Aos poloneses.
— Escrever a êles o quê? — indagou o chefe.
— Devemos lembrar-lhe Nosso Senhor Jesus Cristo. Escondendo-se atrás dos judeus é o que êles estão fazendo! Não se envergonham? É uma humilhação para um cristão pedir proteção a um judeu. Êles que nos entreguem os judeus e nós os pouparemos como cristãos e repartiremos as riquezas entre nós.
— O quê? Deixar viver o nosso inimigo polonês, para que depois se vingue nos cossacos?
— E entregar-lhes as riquezas? — ajuntou outro cossaco.
— Onde é que já se viu cossacos pedindo favor a poloneses?
— Deixem-nos abrir as portas da cidade, deixem-nos apenas entrar, depois veremos — responde o cossaco conselheiro.
— Ah! Vassil, sua rapôsa velha!
— E o que acontecerá se o polonês não nos atender?
— Devemos escrever de tal modo que êle terá de nos atender. Na cidade não há mais pão. Logo, as provisões vão-se acabar por completo. E então, quando caírem nas mãos dos cossacos...
— Bem!
— Sente-se e escreva, escriba. Eu ditarei — ordenou o chefe.
O cossaco alto, que era o conselheiro e o único letrado entre os cossacos, sentou-se à mesa, tôda molhada de aguardente e coberta de restos de comida. Limpou-a e jogou sôbre ela um capote de cossaco. De uma caixinha retirou um pergaminho, uma pena de ganso e um tipo de tinta que carregava consigo para êsse fim. Aproximaram dêle os castiçais e os cossacos sentaram-se ou ficaram de pé em volta, ajudando a ditar a carta aos poloneses.
Krive-Nos, porém, nem conseguia pensar na carta. A dor em suas pernas tornava-se cada vez mais aguda e lancinante. Seu rosto sombrio e colérico contorcia-se e êle começou a berrar:
— Tragam a vovó... a vovó...
Um dos cossacos saiu e, em poucos instantes, entrava com uma velha cossaca.
— De sangue é que precisamos, sangue fresco de uma coisa nova e deve ser ainda quente de modo que possa aquecer os ossos, paizinho, e a dor cessará — disse a avó, apalpando as pernas do chefe.
Os cossacos silenciaram. Entreolhavam-se com faces sérias e pensativas, onde se notava um certo temor. Mais de uma vez haviam visto em Nemirov e em outras cidades sangue fresco, ainda palpitante, de crianças destroçadas. Mas não era obra dêles. Os tártaros é que faziam isso. Os cossacos não matavam crianças, sòmente adultos.
— Que quer dizer sangue fresco... judeu? — indagou o chefe.

— Sangue de cabrito também serve — respondeu a velha. — Vai, filhinho, traz um cabrito, um nôvo. Deve haver algum nos estábulos. Senão, procura no rebanho um cordeirinho, deve ser bem nôvo, recém-nascido — instruiu a velha.

Um cossaco saiu e, depois de longo tempo, voltou trazendo nos braços um cabritinho branco, que olhava em tôrno espantado, assustado com a luz e os homens, e balia numa voz trêmula como uma criança.

— Destroce-a, paizinho, e deixe que o sangue corra sôbre as pernas doentes — disse a velha a Krive-Nos. — Com o corpinho dêle cubra as pernas e a dor se acalmará logo.

Krive-Nos estendeu as pernas nuas e pegou o cabritinho, que apenas estremeceu e seu trêmulo balido interrompeu-se abruptamente. Logo um jôrro de sangue fresco, nôvo e quente começou a se derramar sôbre as pernas do chefe, que êle cobriu com o corpo ainda cálido e destroçado.

— E agora cubra-se bem, paizinho, e deixe que o sangue o aqueça. Você deu ao diabo o que êle queria, êle agora vai-se aquietar.

E, de fato, o chefe sentiu alívio. O corpinho quente e palpitante dava-lhe um calor agradável como se fôsse o corpo de uma criança. A dor passou e Krive-Nos pôde ditar a carta:

"Em nome de Jesus Cristo, louvado seja Êle, por tôda a Eternidade, amém.

"Diante de nossos respeitáveis irmãos, os poloneses, inclinamos até o chão as nossas frontes e enviamo-vos saudações. Oramos por vós dia e noite a Nosso Senhor e Deus para que Êle vos guarde da fome, da guerra e dos flagelos, hoje e sempre, amém.

"Chegou a nossos ouvidos que o nome do Senhor Nosso Deus tornou-se motivo de vexame e humilhação e temos visto como cristãos, nossos irmãos respeitáveis, os poloneses, estão sendo humilhados pela necessidade de procurar proteção e salvação junto aos inimigos de Cristo, os judeus. Tal estado de coisas fere profundamente nossos corações de cristãos. Será bonito e correto que cristãos, nossos honrosos irmãos, os poloneses, façam camaradagem com os inimigos de Cristo, os judeus, contra seus irmãos cristãos? E será bonito e correto que valorosos poloneses se deixem proteger por judeus? Assim, resolvemos enviar-vos emissários com saudações e votos de paz e pedimos-vos, caros irmãos poloneses, que recebais nossos emissários como é devido, e dêem ouvido às suas palavras.

"Caros irmãos poloneses:

"Não foi contra nossos irmãos poloneses nem contra vossas mulheres e filhos, nem por vossas riquezas e tudo o que vos pertence que os cossacos empreenderam a guerra. Não é con-

tra os cristãos que guerreamos, mas contra os inimigos de Cristo, contra os judeus que crucificaram nosso Senhor Jesus e roubaram nossas posses. Contra êles e contra tudo o que lhes pertence é que os cossacos saíram em defesa de Cristo.
"Vós, poloneses, sois nossos irmãos e é como irmãos que nos comportaremos. Se nos entregardes os judeus, pouparemos a vós, como vossas mulheres e tudo o que vos pertence. E, para que os judeus não escondam suas riquezas, proclamai entre êles que nós, os cossacos, estamos prontos a levantar o sítio da cidade se os judeus reunirem tôdas as suas riquezas, ouro e prata, sêdas e roupas, e no-las derem como resgate. Devem levar tudo a vós, na fortaleza. E quando o tiverem feito, abri as barreiras para nós e deixai que os cossacos entrem na cidade. Nos inimigos de Cristo nós nos vingaremos, assim como êles crucificaram Deus. Mas vós, vossas mulheres e filhos, e tudo o que vos pertence sereis poupados e dividiremos entre nós as fortunas dos judeus.
"Assim nos ajude Deus Jesus Cristo, amém".

Na noite escura, dois cavaleiros levaram o documento, que fôra escrito com a ajuda do sangue quente do cabritinho, aos cristãos de Tultschin. Uma bandeira branca alvejava sob a luz das estrêlas. E quando os atalaias da muralha gritaram para os cavaleiros: — Quem vem lá? — êsses ergueram a bandeira branca e o pergaminho e responderam:
— Em nome de Jesus Cristo!...

13. A PROVAÇÃO

Tschvertschinski comunicou aos judeus que os cossacos estavam prontos a levantar o cêrco, em troca de todo o ouro, prata, sêdas, peliças e roupas, que os judeus deveriam entregar como resgate. Reb Aaron, o reitor da *ieschiva* e rabino da cidade, reuniu os provedores e os notáveis e decidiram resgatar as vidas com suas riquezas. Assim, apregoaram nas sinagogas, nos mercados e em tôrno das muralhas que os judeus trouxessem todos os seus haveres ao castelo para que fôssem entregues aos cossacos como resgate.

Os judeus levaram tudo o que possuíam pensando consigo: "Que o ouro e a prata sejam a salvação de nossas vidas, e louvado seja Deus pelo socorro que nos manda"...

Entre os bens reunidos no castelo figuravam muitos objetos de grande valia: taças de prata batida, trabalhos do artesanato de Nuremberg, que os judeus haviam trazido das feiras, caixas para guardar as cidras do ritual no feitio de diversas frutas, porta-especiarias em forma de altas tôrres, com bandeiras e signos dos meses, *menorás* com os símbolos das tribos de Israel, tôda a sorte de jóias de ouro, prata e pedras preciosas. Ricas peliças de martas e zibelinas adquiridas com os mercadores russos, e muitos tecidos de sêda para vestidos, brocados italianos que haviam comprado para cortinas da Arca e para presentes de noivas. Sêdas de Slutzk tecidas com fios de ouro e prata. Não pouparam nada para conservar a vida. Amontoaram tudo em grandes pilhas na fortaleza de Tultschin. Os largos colarinhos

prateados cintilavam entre as peles escuras e pesadas, as jóias de ouro e de pedras preciosas brilhavam em meio às dobras das sêdas, veludos e cetins amontoados em enorme quantidade no pátio do castelo, à espera dos cossacos.
Depois que os judeus trouxeram tôdas as suas fortunas, o Barão disse:
— Tragam as armas e entreguem-nas.
Os judeus se admiraram:
— Para que o cossaco quer nossas armas? Êle tem armas em quantidade e sabe muito bem que não o perseguiremos quando saírem daqui. E pegamos em armas apenas para nos defender e não, Deus nos livre, para atacá-lo. E, já que vai retirar-se e não pretende mais nos guerrear, para que precisa de nossas armas?
— Êle quer assim e fizemos um acôrdo, eu e êle — retorquiu o Barão.
Perceberam então os judeus que os poloneses haviam feito um pacto com os cossacos a fim de destruí-los.
Mêndel, o *parnas* de Zlotschev, observou:
— Trouxemos nossas riquezas, mas as armas não entregaremos. Se êle as exige, isto só pode significar que vocês entraram em acôrdo com os cossacos para nos trair e nos entregar às suas mãos. Pois que outra razão pode haver para esta exigência de que entreguemos as armas com que protegemos e salvamos a cidade?
Outros judeus se juntaram ao provedor:
— Entregamos as riquezas, mas não largaremos as armas.
Outros ainda gritavam, respondendo ao Barão:
— Se temos de morrer, vamos morrer todos juntos, os poloneses e os judeus.
Estava ali um rapaz de Karsum; era magro e alto e seus olhos brilhavam do desejo de vingança por Deus. Seus cachos laterais tremiam e os dentes e queixo batiam de raiva, pois ardia dentro dêle a cólera divina.
Agarrou um facão e gritou para os judeus:
— Os gentios nos traíram tanto em Nemirov como aqui!... Vamos vingar-nos nêles, com a vingança do Senhor... Por Deus e pela Torá!
As palavras do rapaz caíram entre a multidão excitada como tocha acesa. Não tinham nada mais a perder. Há muito tempo haviam feito as pazes com a morte, mas queriam vender suas vidas por um alto preço. De súbito acendeu-se nêles a antiga cólera judaica. Os olhos ardiam, dentes e *peies* tremiam. As armas surgiram-lhe nas mãos e um murmúrio semelhante a um trovão distante perpassou pela massa do povo:
— Os gentios nos venderam!...
— Avante por Nemirov!...

— Pelo sangue judeu inocente!
— Pela Fé e pela Torá!...
E a multidão de homens, velhos e moços, em número de dois mil, de facão nas mãos, começaram a rodear os poloneses. Em pouco tempo, o Barão com seus soldados e os outros poloneses com mulheres e filhos, todos os que se abrigavam na fortaleza, se viram envolvidos pela multidão judia enraivecida. A massa humana se aproximava cada vez mais, rodeando os poloneses por todos os lados. Alguns dos judeus já corriam para junto dos gentios, empunhando os facões ameaçadoramente e pouco faltou para que se iniciasse uma terrível matança, porque os judeus estavam sumamente exasperados.

De repente, alguém do meio da multidão bradou:
— Judeus! Filhos de Israel, filhos da misericórdia, o que ides fazer?

A massa humana estacou por um instante e, de seu meio, surgiu um velho de suave barbicha branca. Vestia longa bata branca e com seus braços nus e ossudos que escapavam da sua roupa de oração procurava deter a multidão enfurecida.

— Ai dos olhos que vêem essas coisas!... — gritou. — São êsses os compassivos filhos de compassivos? Como podeis esquecer um minuto antes da morte, antes da chegada da grande provação?...

O povo se deteve ante a velha barba branca e as mãos nuas que saíam da comprida bata branca. Abaixaram suas facas e um silêncio desceu sôbre a multidão como se estivessem na sinagoga antes do toque do *schofar*. E quando Mêndel lhe olhou o rosto, sentiu-se tomado de terror: era o santo alfaiatezinho!

— Os judeus são responsáveis um pelo outro! — continuou a bradar o velho. — Se matardes os gentios, aqui, êles se vingarão nos judeus de outras cidades. Aos judeus não é permitido encolerizar-se, a vingança lhes é probida! Só o Senhor do Universo é que nos vingará! Guardai vossa fôrça para o momento oportuno, quando vier a grande provação, para a hora do martírio pelo Seu Nome, pela Fé e pela Torá!...

— Êles nos venderam aos cossacos! Êles nos assassinarão como em Nemirov! — alguém gritou na multidão.

— E por que sois melhores do que os judeus de Nemirov? Êles não morreram pela santificação de Seu Nome? O Senhor do Universo quer nossas almas, e dá-las-emos a Êle com alegria e satisfação. E de mãos puras. Não seremos como os gentios. Êles nos traíram. Que a cólera de Deus pelo sangue judeu derramado como água caia sôbre suas cabeças. Nós não iremos profanar com vinganças o *kidusch ha-schem* que Deus requer de nós. Precisamos olhar e calar, tal é o desejo do Senhor. Judeus, entregai vossas armas. Se o Senhor do Universo quiser nos ajudar, precisaremos de armas, dêsses pedaços de ferro e de madeira? Será que o Onipotente, Êle que tem em suas mãos o céu e a terra, será que Êle precisa de armas humanas para nos ajudar? Essa é a salvação dos gentios. Essa é a sua fôrça. Nossa fôrça é Deus e para Êle guardai vossas próprias fôrças, pela Fé e pela Torá, quando chegar o momento da grande provação!...

Não tardou que alguém se destacasse da multidão, se aproximasse do Barão que, com os outros poloneses, tremia de susto diante da incompreensível tempestade que rugia a seus olhos, e lhe atirasse a arma aos pés.

Um após outro, os judeus se acercaram do polonês e lhe atiraram as armas humanas aos pés. Seus rostos irradiavam um sorriso de beatitude e os olhos tinham o brilho sagrado. Com profunda felicidade íntima, que lhes transfigurava as faces, lançaram as armas ao nobre sem erguer a cabeça ou dispensar-lhe um olhar sequer, ignorando-o completamente, imbuídos como estavam da íntima beatitude.

O Barão deu uma ordem e os poloneses abriram os portões. Os judeus não disseram uma palavra. Os mercenários poloneses os rodearam e ordenaram que se retirassem. Os judeus começaram a retirada, com os rabinos à frente em seus xales de oração. Logo tôda a multidão, homens, mulheres e crianças entoaram, jubilantes, o hino que os chantres haviam encetado:

> O Senhor é minha luz e minha salvação,
> De quem terei mêdo?
> O Senhor é a fortaleza de minha vida,
> A quem temerei?

E com a melodia em seus lábios, encaminharam-se ao encontro da morte.

14. KIDUSCH HA-SCHEM

"Pois por tua causa somos entregues à morte todos os dias..."

Salmos.

Os cossacos esperavam fora da fortaleza. Rodearam os judeus e começaram a reuni-los, impelindo-os para um grande pomar fechado por uma cêrca. Cêrca de dois mil se achavam ali, homens, mulheres e crianças. Entre êles contavam-se vários rabinos: o velho rabino, Reb Aaron, reitor da *ieschiva* de Tultschin, e outros rabinos, grandes cabalistas. Juntos com o santo alfaiatezinho, já revestidos com suas mortalhas e xales de oração na cabeça, dirigiam os judeus. Os chantres continuaram a cantar a fim de evitar que os judeus caíssem em melancolia e fraquejassem, Deus os livre. E a multidão cantava com êles:

> Ainda que um exército se acampe contra mim
> Não se atemorizará meu coração;
> E se estourar contra mim uma guerra
> Mesmo assim terei confiança.

Os judeus ignoravam o que os cossacos pretendiam fazer com êles: deixá-los vivos ou massacrá-los. Para êles seria o mesmo. Uma coragem incompreensível os animava e entusiasmava para a morte. Viam diante de si abrirem-se as portas do Paraíso. E não era a morte que temiam, mas receavam ser separados, que lhes fôssem tirados suas mulheres e filhos. Estavam decididos a matá-los com suas próprias mãos, se os vissem fraquejar. As mulheres fitavam os maridos e, no olhar, tinham a compreensão da morte. Não choravam, nem mesmo as crianças choravam. Os cânticos dos precentores transportavam todos a tal exaltação, a tal alegria espiritual, que destruíam tôda sensação terrena, e alguns já viviam a vida infinita e serena do Além.

O pomar estava referto de frutos maduros. Era o mês de Elul e o sol brilhava. O mundo apresentava um aspecto festivo e todos se achavam reunidos, e os chantres cantavam. Alguns viam uma luz azul, como que o céu se abrindo para recebê-los, e já flutuavam pelo espaço infinito. E alguns ouviam a canção que fluía do mundo do além, onde Deus, sentado entre os Justos, lhes expõe a Torá.

As crianças julgavam que chegara um grande Iom Kipur, que o grande Mestre Moisés ia chegar logo, que o Rei Davi tocaria em sua harpa e, de um momento para o outro, iria surgir o Rei-Messias, galopando em seu branco corcel. Lá vem êle cavalgando para fora das nuvens, todos estão à sua espera e logo êle estará aqui, descendo das nuvens.

Temor transformara-se em alegria. Uma profunda e infinita alegria unia a todos. Pais, mães e filhos se juntaram, e a multidão inteira tornou-se como que uma só família. Os homens se seguravam uns aos outros pelos cintos, as crianças agarravam-se às mães, e a comunidade inteira agrupou-se em tôrno de seus rabinos e precentores. O espírito de festa cresceu enormemente e não se soube quem entre a multidão entoou de súbito a Aleluia:

> Aleluia
> Louvai o nome do Senhor
> Louvai-o, servos do Senhor...

Os chantres empolgaram a melodia da Aleluia e cantaram os versículos dos salmos com a entoação dos dias festivos. As preces de louvor conduziram os judeus a tal entusiasmo que pegaram o tom, e a comunidade inteira, homens, mulheres, e crianças fizeram o pomar ressoar com o cântico festivo:

> Desde o nascer ao pôr do sol
> Seja louvado o Nome do Senhor.
> O Senhor é excelso sôbre todos os povos,
> Sua glória ultrapassa a altura dos céus.
> Quem se compara ao Senhor, nosso Deus,
> Que tem seu trono nas alturas?

Os judeus não perceberam que o pomar fôra-se enchendo de cossacos e tártaros. Alguns estavam seminus, os corpos aparecendo e com cacêtes marchetados de pregos nas mãos. Outros empunhavam sabres encurvados. E os tártaros, com seus olhos miúdos e quase fechados, espreitavam as mulheres, as môças e as crianças. Os judeus não viam ninguém. Estavam todos grudados uns aos outros, como um rebanho de ovelhas numa tempestade, as mulheres e as crianças no centro e em volta os homens segurando-se uns aos outros pelos cintos.

> Na tribulação invoquei o Senhor,
> Ouviu-me o Senhor e me livrou.
> Comigo está o Senhor, nada temo,
> Que mal me poderia fazer o homem?
> Comigo está o Senhor, meu amparo,
> Logo verei abatidos meus inimigos.

Ouviram-se sons de trombetas no pomar. Os cossacos gritaram: Hurrah!, abrindo passagem a um cossaco baixo e franzino. Naquele dia quente de Elul, êle usava longo capote de pele e, na cabeça, um grande gorro de pele com penacho de longas plumas.

O sol abrasava e o cossaco arrastava seu casacão de pele. Atrás vinha um pope envergando sua saia de sêda e empunhando uma grande cruz. Seguia o pope um côro de cantores da igreja ortodoxa, carregando à sua frente um estandarte que ostentava uma figura sagrada. Os judeus não viam Krive-Nos, o comandante cossaco, nem a procissão da igreja. Fecharam os olhos para não ver a cruz com a imagem de Cristo, e erguiam mais alto as vozes que entoavam os Salmos:

> Cercaram-me tôdas as nações,
> Esmaguei-as com o Nome do Senhor.
> Assediaram-me de todos os lados,
> Esmaguei-as com o Nome do Senhor;
> Cercaram-me como um enxame de abelhas,
> Chamejavam como um braseiro de espinho,
> Esmaguei-as com o Nome do Senhor.

As vozes judias misturaram-se ao côro da igreja e foi como se o assassino e a vítima cantassem juntos um hino de louvor a Deus, nesse maravilhoso e ensolarado dia. O côro da igreja logo emudeceu. O pope agarrou o estandarte com a imagem sagrada e espetou o cabo no chão. Sôbre uma pequena e verde elevação, junto do estandarte, postou-se o doentio e franzino cossaco, que suava sob seu longo capote de pele.

O rosto de Krive-Nos estava triste e frio como o rosto de um doente. Por um instante fitou os judeus comprimidos uns contra os outros, segurando-se uns aos outros pelas mãos, com seu cântico cada vez mais alto, alegre e entusiástico, e que não reparavam em sua presença, nem na do estandarte com a imagem e nem na dos cossacos em volta, com seus sabres, suas lanças e suas clavas, como se estivessem em outro lugar, vendo outras coisas, ouvindo outras vozes e nada sabendo do que se passava ali em tôrno dêles.

Krive-Nos espantava-se ante o cântico tempestuoso dos judeus. Espantava-se com o êxtase que brilhava em seus rostos e estacou, surprêso, sem saber como agir. Seu rosto doentio agitou-se e seus olhos miúdos abriram-se largamente, numa expressão de mêdo. O pope entregou-lhe a cruz.

Krive-Nos não sabia o que fazer com a cruz. Olhava com mêdo, ora para os cossacos, ora para os judeus. Finalmente, ergueu a cruz bem alto, acima de sua cabeça, e, com êste gesto, recuperou a segurança.

— Judeus — bradou — aquêle que se aproximar da bandeira e se inclinar diante da cruz, viverá!

Os judeus não ouviam suas palavras. Nem mesmo viam quem estava ali e lhes falava. Nenhum dêles concedeu sequer um olhar a Krive-Nos ou aos cossacos. Suas vozes continuavam a soar alegres por entre as árvores, erguendo-se para o céu luminoso:

> Brados de alegria e de vitória
> Ressoam nas tendas dos Justos,
> Fêz prodígios a destra do Senhor...

— Judeus, exorto-os mais uma vez! Estão ouvindo? Aquêle que quiser viver venha até o estandarte e incline-se ante a cruz!

> Levantou-me a mão direita do Senhor,
> Fêz prodígios a destra do Senhor.

O hino dos judeus ecoou muito mais alto e mais ressonante no pomar.

Krive-Nos, confuso, sem saber o que fazer, voltou-se espantado para o pope.

— É o diabo que estão enviando contra você. Expulse-os e execute a obra de Deus — disse o pope ao trêmulo Krive-Nos, abençoando-o por três vêzes com o sinal-da-cruz.

— Pela última vez, eu os convoco: aquêle que aceitar a fé cristã viverá. Aproximem-se da cruz!

Êste é o dia que o Senhor fêz,
Alegres, exultemo-nos por êle.

Foi a resposta dos judeus em alegre canção. Novamente Krive-Nos olhou confuso para o pope sem saber o que fazer.

— Execute a obra de Deus — disse o Pope, continuando a fazer o sinal-da-cruz.

— Cossacos! Os judeus. A êles! Hurra!...

E o grito de "hurra" repercutiu pelo pomar. De todos os lados surgiram cossacos, correndo para os grupos de judeus. Alguns empunhavam sabres curvos, outros carregavam longas lanças e outros ainda, maças cravejadas de pregos. E desceram todos sôbre os judeus.

Êstes se abraçaram mais estreitamente, homens, mulheres e crianças se apertaram uns aos outros, gritando em uníssono:

— Ouve, ó Israel, o Senhor nosso Deus, o Senhor é Único!

Por um momento o clamor a Deus pareceu sobrepujar a gritaria dos cossacos. Mas, um a um, foram silenciados, extintos qual velas acesas. E entre as ervas pisadas e ramos quebrados estendiam-se famílias inteiras: pais, mães e filhos. Seu sangue misturou-se e suas almas expiraram juntas. Seguravam-se uns aos outros pelos braços, entoando o *Schmá Isroel!*...

Quatorze centenas de homens, mulheres e crianças foram trucidados, nesse dia, no pomar de Tultschin. Os restantes foram levados pelos tártaros para os mercados de escravos. Mas nenhum dêles comprou a vida com sua fé.

Sob uma das árvores, entre a erva pisada e os ramos partidos, jazia o corpo do provedor de Zlotschev. Seus olhos bem abertos fitavam o céu. Mesmo agora, com todo o palor de seus lábios, seu rosto, que envelhecera consideràvelmente nos últimos meses, revelava fôrça e vitalidade e mal se podia acreditar que aquela face queimada, com a pele áspera e descascada, estivesse morta, pois nela se estampava o mais calmo e saudável sorriso.

E talvez a razão fôsse que a seu lado jazia Ioheved. Contudo, não se pode saber o aspecto do rosto dela, pois o tinha enterrado no peito do marido...

O pomar estava tão silencioso quanto a estepe. Entre as ervas e os galhos partidos, as frutas amassadas e as fôlhas sêcas jaziam corpos atirados, pisados e destroçados como os frutos das árvores. Parecia tratar-se apenas de montões de roupas enlameadas e sangrentas. Sòmente onde aparecia um rosto, de homem com *peies* endurecidos pelo sangue, ou de mulher com os olhos de pomba cerrados, ou de criança adormecida, ali brilhava o calmo e puro sorriso de profunda alegria íntima. Era como se essas criaturas continuassem vivas e na vida nova vissem algo, e ouvissem algo, não dêste mundo, não desta terra...

Na verde elevação flutua ainda a bandeira cristã, como que envergonhada. Krive-Nos esquecera-a ao dirigir-se à cidade para exterminar a população cristã polonesa.

15. NO POMAR

O pomar da mãe de Ierem recendia a mel o dia inteiro. As abelhas entravam e saíam das colmeias, que eram construídas nas árvores ôcas, e esvoaçavam em tôrno das margaridas banhadas de sol, que cobriam tôda a alamêda do pomar. Os ramos das árvores inclinavam-se sob o pêso das ameixas maduras que caíam ao chão. Ninguém as apanhava e elas apodreciam na relva, espalhando o cheiro de frutos apodrecidos. Pelo pomar vagueavam dois ou três carneiros de longa lã preta e expressões estupidificadas, que pareciam entendiar-se com roer a erva, e, aborrecidos, lambiam-se uns aos outros. Um grupo de patinhos aproximou-se em fila, como uma delegação de dignas donas de casa em importante missão, balançando os corpos gordos em suas pernas curtas. Sùbitamente, não se sabe de onde, surgiu um ganso, num repentino esvoaçar de asas, e pôs-se à frente dos patinhos com grande alarido; mas, inesperadamente, encontrou-se diante do cão Bugo, que seus gritos despertaram; o ganso sacudiu-se assustado e, querendo evitar complicações, afastou-se em outra direção, abaixou as asas e finalmente se acalmou.

No pomar, entre os carneiros, patos, gansos e outros animais domésticos, passeava Dvoire. Nos pés usava guizos que Ierem amarrara a fim de que ela não pudesse fugir e êle ouvisse todos os seus passos. Na cabeça, em vez de sua touca, já usava o véu cossaco que lhe cobria o rosto. Vagueava triste pelo pomar e os guizos soavam pesarosamente após seus passos tardos. Chegou, assim, ao regato que corria nos fundos do pomar. Sentou-se à sua margem e ficou olhando suas águas.

Mas Ierem vinha atrás dela. Seguia seus passos e aproximou-se lentamente do regato e sentou-se a seu lado.

— Por que você continua triste assim, linda judia? Ainda não conseguiu esquecer os seus... Pôs um feitiço em mim e envenenou meu coração... Ai de mim, o que farei?... O que farei?...

— Cale-se, Ierem. Você me prometeu não me atormentar até o casamento... e permitir que eu chorasse os meus...

— Sim, é verdade, prometi. Mas meu coração endurece como fonte ressecada quando a olho. E você recusa comer nosso pão. Envergonha-se de nossa comida, só aceita o que a ama lhe traz, frutas e verduras. No entanto, você já é minha noiva, ou não?

— Prometi aos meus mortos, Ierem, cumprir seus mandamentos enquanto não me afastasse dêles. Oh! deixe-me, Ierem, deixe que eu cumpra minha Lei. Pois você é bom, e me ama...

— Sim, amo-te, Dvoire. Por sua causa morrerei jovem. Cometeria um crime por sua causa... Mataria meu próprio irmão por você. Fale e irei com você até o fim do mundo... Nos instalaremos em uma ilha deserta, um regato correrá diante de nossa cabana, papoulas rubras vicejarão diante de nossa janela... Eu serei o seu camponês e você será a minha rainha, oh! rainha... minha rainha, meu anjo, pomba pura, que poder é êsse que você tem? Seus olhos de pomba me partem o coração e eu morreria neste lugar — e o rapaz se inclinou diante dela enterrando o rosto nas mãos, chorando como uma criança.

— Acalme-se, Ierem. Você é bom e eu gosto de você. Seu coração é bom. Acalme-se — e passando-lhe a mão pelos cabelos, acariciou-o como uma senhora acaricia seu cão.

— Oh! meu cordeirinho, minha pombinha, bezerrinha nova e inocente, por que você me tortura tanto, querida? Por que atormenta assim meu coração? Oh! termine logo de uma vez com minha vida...

— Você viverá, Ierem, é jovem e forte. E é bom...

— De que me serve a vida se não sei quando você será minha? Você está sempre adiando... E o amor rói meu coração como o verme rói a árvore... E eu vou ressecando. Diga, meu anjo, onde poderei construir o meu lar? Junto a que regato e em que país?

— Oh! Ierem, você não vai precisar esperar muito... não muito mais — respondeu ela, tristemente.

— Diga... quando?

— Você prometeu que não me atormentaria, já que me ama.

— Pronto, ficarei calado. Se você quiser, diga e se não quiser, não diga. Torture minha alma... torture meu coração... Êle que sofra e sofra até me causar a morte... — e o campônio enterrou o rosto na relva.

— O fim virá logo. Espere mais um pouco, Ierem. Logo...
logo — tentou ela acalmá-lo, pondo-lhe a fresca mão sôbre a
cabeça, enquanto seus olhos ardentes fitavam um ponto qualquer
ao longe.
Êle a vigiava como a menina dos olhos e lhe acompanhava
todos os passos como fiel servidor. Cossacos e camponeses zombavam dêle por se prender tanto a uma judia e murmurava-se
também que ela o enfeitiçara: não podia ser outra coisa.
Certa vez Ierem voltou da cidade trazendo algo para Dvoire:
— Todos os judeus e poloneses de Tultschin foram eliminados. Não sobrou um.
— Como você sabe, Ierem? — perguntou Dvoire.
— Os camponeses contaram na cidade. Trouxeram muita
coisa que tiraram dos judeus de Tultschin. Olhe, eu trouxe uma
coisa para você, minha judia linda. Comprei de um camponês
para você. Dei-lhe uma peliça por isto.
E Ierem tirou de um xale em que estavam embrulhados um
par de sapatinhos dourados.
— Dizem que os judeus compram êsses sapatinhos para suas
noivas. E as judias gostam muito de usá-los. Assim, comprei-os
para você, minha bela judia...
Dvoire recebeu os sapatos e examinou-os. Reconheceu-os.
Eram os sapatinhos que Schlomo lhe trouxera de Lublin, ao
regressar da *ieschiva*.
— Onde os encontrou? — perguntou Dvoire.
— Comprei de um camponês. Êle os encontrou com um judeu
morto, dos que mataram em Tutschin. Segurava-os apertados
contra o peito...
— Era jovem o judeu, ou velho? — indagou ela.
— Não sei, minha linda judia. Isso êle não me disse. Mas
por que está tão pálida, minha pombinha?
— Depois... depois te direi. A ama... quero a ama...
— O que é que tem você? Por que está tão pálida, meu anjo,
minha pombinha, o que foi?... — e o rapaz estacou assombrado.
— Depois, lhe direi tudo, depois. Oh! Ierem, logo... logo
será meu casamento... Só estava à espera dêsses sapatinhos.
Agora tudo vai terminar logo. Ama!
— Ama!... — começou Ierem a chamar.
E a ama mal teve tempo de acorrer, vindo do pomar onde
estivera dando de comer às galinhas, quando Dvoire caiu na
alamêda.
— Que tem ela? — perguntou o rapaz à ama.
Ela viu os sapatinhos nas mãos de Dvoire e bradou:
— Meu Deus, tenha piedade!... — e tomou a jovem nos
braços.
Ierem parou assombrado.

16. OS SAPATINHOS DOURADOS

Nessa mesma noite as brancas flôres abriam suas pétalas e a fragrância de mel invadia todo o pomar. No ar acendiam-se e apagavam-se os vagalumes como almas perdidas. Ao longe, na estepe, pequenos fogos dardejavam e se extinguiam. Cada papoula rubra flamejava. As estrêlas esfregavam-se umas nas outras e o ambiente brilhava com uma luz sobrenatural, como se estivesse pleno de sêres invisíveis que viessem flutuando de um mundo desconhecido para a nossa atmosfera.

Dvoire se achava no pomar, junto à fogueira acesa por Ierem. Da cabana ouviam-se os sons de uma lira tangida por um velho que por ali se perdera, acompanhando uma balada que êle cantava para os camponeses reunidos. Da choça vinham também gritos de bêbados, choros e risos. Lá dentro amontoavam-se os bens dos judeus que os campônios haviam trazido de Tultschim. Enquanto dividiam o butim, bebiam o vinho judeu. E o velho tangia sua lira para êles.

Dvoire estava parada junto à fogueira, os guizos presos a seus pés soando a cada movimento. Com os olhos voltados para o firmamento, para as estrêlas, seu talhe parecia o de uma árvore nova. E falava como se estivesse vendo alguém:

— Logo estarei com você, meu espôso, meu eleito. Vejo-o na luz. Seus braços estão estendidos para mim... Leve-me com você, meu espôso, meu eleito... Anseio por você...

Via um mar azul inundado de luz, onde vogavam barquinhos estrelados. Todos navegavam em direção de uma praia. Tanta claridade havia ali... Nem se conseguia olhar dentro da luz. Que grande claridade! Ali era o infinito, o eterno... Deus está ali... E todos estão vogando diretamente para a grande luz. Em cada barco há uma família judia. Ela conhece a tôdas, tôdas que se encontram nos barquinhos. E procura entre os barcos... Afinal ela o vê. Êle espera por ela em seu barquinho... Os outros já navegaram para longe. Sòmente êle aguarda... E ela o chama:

— Schlomo... Schlomo... espere por mim!... Já vou... já vou... já vou... — E ela estende os braços para o barquinho no céu.

— A quem você vê? Com quem está falando? Que se passa com você, linda judia?

— Não me toque... Sou fogo... você vai queimar-se. Veja, estou ardendo. Sou um círio, você vai queimar-se...

Seus olhos brilhavam e o rosto estava iluminado pela luz cintilante das estrêlas. Seu corpo jovem e esguio, envolto nos tênues e coloridos xales, como que se inflamava nas chamas da fogueira. Parecia arder.

Ierem olhava Dvoire e não a reconhecia. Parecia-lhe tê-la visto em algum lugar, quando ainda era menino, mas não podia lembrar-se onde. Sùbitamente se fêz a luz em seu espírito:

— Conheço-a!... Sei quem é você! Oh! sei... sei... sou uma alma pecadora... — Caiu de joelhos diante de Dvoire e começou a rezar como se reza diante de um ícone santo.

— Oh! Deus, tenha piedade de mim! — e, enterrando a cabeça nas mãos, se pôs a chorar.

— Sei... Agora, sei... Eu a reconheci. Você é uma santa... É divina. Vi-a na igreja... No ícone sagrado. Sei agora, pecador que sou. Tenha piedade de mim... — balbuciou o campônio.

— Não tenha mêdo, Ierem, você é bom. Seu coração é bondoso, não tenha mêdo.

— Oh! pecador que sou... Tenha piedade de mim... — e o rapaz ergueu-se correndo para fugir dela. Penetrou na choça onde se achavam os camponeses, com grande alarido:

— Amigos, Deus está no pomar... ai de nós...

Os camponeses afastaram as bebidas. A lira emudeceu. Todos empalideceram e indagavam uns aos outros:

— O que êle está dizendo?

Ierem, assustado, chorava como uma criança e apontava o pomar com o dedo:

— Lá... lá fora...

Seu pavor contagiou os camponeses. Amedrontados, foram aproximando-se dissimuladamente da porta para espreitar.

— Onde?

— Lá, perto da fogueira. Não estão vendo? Olhem! Olhem!...
— Ali está a tua judia de pé, não Deus.
— Eu a reconheci. Desceu do ícone sagrado. É Deus!...
— Ela te enfeitiçou, te encantou. Não vê que é a tua judia e não Deus? Não peque!
— Camponeses, eu a reconheci! Olhei assim para seu rosto e a reconheci. Ela é uma santa. Desceu do ícone sagrado.
— Ela que prove ser Deus.
— Um milagre!
— Que faça um milagre e acreditaremos que é Deus. Senão, tua maldita judia não passa de uma bruxa. E precisa ser queimada.
— Enfeitiçou o camponês. Ao fogo com ela!
— Camponeses, calem-se, não pequem! — bradou Ierem. E dirigindo-se para Dvoire, ajoelhou-se de longe e curvou-se como diante de um ícone sagrado.
— Diga-lhes... mostre-lhes que não estou enganado... Faça-os acreditar em Deus. Oh! prove a êles, minha santa, prove a êles, minha santa, prove a êles que você é Deus...

Dvoire permaneceu calada por longo tempo. Depois voltou o semblante luminoso para Ierem e disse:
— Chame a ama, Ierem.

Mas a ama achava-se há muito perto dela. Prostrada a seus pés, enrolara o rosto no vestido de Dvoire e chorava.
— Vá, ama, traga-me os sapatinhos dourados — pediu Dvoire em ídiche.
— Oh, filha... minha pombinha, não posso... O que você vai fazer?
— Ordeno, ama. Traga-me os sapatinhos dourados.

A ama obedeceu e trouxe do quarto os sapatinhos dourados.
— Não chore. Alegre-se. Calce-me os sapatinhos como fazia quando eu era criança, lembra? Enviou-me a êle quando era menino com uma pêra e uma maçã... — sussurrou ela à ama.
— Oh... compreendo... compreendo... Mas o que você vai fazer?
— Pois vou para êle... Êle espera por mim no seu barquinho para vogar comigo ao céu — e Dvoire abraçou e beijou a ama.

A ama afastou-se dela. E Dvoire, calçando os sapatinhos dourados, gritou para Ierem:
— Ierem, pegue em sua espingarda e atire em mim.

Os camponeses ao redor foram tomados de pavor. Contagiaram-se com o pânico que invadira Ierem. E as palavras de Dvoire os fêz estremecer. Alguns já começavam a crer que viam algo de sobrenatural. E um dêles punha-se de joelhos, balbuciando:
— Senhor, tenha piedade de mim!

Ierem tremia, aterrorizado. Mãos e pés começaram a sacudir-se.

— Não, não o farei. Tenho mêdo.

— Não tenha mêdo, Ierem. Nada me acontecerá. Nada pode me acontecer. Não estou mais aqui. Já estou lá em cima, no céu. Calcei os sapatinhos dourados que êle me enviou para que eu fôsse ter com êle. Vá, Ierem, pegue a espingarda e aponte para meu coração.

Mas o campônio continuava a soluçar, balbuciando amedrontado:

— Não... não... Tenho mêdo... Tenha piedade de mim...

— Ordeno-lhe, Ierem. Vá e traga a espingarda, Ierem. Ficarei aqui junto ao fogo para que possa ver aonde apontar. Já lhe disse que nada me pode acontecer. Ordeno-lhe, faça o que mandei.

Iluminada pelo clarão da fogueira, ela parecia uma jovem deusa a dar ordens. E o temor a Deus invadiu os camponeses, que caíram de joelhos. Um dêles começou a cantar e todos o acompanharam:

— Senhor, tende piedade de nós. Senhor, tende piedade de nós!

Um dos camponeses estendeu a arma a Ierem, ajoelhado. Dvoire, com os sapatinhos dourados nos pés, permanecia ereta, iluminada pelo fogo.

— Aponte, Ierem!

Os campônios silenciaram. Permaneciam de joelhos no chão. Houve um estampido. Um rôlo de fumaça subiu ao ar, iluminado pelo clarão da fogueira.

— Aponte bem, Ierem. Bem vê, nada pode me acontecer.

Ierem atirou novamente. E nôvo rôlo de fumaça subiu ao ar. Dvoire começou a cambalear. Seus joelhos dobravam-se.

— Ela cai!

— Sangue!

— Maldita judia!... Ela nos enganou! — gritaram os campônios, erguendo-se e correndo com punhos ameaçadores para Dvoire.

— Maldita judia!... Nos enganou!...

Mas Ierem já a protegia. Segurava nos braços seu corpo cambaleante do qual o sangue jorrava dentro da fogueira.

— Por que você fêz isso, bela judia?... E eu que tanto a amei... — balbuciava êle.

— Perdoe-me, Ierem, perdoe-me... Agradeço-lhe por me enviar para êle. Eu sabia que você me enviaria a êle. Você é bom, Ierem.

— Aqui, em meus braços... É minha filha!... — gritou a ama acorrendo e tomando Dvoire em seus braços.

Dvoire via agora o barquinho estrelado. Schlomo estendia-lhe a mão, ajudando-a a embarcar.

— Adeus, ama... — murmurou Dvoire.

— Vá com Deus, minha filha — respondeu a ama em ídiche.

E como que desejando ficar só, Dvoire afastou-se de Ierem e voltou o rosto para longe da ama. Deitou a cabeça na relva, e os campônios em volta ouviram de seus lábios a frase que naqueles dias escutaram tantas vêzes dos judeus:

— Ouve, ó Israel, o Senhor nosso Deus, nosso Deus é Único...

E os lábios de Dvoire se calaram.

17. FÉ

Na cidade de Lublin, por ocasião da feira anual, reuniu-se naquele ano o Conselho dos Quatro Países. Tinha diante de si imensa tarefa. A Lublin havia acorrido grande massa de judeus de tôda a Ucraína. Pais vinham procurar seus filhos que tinham sido raptados pelos cossacos, e havia muitas mulheres que não sabiam se eram abandonadas ou viúvas. Homens cujas espôsas haviam sido levadas pelos tártaros, órfãos sem pais, e simplesmente, judeus cujas comunidades tinham sido destruídas e que perambulavam pelo país sem saber onde descansar.

A cidade estava repleta de refugiados. Muitos encontraram ali familiares que há muito julgavam mortos. Pais e filhos se reconheciam, maridos e mulheres, irmãos e irmãs. O Conselho tentava restabelecer a vida judaica, reunir de nôvo as famílias que cossacos e tártaros haviam separado. Decretou que todos os judeus das cidades destruídas deviam regressar para elas e ali reconstruir suas comunidades, já que o rei polonês com seus exércitos havia expulso os cossacos para o território russo, e Khmelnitski fôra prêso pelos tártaros. O Conselho procedeu também entre os ricos a uma grande coleta que enviou à Turquia a fim de resgatar os prisioneiros. Para proteger os filhos, deu ordem aos maridos que recebessem as espôsas que haviam sido aprisionadas pelos cossacos. Também foram recebidos novamente no judaísmo aquêles a quem os cossacos haviam obrigado, pela fôrça, a aceitar a religião estranha.

Schlomele também se encontrava entre os refugiados. Fôra resgatado pelos judeus turcos, juntamente com outros cativos dos tártaros, comprados no mercado de escravos de Constantinopla. Os judeus da Turquia souberam que Schlomo era discípulo da afamada *ieschiva* de Lublin e quiseram retê-lo na Turquia, onde pensavam fundar uma *ieschiva* para o estudo do Talmud à maneira polonesa, pelo método de *pilpul*. Mas Schlomo ansiava pelos seus na Polônia. Assim, um negociante judeu de Salonica levou-o em seu barco que se dirigia com mercadorias para Nápoles. Na Itália também pensaram reter Schlomo para que êle ensinasse aos jovens o Talmud à maneira polonesa. Mas Schlomo insistia em voltar à sua Polônia. Então, os rabinos italianos, alguns dos quais seus antigos colegas na *ieschiva* de Lublin, deram-lhe roupas e dinheiro e o enviaram à Alemanha.

Rodou pela Alemanha por longo tempo. Ali chegou-lhe aos ouvidos a triste nova do que os cossacos haviam perpetrado contra os judeus de Tultschin, de Bar e de tôdas as outras pequenas cidades. Penetrou afinal na Polônia e apressou-se em chegar à feira anual de Lublin, na esperança de saber notícias dos seus.

Em Lublin, encontrou refugiados de Tultschin, de Bar e de outras cidadezinhas. Ali soube, pelos pseudoconvertidos, da sorte de seus pais mortos, com outros judeus de Tultschin, pela santificação do Nome. Mas ninguém soube informar-lhe o que acontecera a Dvoire nem à criada cristã.

Schlomo, porém, sabia. Sabia que ela subira aos céus em estado de pureza e santidade. Estava no céu, à espera dêle.

Não se afligia por ela. Apenas sentia uma imensa nostalgia dela, e grande anseio pelo dia em que estaria dc nôvo com ela.

E perambulava pela feira de Lublin entre os refugiados, entre os maridos separados de suas espôsas e as espôsas separadas de seus maridos, entre as viúvas e os órfãos. Ouviu os suspiros e gemidos dêsse povo que se erguiam sôbre a feira. E pensou longamente no caso. Queria compreender o significado de tudo o que ocorrera. Por um momento o sentido de tudo lhe escapara, e êle não podia entender e caiu em profunda melancolia. E isso causou-lhe grande mágoa, pois, todo mundo sabe, da dúvida à melancolia há sòmente um passo.

E um dia andava por uma ruela de Lublin onde se localizavam as tendas dos mercadores. E viu diante duma loja vazia um ancião parado que chamava fregueses. Surpreendeu-se muito com o fato, pois na loja vazia nada havia para vender. Entrou e perguntou ao ancião:

— O que é que o senhor vende aqui? Sua loja está vazia e não tem nenhuma mercadoria?

— Vendo Fé.

Schlomo fitou o velho, e o ancião lhe pareceu familiar, como se já o tivesse visto antes...

A FEITICEIRA DE CASTELA

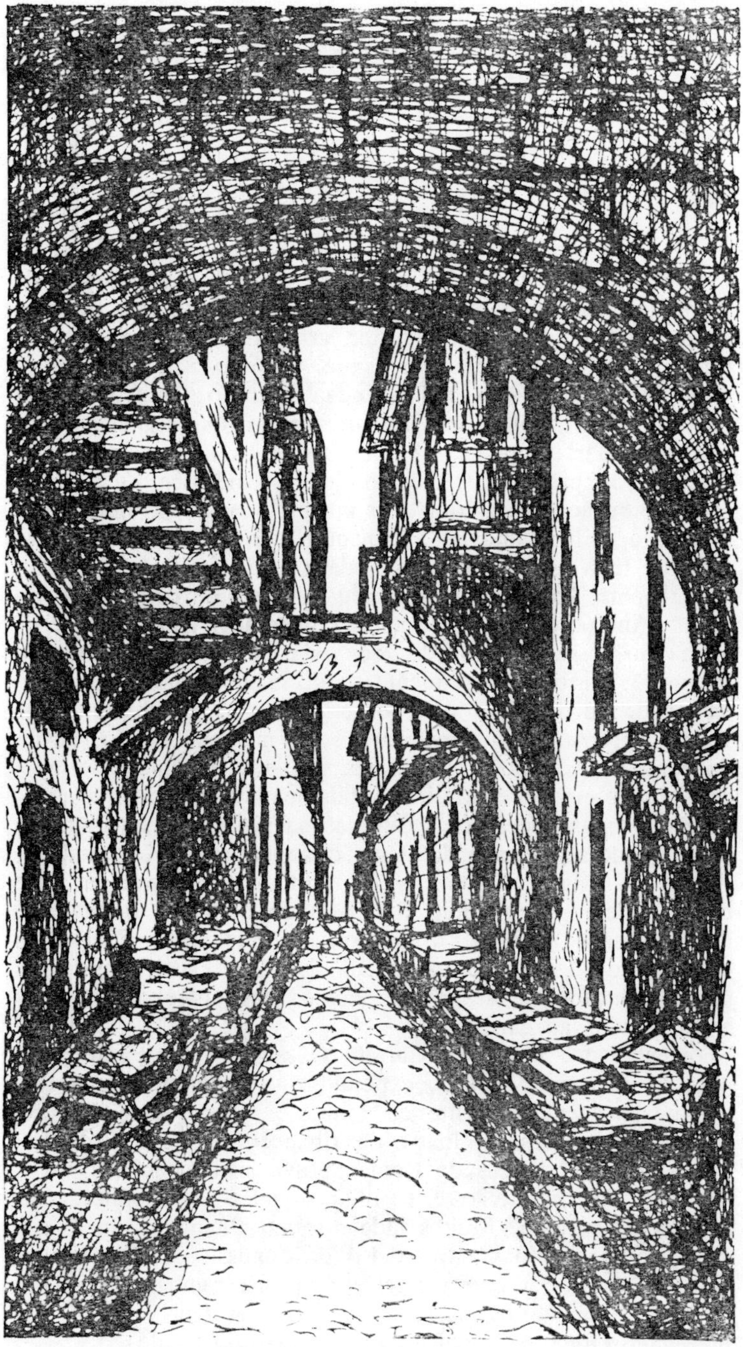

O destino (dos judeus)... fixou-se finalmente no papado de Paulo IV. Êsse napolitano da fanática e violenta casa dos Caraffa, um teatino e um inquisidor, criador das câmaras de tortura e do ofício censorial em Roma, um reformador impiedoso de férrea determinação, mal ascendeu ao trono pontifício, publicou em 1555 a bula *Cum nimis absurdum,* que regula a situação da judiaria romana. Anulou todos os antigos privilégios dos hebreus; proibiu que médicos judeus cuidassem de cristãos, e interditou aos judeus qualquer comércio ou ofício manual ou a compra de bens imóveis. Aumentou seus tributos e impostos, e vedou tôda associação entre judeus e cristãos.

Finalmente, Paulo IV estabeleceu o gueto, ou cercado de judeus. Anteriormente, gozavam da liberdade, embora o privilégio não fôsse especificado, de viver em qualquer parte de Roma. É claro que raramente se decidiam a morar no meio da cidade ou dispersos entre os cristãos que os odiavam, mas viviam agrupados no Trastevere e na margem do rio, acima da Ponte de Adriano. Ora o Papa, seguindo costume veneziano, confinou-os em um quarteirão nìtidamente segregado que compreendia umas poucas ruas estreitas na vizinhança imediata do Tibre e que se estendia da Ponte dos Quattro Capi à moderna Piazza de Lágrimas. Muros ou portões enclausuravam êsse bairro judeu. A princípio foi chamado de *vicus Judaeorum;* depois passou a receber a denominação de gueto. Foi a 26 de julho de 1556 que os judeus de Roma adentraram êsse gueto, soluçando e suspirando como seus antepassados, pois eram levados ao cativeiro.

Foi então que Paulo IV Caraffa se mostrou um Faraó cruel para os judeus de Roma, expondo-os a todos os males que resultavam inevitàvelmente da falta de espaço e da péssima situação das casas ao longo da ribanceira (...) O destino que assaltou os judeus de Roma após a introdução dos novos tribunais da Inquisição é familiar àqueles que conhecem a história do período. Muitos judeus foram queimados na Piazza de Minerva ou no Campo dei Fiori, onde se realizavam os autos-de-fé. Foi a época terrível em que também Giordano Bruno foi queimado vivo. (Apud *Ghetto and Jews in Rome,* de Ferdinand Gregorovius, historiador alemão do século XIX.)

PREFÁCIO

Dois elementos na História Judaica sempre me interessaram: o martírio pela fé e o anseio messiânico que se seguia sempre a cada sacrifício pela Santificação do Nome. Ambos os elementos de há muito excitavam minha fantasia e minha vontade de escrever. Últimamente comecei a tentar realizar êsse meu sonho literário. E o presente livro é o resultado.
Kidusch ha-Schem foi escrito antes. Mas, na seqüência dos acontecimentos, localizo-o após os martírios romanos.
Os martírios durante as perseguições de 1648 são mais ou menos corretos, històricamente. Levei em conta os fatos e as datas históricas, embora tivesse de compor as personagens (nossos cronistas não se detinham em indivíduos ou pormenores, só se preocupavam com o todo e o essencial). Não posso dizer o mesmo quanto aos martírios romanos. Os principais protagonistas são, como os de *Kidusch ha-Schem*, imaginados pelo autor, assim como também o são a maioria dos acontecimentos narrados. No entanto, no ambiente em que viviam os judeus sob o reinado de Paulo IV, todos êsses acontecimentos podiam ter e tinham lugar.
O auto-da-fé de vinte e quatro marranos deu-se por ordem do Papa, em Ancona (maio de 1556), e os marranos restantes só se salvaram por intercessão da generosa Dona Gracia. A carta ameaçadora do sultão Suleimã ao Papa a respeito dos marranos que eram súditos turcos data de 9 de março de 1556, e, embora a incineração de obras judias em Roma se verificasse também

antes de Paulo IV (1553), em seu pontificado foi proibido todo e qualquer livro judeu em território papal, e foi por sua influência que nesta época, em Cremona (no único lugar onde os judeus esconderam seus livros), as obras judias foram confiscadas pelos dominicanos, sendo queimados mais de doze mil volumes (1559).

A inundação do Gueto ocorreu, como todos os anos, por ocasião do transbordamento do Tibre. Mas, sendo fato histórico que o Papa ordenou o incêndio do Gueto de Roma e que tão-sòmente graças ao Cardeal Alexandre Farnese tal ordem foi sustada, é de crer também que o mesmo Papa que encerrou os judeus no Gueto mantinha-os naquele lugar de propósito, a fim de que se afogassem durante as cheias anuais, e que Paulo é o responsável pelas vidas que se perderam no curso da referida inundação.

Contudo, a Inquisição não foi característica de Roma e do Papa. Foi justamente sob a proteção papal que os judeus, na Idade Média, conheceram maior segurança e calma que em outros países cristãos. Os judeus participavam, então, de todos os ramos da atividade mercantil, integrando a vida italiana na áurea época da Renascença. Havia afamados médicos judeus nas côrtes papais, musicistas judeus eram agraciados pelos Papas com títulos de nobreza, reinando em certas cidades (Burckhardt); os judeus eram amantes das artes que floresciam em Roma e aos sábados visitavam a igreja onde se erguia o *Moisés* de Michelangelo, com o qual se orgulhavam e que consideravam como algo seu (Klatschko). Apesar disso, foi deliberadamente que transferi as crueldades da Inquisição para Roma, pois o representante de Cristo, em cujo nome tais coisas foram praticadas, é o responsável pela cultura e moral cristãs.

SCHOLEM ASCH

Staten Island, 16 de abril de 1921

UMA INTRODUÇÃO

"Estendo minhas mãos o dia todo sôbre um povo rebelde."

Isaías.

No extremo da Via Appia, às margens do Tibre, perto da cidade velha, onde se erguiam os templos de Vênus e Apolo e os Arcos de Triunfo de César e Tito, situava-se o Gueto judeu, rodeado por grossa e alta muralha. Sôbre o portão do Gueto, construído do que restara do Arco de Augusto, o Papa mandara levantar alta e pontiaguda cruz de ferro. Ao seu pé, liam-se, em caracteres hebraicos, as palavras do profeta Isaías: "Estendo minhas mãos o dia todo sôbre um povo rebelde". Mas o povo "rebelde" pouco ligava à advertência inscrita sôbre seu portão. Tôdas as manhãs e tôdas as tardes, quando os judeus saíam e entravam, baixavam a cabeça para o chão a fim de não ver as santas palavras do profeta Isaías que desciam em flamas da cruz com a sangrenta vergonha de seu brilho dourado...

Naquelas redondezas, à margem do Tibre, no local onde ficava o Gueto, os judeus residiam desde tempos antigos. Instalaram-se ali depois da queda do Segundo Templo. E, como se não quisessem se afastar de seus velhos inimigos, os templos de Apolo e Vênus que competiam com seu próprio Deus, e dos Arcos de Triunfo de seus conquistadores, colavam-se à volta da antiga cidade, meio enterrada e esquecida, como que prostrada e humilhada ante as altas tôrres que, acima das colinas de Roma, se elevavam ao nôvo Deus: Cristo. Durante todo o tempo, no curso dos longos períodos e das muitas gerações da velha Roma clássica até a época de Renascença adentro, os judeus continuaram grudados às margens do Tibre, nesse sítio úmido e sujo. Só nos reinados dos Papas Alexandre e Júlio, Clemente e Paulo III (que eram mais apóstolos dos velhos deuses pagãos da antiga Roma do que pròpriamente do Cristo--Deus), é que judeus, em grande número, começaram a penetrar em Roma, vindos de todos os rincões da Cristandade, onde gemiam sob os açoites de fogo da Igreja e da Inquisição. Justamente em Roma, sob o papado, os judeus encontravam maior proteção que em todos os demais países cristãos. Formaram-se congregações e construíram-se sinagogas. Os judeus da Espanha instalaram-se em Roma apesar dos manejos traiçoeiros de seus irmãos que procuraram subornar o Papa para que lhes proibisse a entrada. Os judeus de Castela tinham sua congregação à parte, em Roma. Judeus da França ocupavam altas e importantes funções, como médicos ou banqueiros nas côrtes dos Papas e dos cardeais. E mesmo da Alemanha vieram judeus para Roma. Estabeleceram-se por todos os recantos da cidade e ali mantinham suas sinagogas. Mas, quando Paulo IV se tornou Papa, tocou todos os judeus para dentro dos muros do Gueto, alteando e apertando ainda mais o cinto que os cingia. Segregou para êles, para os milhares e milhares de judeus com suas mulheres e filhos, uma milha quadrada na qual eram obrigados a morar, subsistir e mover-se... e renovou todos os antigos editos papais contra êles, acrescentando outros novos.

Os judeus gemiam sob o jugo do delegado de Cristo em Roma...

Entretanto, nessa milha quadrada, no solo úmido e sujo do Gueto, os judeus se multiplicavam e aumentavam e, não podendo expandir-se na largura, atiraram-se para o alto, ergueram um andar sôbre outro, lançaram pontes por sôbre as estreitas ruelas e sôbre estas levantaram casas em cima de casas, tôrres, portais e ângulos — uma casa alteando-se sôbre outra, uma tôrre sobrepujando a outra, de modo que se divisavam os altos do Gueto acima de suas muralhas. O Papa ordenou então que se demolissem as tôrres do Gueto; aí os judeus entocaram-se no chão, edificando grutas profundas. Longos corredores levavam a vastas habitações subterrâneas onde residiam dezenas e centenas de famílias, ali festejando casamentos, realizando circuncisões, construindo sinagogas e formando congregações...

Mas era apenas para morar que os judeus se comprimiam no interior das muralhas do Gueto. Mal se ouvia o soar das trombetas sôbre a muralha e os judeus se lançavam através dos portões, para as ruínas da cidade velha onde iam comerciar. Embora lhes fôsse severamente vedado negociar com os cristãos, e o Papa tivesse proibido, sob pena de excomunhão, aos cristãos manter qualquer relação com os judeus, nada podia fazer. Seus beleguins e delatores eram subornados. E de tôda Roma, os habitantes afluíam aos portões do Gueto para ali adquirir suas mercadorias. O mais belo damasco coruscante, aurifulgente como o sol, era encontrado com os judeus, bem como diversos tipos de tecidos orientais, especiarias da Índia e incenso, que os judeus importavam por vias secretas da República livre de Veneza, onde aportavam navios de Constantinopla, Esmirna e outros portos da Ásia Menor.

Fora das muralhas do Gueto, o esplendor, a maravilha, a glória e a grandeza dos seus inimigos de outrora se enterravam no pó e na imundície. Os templos de Apolo e Vênus jaziam semiderruídos. E os Arcos de Triunfo que os romanos erigiram para celebrar os vencedores dos judeus, em honra de Tito e César, de Augusto e Constantino, perdiam-se no esquecimento. Os deuses, que apodreciam no lixo e na umidade, foram recolhidos por Michelangelo, restaurados e reunidos nos museus do Vaticano. E êle arrancou as lajes de mármore de seus templos, com as quais edificou uma igreja para o Cristo-Deus. Do Arco de Augusto fêz-se uma muralha para o Gueto judeu e no Arco de Tito os garotos partiam a pedradas os relevos. E sôbre as ruínas do templo de Afrodite, os judeus expunham à venda suas mercadorias. Arrastavam as placas de mármore dos templos arruinados, estendendo sôbre elas sua pimenta-da-índia, as especiarias orientais, os tecidos coloridos, e sôbre os mármores do Arco de Triunfo a Tito, vendiam peixes do Tibre, e de geração em geração corriam os gracejos relativos às mercadorias judias vendidas sôbre as ruínas dos antigos deuses. Parecia até que os judeus se vingavam de seus conquistadores, e não eram poucos os que pensavam: assim como nós atualmente vendemos peixe e pimenta sôbre os escombros dos templos de Vênus e Apolo, algum dia nossos filhos hão de expor suas mercadorias sôbre as ruínas dos templos cristãos que tão altivamente olham das colinas de Roma para o mundo, cheias de soberania e grandeza... como outrora os templos de Vênus e Apolo...

1. TESOUROS OCULTOS

Pela Praça di Giudea, no Gueto judeu de Roma, que o Papa Júlio II mandara empedrar e ornar com uma fonte renascentista, flanava o pintor veneziano, *signore* Cesar Pastile. Era um homem de vinte e poucos anos, de rosto alongado e olhos tristonhos. Seus cabelos não estavam corretamente aparados. Caíam-lhe sôbre os ombros em longos cachos pelos quais se percebia o pouco cuidado que seu dono lhes dedicava. Assim cresciam e caíam a seu bel-prazer. As suíças, também crescidas, pareciam *peies* judeus, o que acentuava o ar melancólico de sua fisionomia. Andava por ali a êsmo. Viera parar no Gueto por acaso. Vagando pelas imundas vielas que levavam ao Tibre, onde desde tempos imemoriais viviam os ladrões e as prostitutas de Roma, perdera-se no Gueto judeu. Envolveram-no as ruas estreitas e apertadas, e as casas muradas, as tôrres e câmaras angulares pendentes no ar por sôbre as ruelas. Tomou-se de interêsse pelo estranho e desconhecido de tudo aquilo: judeus em túnicas amarelas, com as marcas amarelas de judeu em forma de "S" sôbre o peito, os chapéus verdes de judeus com o feitio de barretes de dormir e palas caídas; as mulheres de rostos velados, com duas tiras azuis nos *voiles,* o que testemunhava a sua condição judia; as camisas que traziam sôbre as túnicas — os muitos brilhantes e pedras preciosas que faiscavam em seus cabelos, as longas e respeitáveis capas de veludo azul envergadas por alguns dos passantes que denunciavam tratar-se de gente rica e conceituada, já que seus mantos se pareciam com os dos Doges venezianos; as crianças, usando sôbre as túnicas amarelas largas vestes rituais de cantos bordados em ouro e azul e franjas rituais que se lhes arrastavam ou lhes fustigavam os rostinhos; e todo um comércio em lufa-lufa, o regatear, a troca de dinheiro, o transporte de mercadorias de uma casa a outra — roupas tingidas, peças de algodão, veludo e sêda — tudo isso o atraía. Sentia-se empolgado pelo exotismo e riqueza que se lhe descortinava aos olhos. Parecia-lhe estar perdido em alguma cidade oriental, num bazar da longínqua Arábia, da qual ouvira tantas narrativas de mercadores e marinheiros que viajavam pelo Oriente, trazendo mercadorias para Veneza.

Seus olhos prenderam-se numa figura sentada no limiar duma casa. Era um judeu alto e magro, rosto alongado e barba comprida, pontiaguda, que começava larga e terminava em ponta, e testa singularmente elevada. O rosto, sob o alto chapéu judeu, em bico e tombado, parecia o semblante de um santo, como os que aparecem nos primitivos quadros bizantinos, tão encontradiços nas velhas igrejas italianas. Pastile ficou maravilhado com a figura e aproximou-se do judeu, e quanto mais se avizinhava mais nítida lhe parecia a semelhança daquele rosto com uma imagem bizantina. Os olhos eram azuis e redondos e pareciam congelados e imóveis nas órbitas, debaixo das sobrancelhas flexíveis e arredondadas. O limiar, onde se encontrava, não era um degrau, mas uma espécie de vitrina de uma lojinha semi-aberta e exposta como se fôsse uma mesa. O judeu, sentado sôbre essa mesa, tinha espalhado ao redor de si tecidos dos mais diversos, velhos e novos, casacos coloridos, túnicas multicores, sêdas pontilhadas de sangue que luziam como raios de sol, e fazendas em tons nacarados que, pregueadas, emitiam um brilho de escama de peixe ou de asa de borboleta. Os tecidos estavam atirados uns sôbre os outros, mas o judeu, ao ver o nobre senhor aproximando-se, juntou-os e escondeu-os sob as vastas dobras de seu manto.

— Saúdo-te, nobre senhor — disse o judeu, inclinando-se diante do jovem, antes mesmo que êste chegasse perto dêle.

— Sê saudado, judeu — respondeu Pastile. E antes que o judeu tivesse tempo de dizer mais alguma coisa, continuou: — Não escondas tuas sêdas, judeu. Não sou arrecadador de impostos do tesouro papal, nem fiscal da Santa Igreja e não vim inspecionar teu procedimento. Sou um pintor da cidade de Veneza e súdito da República Veneziana. Sou agregado de Sua Eminência, o Cardeal de Veneza, e vim ao Gueto judeu adquirir tecidos de sêda para enfeitar meus modelos nos afrescos que estou pintando para o convento do Sagrado Coração. Mostra-me teus tecidos, judeu, e pagarei por êles bons ducados de ouro — e o jovem fêz tilintar a bôlsa de couro prêsa ao cinto, que estava cheia de dinheiro.

Ao ouvir a palavra "Veneza", pôrto de salvação de todos os marranos e judeus que gemiam sob o jugo do Papa, o mercador sentiu-se tomado de simpatia pelo *goi*. No entanto continuava temeroso, pois a lei que lhe proibia negociar com cristãos era muito severa.

— Oh! nobre senhor, perdoa meus modos. O nobre senhor sabe muito bem que o Santo Padre Paulo IV, Deus o abençoe com longa vida e vitória sôbre todos os seus inimigos, nos proibiu de comerciar com os cristãos. Por que hás de pôr em perigo um pobre judeu, e o dinheiro é uma tentação, tanto mais quanto se trata certamente de legítimos ducados de ouro venezianos, que têm curso em todos os países do Sultão — disse o judeu, tentando adivinhar o que continha a bôlsa do nobre senhor.

— Acertaste, legítimos ducados venezianos — e o pintor fêz tilintar seu dinheiro — que têm curso em todos os países do Sultão. Não são moedas com metade de chumbo como as que o Santo Padre obriga seus súditos a aceitar como dinheiro legítimo — riu o pintor. — Não temas, judeu. Vende-me tuas mercadorias. É para o Cardeal de Veneza, e os venezianos sabem guardar segrêdo — e o pintor piscou. — Além disso, como não ignoras, foi só à arraia-miúda que o Santo Padre proibiu negociar com os judeus, mas não a si próprio e aos cardeais, para quem não foram feitas as leis.

— Oh! para o Cardeal de Veneza! Quem se atreverá a esconder seus tesouros de Sua Eminência? Entre, nobre senhor. Tenho riquezas dignas de enfeitar o palácio do Sultão de todos os turcos — e o judeu levantou-se do lugar na loja-vitrina, desapareceu, mostrando logo depois a cabeça através de uma portinhola oculta em algum lugar da janela semi-aberta, fazendo com que o pintor entrasse na loja.

Pastile espantou-se ao entrar atrás do judeu pela estreita abertura. Dentro, estava escuro. Um teto baixo e sextavado se inclinava sôbre sua cabeça. Não enxergava as paredes que sumiam numa névoa escura. Apenas aqui e ali divisavam-se ângulos, iluminados durante o dia por minúscula chama que ardia numa lamparina. À luz dessa chama percebeu o coruscar e o cintilar de tecidos diversos. Aqui se inflamava sob a chama da luzinha o fogo rubro de um veludo incandescente que se dobrava em pregas, escondendo entre elas a luz de sua côr. Em outro canto, reverberava outra peça de tecido. Algo faiscava, mas êle não sabia bem o que era, percebia apenas cantos e ângulos e repletos de mercadorias de todo tipo. O judeu puxou para fora um baú e, quando o abriu, o pintor ficou pasmado perante os tesouros que se lhe apresentavam.

O baú estava cheio de peças de sêda, veludos e brocados os mais diferentes, tanto bordados como entretecidos, italianos e orientais, que derramavam um clarão multimatizado. O judeu ia tirando do baú uma peça de sêda após outra, levando-as para junto da pequena janela, tôda trancada com grades de ferro, pela qual se infiltravam raros reflexos de luz na loja-porão. Erguia as peças de sêda, deixando que a luz do dia nelas incidisse, a fim de que Pastile distinguisse melhor o puro brilho das suas côres.

O pintor, habituado às tonalidades das sêdas de sua pátria, Veneza, não conseguia desprender-se da beleza dos tecidos. Seu fulgor e dourado revérbero impregnavam-lhe a visão com tal luxo de côr que o inebriava, como um bom vinho velho. Havia sêdas persas que luziam com o colorido das serpentes. Outras cintilavam como se estivessem incrustadas com as mais raras gemas preciosas. Outras ainda sugeriam o encanto feminino e casto das pérolas. E havia veludos tão negros como a noite e tão profundos como o mar. Outros ainda eram da côr do âmbar. E, quando expostos à claridade, era como se os raios do sol estivessem apresados na tessitura da sêda, vertendo-se, como se o judeu segurasse nas mãos uma cascata de luz.

A escassa claridade tampouco deixava de incidir sôbre a barba branca e o rosto empalidecido do judeu, que se achava junto à pequena janela exibindo suas fazendas. E Pastile encantou-se tanto com o semblante dêsse homem, que assim iluminado parecia um santo, quanto se deslumbrou com suas sêdas. A cabeça do judeu causava-lhe tamanha impressão e excitava tanto seu senso artístico que esqueceu para o que viera e, intencionalmente, animou o judeu a mostrar-lhe seus tecidos de sêdas e outras mercancias, a fim de ter mais tempo de lhe estudar a fisionomia.

Ocorreu-lhe, como a todo artista, que poderia utilizar essa cabeça numa de suas pinturas sacras, mas, lembrando-se que era o rosto de um infiel, como bom cristão, renunciou logo à idéia.

Desde que entrara na loja-porão, o pintor julgava ouvir uma voz que ressoava na loja, como se ali chegasse de muito longe, atravessando grossos muros e paredes. Era uma voz de mulher, meio cantante e meio como que suplicando a Deus. Embora distante e indistinta, conseguia perceber que a voz pronunciava palavras estranhas e incompreensíveis. Pastile sentiu-se atraído pela trêmula suavidade dessa voz e pela estranheza das palavras. Já havia reparado que duma janelinha visível num canto da parede vinha uma luz. Compreendeu que atrás daquela lucarna se localizavam os aposentos internos da moradia do judeu e que era dali que procedia a voz cantante de mulher. Sentiu muita vontade de espiar pela abertura para ver o que ali se passava. Mas não conseguia uma oportunidade de se aproximar daquele canto. O judeu o mantinha junto à janela da rua, onde continuava a mostrar-lhe os tecidos. Pastile, porém, cessara de se interessar pelo brilho das sêdas e veludos. Estava tomado pela voz que entrava pela janelinha. A princípio nem lhe prestara atenção. Mas agora ela o prendia cada vez mais, invadindo-o crescentemente, apesar do tom e das palavras esquisitas e ininteligíveis. Todavia, a trêmula e suave profundidade daquela voz espalhava tão pura delicadeza que algo estremeceu em seu íntimo. Por fim, logrou um ensejo de se achegar à lucarna. O judeu começara a abrir nôvo baú e se achava ocupado em lhe tirar os ferrolhos e fechaduras. Pastile aproximou-se da janelinha e espiou.

Ficou prêso à janelinha. À luz de uma lamparina de prata viu um ancião envolto em cobertas e a seus pés, sentada numa banqueta, uma jovem entoava algo de um livro. O ancião devia ser cego, tinha os olhos fechados e sua face era uma só tessitura de rugas. Alguns fios grisalhos da barba moviam-se sôbre seu peito. A princípio o pintor não pôde ver o rosto da môça. Curvada sôbre o livro, aberto sôbre seus joelhos, só se enxergavam as dobras de veludo azul que se vertiam de seus ombros arredondados. O lume da lamparina, que pendia de uma grossa viga acima de sua cabeça, iluminava-a. Seus cabelos cintilavam com o mesmo tom nacarado do veludo que lhe cobria os ombros, como gôtas carminadas de orvalho matutino que pousassem sôbre sua figura. Não tardou a levantar a cabeça, como sentindo que alguém a observava, e a olhar sua volta, assustada, como a procurar alguém. Ainda não avistara o rosto na lucerna e, num relâmpago, Pastile pôde entrever seu perfil.

Trêmula ternura encheu-lhe o coração e lágrimas afloraram-lhe aos olhos. Sentiu-se inundado de devoção.

Parecia-lhe contemplar estranha aparição, um milagre de Deus.

Dois olhos tristes e profundos miraram em sua direção. Nunca vira olhos tão tristes. As órbitas alongadas como as de um rapazinho egípcio e as pálpebras que se baixavam sôbre as pupilas proeminentes. Pálpebras e pestanas tremiam como os olhos de uma pomba que desperta dolorosa compaixão, mas os olhos dela não despertavam compaixão, antes uma profunda tristeza, uma tristeza que não era dêste mundo e não era de sofrimento humano. A testa, saliente e alta, avançando pela cabeça, como a da *Santa Ana* de Leonardo da Vinci. As bordas da sua fronte eram largas como as de seu pai, mas aos poucos, à medida que desciam, as linhas da face se encompridavam e estreitavam como de uma delicada jovem corça, da mais bela linhagem. O que mais encantadoramente se expressava era a profunda e inexplicável melancolia e incompreensível tristeza que pairava no rosto e ao redor da bôca. Não era uma bôca, porém um corte vivo no rosto. Bôca singularmente pequena e curta, era como se tivesse os lábios fechados num só tecido e alguém houvesse praticado um corte nêle, mas isso com tanto amor e carinho que a mão de um mestre parecia ter delineado a incisão, abrindo-lhe os lábios como as pétalas de um botão rubro de rosa. E depois a bôca cerrou-se de nôvo, qual uma flor que se fecha à noite, conservando nas extremidades da corola o orvalho noturno, tão fresca era a cesura daqueles lábios; enquanto ela olhava, pareceu ao pintor que ela via mais com a bôca do que com os olhos.

Pastile sentiu que em seu coração se insinuava a sutil tristeza e a trêmula alegria que se desprendiam dos olhos e da bôca da jovem. Teve a impressão de ver algo de irreal, uma visão que se mostrava a seus olhos. E a chama bruxuleante da lâmpada, os reflexos tremeluzentes de sêdas e metais nos cantos do aposento envoltos em sombra, cingiram-no como numa nuvem e o embriagaram.

Ela não se assustou quando por fim reparou no rosto estranho que olhava pela lucarna. Seus olhos não denotaram surprêsa. Apenas levantou-se do lugar e Pastile notou, então, como o pesado veludo caía de seus ombros e pescoço e ouviu o tilintar dos adornos que a enfeitavam. Os cachos de seus cabelos tombavam-lhe sôbre o vestido e lá se perdiam na escuridão do estôfo.

Ela se levantou e, chegando perto do ancião, colocou sôbre êle as mãos longas e torneadas. De repente, tudo desapareceu, como uma miragem. Diante dos olhos do pintor começou a relampejar ouro e azul. Voltou-se e viu que o judeu, com quem estivera negociando, atirava um pedaço de sêda sôbre a janelinha, encobrindo-a e escondendo tudo o que se passava atrás dela.

— Legítimo damasco florentino — dizia êle, mostrando a sêda. — Bordado com ouro e púrpura...

2. SAGRADO SILÊNCIO

Pastile procurou rever a donzela judia, a filha do mercador, que avistara pela lucerna. Mas não surgia oportunidade. Tôda vez que ia ao Gueto dava com a casa da Praça da Giudea fechada. A loja, onde deparara pela primeira vez aquêle judeu, não mais existia ali. Não se via sinal de que ali tivesse havido uma porta corrediça. A casa permanecia imersa num silêncio de morte. As pequenas janelas que se viam no alto estavam por fora com as grades de ferro fechadas e, por dentro, cobertas por cortinas, de modo que não se podia saber se havia ou não vida no interior.

Na insígnia de ferro, que o vento agitava na haste de ferro, reparou nas armas da velha Castela, meio apagadas; e dos vizinhos, que às vêzes apareciam cruzando apressadamente a praça, nada conseguiu saber. Os judeus tinham mêdo dêle e o evitavam. Por fim, conseguiu apenas descobrir que o judeu morador da casa era conhecido como o "mercador de Castela". Tratava-se de homem rico, representante de grande firma pertencente à opulenta marrana Dona Grácia de Mendes, a protetora dos marranos, que se instalara em Constantinopla e expandira seus negócios por todos os países.

Certa vez encontrava-se êle na praça do Gueto. Devia ser um sábado, pois um silêncio surpreendente, para Pastile, reinava em derredor. Tôdas as casas estavam fechadas. Dificilmente via-se alguém atravessar a praça ou chegar a uma janela. Em certo momento Pastile ouviu um clamor. Voltou-se e viu que, de várias casas, beleguins do Papa e soldados da Igreja arrastavam môças e rapazes, conduzindo-os para algum lugar, acompanhados pelos prantos e lamentações dos pais que lhes faziam recomendações numa língua incompreensível. De repente, Pastile ficou assombrado. Não queria crer nos próprios olhos: na casa castelhana onde morava o mercador judeu e que sempre se lhe apresentava muda e fechada, abriu-se sua velha conhecida porta-loja e sôbre ela foi lançada uma escada para a rua, e inesperadamente, ouviu-se da porta um roçar de veludo, e Pastile deu com a jovem que vira através da lucarna sendo levada por dois soldados da Igreja. Não lhe podia divisar a face, encoberta de um véu verde que lhe descia da cabeça, a marca dos filhos de Israel. Mas percebeu que, sob o véu, ela inclinava a cabeça para o solo, a cabeça lindamente conformada, e que esta sobressaía através do velado, qual bela maçã. Atrás vinha o mercador, o qual, também cabisbaixo como a filha, não concedeu um só olhar ao conhecido pintor, embora parecesse ter notado a sua presença.

Pastile seguiu-os.

À entrada do Gueto, situava-se a igreja de Santa Angélica. A igreja, tal como o portão do Gueto judeu, ostentava sob sua cruz o versículo de Isaías: "Estendo minhas mãos o dia todo sôbre um povo rebelde". A igreja fôra construída especialmente para os judeus, os quais, por um velho edito de pontífices anteriores, deviam lotar o recinto todos os sábados à tarde para ouvir a pregação dos padres. Os judeus, porém, nunca haviam cumprido o decreto. Livravam-se da obrigação, pagando. Tinham no Gueto o seu "quórum de ociosos", desocupados que faziam as vêzes de todos os judeus e iam semanalmente ouvir aos sábados as prédicas, cumprindo assim a determinação. O sermão do padre não podia de qualquer maneira prejudicá-los, pois a maioria dêsses *batlanim* que as congregações escolhiam para representá-las na igreja era surda e, além disso, tapavam os ouvidos para que as falas do padre não os influenciassem de modo algum. Ao tempo de Clemente IV, quando Schlomo Molko estêve em Roma e usou sua mística influência sôbre o Papa em favor dos marranos, o edito fôra derrogado e a igreja junto ao Gueto judeu permaneceu fechada. Só com o "Papa Amã", como os judeus apelidaram Paulo IV, é que o decreto voltou a vigorar, e com maior dureza do que nunca. O pontífice nomeara pároco da referida igreja o apóstata Iossef Mora. E o padre convertido zelava para que todos os habitantes do Gueto freqüentassem regularmente a sede de sua paróquia. Os judeus temiam por seus jovens, pois Iossef Mora possuía grande dom de oratória e era tido, em tôda a Itália, como um dos maiores pregadores. Por isso, escondiam os filhos em casa e iam êles próprios à igreja, pois estavam mais seguros de si.

Mas Iossef Mora queria justamente um auditório de almas puras e inocentes, ouvidos intocados; assim, enviava cada sábado seus esbirros às casas judias para que arrancassem delas a juventude e a conduziam à igreja...

Quando Pastile penetrou na igreja, nas pegadas do mercador de Castela e sua filha, o recinto já estava apinhado de homens e mulheres, môças, rapazes e crianças, meninos em veste ritual e meninas pequenas. A igreja parecia uma sinagoga. As paredes ao redor estavam ornadas de versículos dos Profetas, escritos em hebraicos, sugerindo a fé cristã. No muro oriental, uma Arca ricamente esculpida e encimada por uma cruz de prata... Havia velas acesas, grandes círios de cêra num *menorá* judaico diante da Santa imagem... e Iossef Mora, envolto num *talit*, encontrava-se no púlpito diante da Arca. Numa das mãos tinha o Rôlo da Torá e na outra... uma cruz. E assim falava aos judeus.

Falava-lhes em seu idioma, em castelhano, e citava versículos da Torá e dos Profetas, indicando passagens no Talmud e no Midrasch, citando exemplos dos livros cabalísticos. Ameaçava com o Inferno e prometia o Paraíso, e para tanto narrava em côres vivas os sofrimentos e tormentos da Geena e as delícias do Éden. Lembrava aos judeus a baixa condição em que viviam, como eram humilhados e sua fé ridicularizada.

— E onde está Êle, o vosso Deus? — perguntava. — E onde está Êle, o vosso Messias? Por que não responde? Por que não vos dá sinal de si? Com o que sois piores que os gentios? Por que vos tornou Êle objeto de zombaria e desprêzo dos homens?

E apresentando-lhes o Rôlo da Torá e a Cruz, implorava: — Vinde, vinde acolher-vos à Sua proteção!

E sua voz era profunda, de um pêso metálico, e lançava mêdo e temor em seus ouvintes.

E seus olhos eram brasas ardentes, e seu rosto era pálido e melancólico.

A seu lado, sentava-se o notário do Papa com uma grande pena de ave e longos pergaminhos, e se alguém se aproximasse do púlpito e inclinasse a cabeça sob o fluxo de água benta, receberia logo um atestado que lhe dava a cidadania em Roma, tornava-o único herdeiro de tôda a fortuna paterna, e lhe devolvia também os haveres e as casas que o Papa confiscara aos judeus que viviam antes fora do Gueto.

No primeiro banco, defronte ao púlpito, sentavam-se os *batlanim*. Dois dêles, Haim Adoni e Mordehai Alfi, que eram os "bobos" do Gueto, tocavam nos casamentos e festas as "danças da morte" e eram chamados para as Repreensões, competindo-lhes ainda representar a comunidade de Roma na Igreja. Haim Adoni, rapaz ainda jovem, fingindo estar com uma face inchada

de dor de dente, amarrara o rosto com um enorme pedaço de
pano de lã que daria para fazer uma roupa inteira; naturalmente, de suas orelhas restava muito pouco à vista, e não só
a voz do padre, por mais vibrante e metálica que fôsse, não
conseguia atravessar o tecido de lã, como nem mesmo um tiro
de canhão o conseguiria. O segundo embrulhara a cabeça
com toalhas brancas e fatias de limão, para dor de cabeça. Seus
ouvidos também tinham pouco ensejo de captar algo da peça
oratória do padre. Êste ficou tão irritado que desceu do púlpito
empunhando a cruz e, aproximando-se do banco, levou a cruz
até o rosto dos dois truões, obrigando-os com o punho ameaçador a olhar para ela. Arrancou-lhes o pano de lã e as toalhas
e tentou forçá-los a beijar a cruz, mas os "bobos" armaram
tamanho berreiro, quanto à respectiva dor de dente e de cabeça,
que não houve remédio senão, ao fim, expulsá-los da igreja.

Dirigindo-se à gente môça, Iossef Mora começou a exortá-los
na sua voz metálica, lançando o terror entre ela.

— Apiedai-vos, apiedai-vos de vossos filhos que estais criando na vergonha e no escárnio, desprezados por todos e perseguidos em tôda a parte!... Colocai-os sob a proteção da cruz —
rogava o apóstata.

Mas os jovens se aconchegavam aos pais e um murmúrio ia
de ouvido a ouvido, de pai para filho, de mãe para filha; uma
palavra, num sussurro:

— Ouve, ó Israel...

E essa palavra parecia ter fôrça miraculosa. Os corações fremiam. Ressoava ali a voz de gerações e gerações, e fogueiras
crepitantes inflamavam-se diante dos olhos: corpos humanos
em chamas, olhos esbugalhados e aterrorizados, trêmulas vozes
derradeiras:

— Ouve, ó Israel...

E ali estavam êles, môço e velho, criança e adulto, num sussurro inumano:

— Ouve, ó Israel...

Mudo e assustado, Iossef Mora deteve-se diante da voz e seu
coração sobressaltou-se, e seu sangue ouvia a sua própria voz,
e êle também murmurou:

— Ouve, ó Israel!...

Pastile achava-se a um canto da igreja.

A estranha grandeza do que estava presenciando assombrou-o.
Admirava os jovens que permaneciam obstinados, de cabeça voltada para o chão, e sem mover um dedo sequer; nenhum movimento, nenhum olhar em direção à cruz estendida que o
padre segurava na mão — a cruz que lhes traria salvação neste
e no outro mundo...

Não podia compreender por que não queriam aceitar a fé que poria têrmo a tôdas as suas aflições e que afinal era a única e a mais certa. Por quê?... Por quê?...
Observava o mercador de Castela e sua filha. Seu coração palpitava. Parecia-lhe que ela ia estender a mão para a cruz. Mas não, também ela inclinou a cabeça para o chão, como os outros, quedando-se ali, obstinada, e a murmurar algo entre os lábios.
No entanto ela é tão cristã, tão divinamente nobre e piedosa. Não parece a Santa Madona? Não se assemelha à sagrada Virgem procurada e escolhida por Deus?...
Só agora, estando a môça assim curvada para o chão, é que pôde observar a sua cabeça, e perceber a dor, a infinita e inumana dor impressa à volta de sua bôca infantil. A dor do Universo irradia-se de sua face e em seus olhos jaz a tristeza; sôbre a fronte alta e saliente derrama-se a própria devoção. Pastile sentia vontade de cair de joelhos diante dela, de erguer-lhe as mãos e rogar-lhe:
— Santa Maria, inocente pureza, tu, só límpida alma que carregas a dor do Universo, tem piedade de mim, tem piedade de mim.
Desde o primeiro instante em que a vira pensara em pintá-la como Santa Maria, a mãe de Deus, tão parecida era com a mãe de Deus — aquela a quem Deus se mostrara devia ter êsses olhos tristes e essa dor inumana ao redor da bôca. Em seu rosto devia espraiar-se êsse grito, êsse grito silencioso de nossos padecimentos e a misericórdia infinita.
Diante dêsse rosto as pessoas cairão de joelhos; para êsse rosto hão de erguer as mãos em prece, e êsses olhos instilarão nos martirizados corações humanos nobreza de alma, pena sincera e amor tranqüilo e puro a todos, a todos o infinito perdão e a profunda compaixão, tal como instilaram no coração dêle...

Êle era veneziano dos pés à cabeça. Odiava Roma, essa Roma de fisionomia triunfante, farta, dominante. Detestava sua arte e mais que tudo o jovem deus Rafael que conquistara o mundo cristão com a beleza de seus corpos femininos, com a exuberância de suas imagens do simples amor maternal.
Oh! Veneza, cidade animada pelos veleiros de todos os rios e mares! Oh! Veneza, visão divina corporificada em alvo mármore! Oh! Veneza, cujas igrejas e palácios parecem ter asas e pairam nas alturas.
Acima de tudo adorava os pintores venezianos. Seus mestres eram Tintoreto, Giorgione, Bellini e, mais que todos, o velho Fra Angelico, cujas Virgens vira em Florença, aquêle que evoca as formas divinas e as veste de infantil desajeitamento.

Roma, porém, estava subjugada pelo jovem deus Rafael, que passara pela terra como um relâmpago. Roma inteira, todo o mundo cristão ajoelhava-se e orava diante das Madonas que êle pintava tendo por modêlo a sua amada, a filha do padeiro. Escravizara e agrilhoara a seu pincel e a sua paleta todos os artistas que vieram após êle. Tôda Madona havia de parecer-se à Fornarina, amada de Rafael; do contrário, não teria possibilidade de ser acolhida numa igreja e seu autor morreria de fome.

Mas Pastile, como todos os outros jovens pintores, já então se rebelava contra o domínio de Rafael. Não, refletia êle, a mulher a quem Deus elegeu para conceber tôda a dor do Universo, não possuía apenas inteira beleza humana e infinito amor materno. Devia ser mais profunda, devia sacrificar seu amor de mãe por um bem maior, por um amor ilimitado por tôda a Humanidade. Seu semblante devia possuir aquela beleza mística que, contemplando-a, nos faz despir da beleza e do amor terrenos para ser recebidos num amor mais elevado, mais que humano, num amor incompreensível e sem limites...

E é o que expressava o rosto da môça judia, a filha do mercador de Castela. Em seu rosto Pastile viu aquela beleza inconcebível que nos revela os mistérios de um outro mundo, que de há muito procurava. Diante dêsse rosto as pessoas hão de rezar, rezar com intenções bem diversas, com os corações puros, isentos de desejos mesquinhos. Não rogarão por um pouco de pobre ventura humana, como perante as Madonas de Rafael, mas de outra forma, muito diferente, isentas de qualquer desejo pessoal, de tôda felicidade menor. Rogarão por uma ventura mais elevada, por uma Redenção mais alta.

Mas, como? Como irá êle, bom cristão, tomar a filha de um infiel e convertê-la na imagem da mãe de Deus? Como hão de se ajoelhar fiéis cristãos, ante um rosto cujo modêlo era a filha de um infiel?

Logo, porém, veio-lhe à mente a história de Cristo e êle se perguntou: — Não foi o próprio Deus quem tomou para a sua eleita uma filha dêsse povo? Ela própria, a Imaculada Conceição, a mãe de Deus, não pertencia a êsse povo? Aí é que reside o incompreensível, o sublime e místico que há nesse povo a quem Deus precisamente escolheu para que dêle emanasse a redenção do Universo, e entre cujas filhas precisamente encontrava aquela que trazia em si a formusura que há tanto procurava.

Esperou por pai e filha à porta da igreja e, quando o mercador e sua filha apareceram, o pintor ajoelhou-se diante dela:

— Oh! Madona, tu que tens um semblante que implanta devoção e nobreza nos corações humanos, não tens o direito de guardar êsse rosto para ti mesma. Deus to deu para que tornasses os homens mais belos e nobres. Pintarei de ti a imagem da Santa Madona para o convento do Sagrado Coração. As pessoas hão de contemplar tua face e se inclinar diante dela orando com pureza no coração. Oh! Madona, deixa que eu recrie a obra de Deus para maior glória e louvor de seu Nome!...

A jovem permanecia calada e cabisbaixa, como estivera na igreja durante a pregação. Ouviu-o apenas por receio e respeito. Depois, a passos curtos acompanhou o pai, seguindo seu caminho sempre de cabeça curvada para o chão.

O pintor ficou ajoelhado no mesmo lugar.

3. O ANÁTEMA

Em maio de 1556, a Inquisição queimou, por ordem do vigário de Cristo, o Papa, vinte e seis marranos; e os outros, que consentiram em guardar o cristianismo, foram postos a ferros e enviados para a solitária ilha de Malta. A fogueira da Inquisição em Ancona agitou os judeus do mundo inteiro e, sobretudo, os judeus da Itália.

Havia já muitos anos que os marranos de Portugal e Espanha procuravam escapar de suas cruentas e flamejantes pátrias para os Estados livres da Itália, onde naquela época reinava um espírito esclarecido, de cultura e humanismo. Os Papas Clemente IV, Paulo III e Júlio III permitiram aos fugitivos da sanguinária Inquisição retornar francamente ao judaísmo, retomar seus nomes judaicos e levar sua vida à maneira judaica. Na livre República de Veneza foram recebidos de braços abertos. Dali entabularam relações comerciais com seus irmãos estabelecidos em terras do Sultão, ajudando a desenvolver e a enriquecer a República. Os principados de Ferrara e Úmbria invejavam a República e, querendo atrair os marranos a fim de desenvolver o intercâmbio de suas cidades portuárias com o Oriente, prometeram-lhes maiores direitos ainda. Permitiram-lhes construir sinagogas, abrir tipografias hebraicas — o que representava naquele tempo a maior prova de tolerância religiosa — e educar os filhos no judaísmo...

Em Ferrara, pequeno paraíso na terra, onde os príncipes se rodeavam de poetas e pintores, em cuja côrte se discutia mais

Virgílio e Dante que assuntos de Estado, os marranos desempenhavam um papel dos mais consideráveis. Eram ministros do Comércio e das Finanças e ocupavam lugar proeminente na sociedade e na vida do principado. Em 1553, quando Paulo III, a uma denúncia do apóstata Iossef Mora, mandou incinerar pùblicamente em Roma tôdas as obras judias menos uma, o *Zohar,* os judeus de Roma e de outras cidades italianas enviaram secretamente seus volumes para Ferrara e Verona onde os marranos os esconderam, para que não desaparecesse o livro judeu das terras de Itália...

Mas, com o pontificado de Paulo IV, tudo mudou. A uma ordem secreta, os marranos do pôrto de Ancona foram agarrados e atirados às masmorras do Santo Ofício. Muitos eram súditos turcos que estavam em Ancona por pouco tempo, em viagem de negócios. Parte conseguiu safar-se no último instante, fugindo para outros pequenos principados da Itália onde o Papa não exercia nenhum poder. A maioria, porém, foi torturada até a morte nas masmorras da Inquisição; muitos foram exilados para as ilhas e vinte e seis, queimados pùblicamente.

Êsse foi virtualmente o primeiro auto-de-fé ateado pela Inquisição em solo da Itália e lançou terror mortal tanto sôbre os judeus como sôbre os marranos.

Em casa de Iossef Pinsi, "o mercador de Castela", como o chamavam os judeus do Gueto, os marranos se reuniam para, em segrêdo, celebrar o culto religioso e para aconselhar-se. Os judeus também compareciam, pois, embora ainda não lhes fôsse proibida a prática do judaísmo, tôdas as sinagogas, exceto uma, haviam sido fechadas; assim, judeus e marranos recorriam ao velho expediente, como faziam em Portugal e Espanha, onde se congregavam em adegas dissimuladas para orar e deliberar.

Iossef Pinsi representava, em Roma, Dona Grácia Mendes, a qual já então, com seu genro Iossef Nasi e mais quinhentos marranos e judeus, conseguira escapar de Ferrara para Constantinopla, junto à Sublime Porta, onde se refugiou com seus haveres, livrando-se das garras da Inquisição. Grande parte de sua fortuna fôra tomada pelo rei de França, pelo Papa e por outros pequenos Estados a quem emprestara dinheiro. Ainda mantinha, porém, secretamente negócios com os portos italianos para onde enviava, de Constantinopla, barcos de mercadorias consignados aos seus agentes distribuídos em tôda a parte. Tais agentes eram ao mesmo tempo os embaixadores dos marranos. Por seu intermédio, Dona Grácia obtinha notícias dos marranos de tôda a parte e eram êles que os ajudavam a fugir, quando perseguidos, para as plagas do Grão-Turco!

Na adega subterrânea onde encontramos pela primeira vez o pintor estavam agora reunidos os judeus de Roma.

Era uma noite que se seguira a um tórrido dia de verão. Roma dormia às margens do Tibre após a pesada canícula do dia. As tortuosas ruelas do Gueto estavam mergulhadas em trevas e suas casas altas, silenciosas, erguiam-se como sombras gigantescas. Pelos becos do Gueto, esgueirando-se junto às paredes, passavam sombras solitárias, sumindo tôdas por uma entrada secreta que ia dar na adega de Iossef Pinsi.

O porão estava iluminado — único lugar iluminado em tôda Roma. Em grandes castiçais queimavam torcidas embebidas em óleo. Junto às paredes escuras formavam-se grupos de silhuetas de pessoas môças e velhas, segredando. Suas negras vestes e turbantes projetavam vultos ameaçadores pelas paredes da adega. Logo, porém, tudo se acalmou. Os judeus congregaram-se num só grupo e ficaram em silêncio.

Uma porta se abriu e por ela entrou o velho judeu cego. Embora mortos, seus olhos brilhavam nas largas órbitas com tal vivacidade que pareciam ver, não as tolices dêste mundo, mas a verdadeira luz e um mundo de justiça... Vinha conduzido pela donzela, a filha do mercador de Castela. Chamava-se Iafata (Linda). Mas não era filha do mercador. Era neta do velho cego cujo nome era Iaacov Medina, o nome de família dos Abarbanel. Considerava-se membro da estirpe dos Abarbanel, e era como o consideravam também os marranos e os judeus de Roma, sendo reconhecido por cabeça da comunidade dos judeus espanhóis na cidade. Sua família perdera-se nas muitas andanças pelo mundo. Muitos de seus membros haviam caído em poder dos piratas e foram vendidos como escravos. Muitas crianças sofreram batismo forçado e de tôda a família só restavam o velho e sua neta, acolhidos por Iossef Pinsi, o agente da poderosa Mendes.

Com o velho, entraram também os dois emissários enviados aos judeus de Roma: um dêles era um sobrevivente de Ancona e o outro vinha de Constantinopla. Êste, aliás, era emissário da Sublime Porta junto ao Sumo Pontífice, para tratar do problema dos súditos turcos; mas trazia também incumbência secreta de Dona Mendes junto aos judeus de Roma.

Tudo silenciou na adega. Ouvia-se o estalar dos pavios nos recipientes de óleo. Imobilizaram-se igualmente as sombras nas paredes, estáticas como os judeus que ali se achavam. O velho Rabi Iaacov acomodou-se na funda poltrona, e, como era costume entre judeus espanhóis e marranos, os presentes aproximaram-se, um a um, do *nasi,* para lhe beijar a mão. E o velho colocava a destra sôbre a cabeça e os abençoava num murmúrio. Depois, Iossef Pinsi, o dono do subterrâneo, bateu num ponto dissimulado da parede que dava para a rua. Lá fora, diante do prédio e nas esquinas havia sentinelas postados, jovens marranos de atalaia a fim de avisar a possível aproximação de algum esbirro da Inquisição. Mediante um sinal combinado, responderam-lhe que tudo estava calmo. Iossef Pinsi afastou uma cortina e surgiu uma Arca Sagrada. Os presentes se ergueram e procederam às preces noturnas.

Todos permaneciam calados. Apenas um precentor entoou as orações e êles o acompanharam, palavra por palavra. Depois das Dezoito Bênçãos, o ancião estendeu o braço, ordenando silêncio. Tudo se acalmou e o emissário de Ancona se ergueu, postou-se diante da Arca Sagrada e, em castelhano, começou a relatar o que se passara em sua cidade.

Contou como, de repente, ao anoitecer de um sábado, as sinagogas da cidade foram assaltadas e todos os marranos, mulheres e crianças, arrastados às masmorras da Inquisição, onde lhes infligiram tôda a sorte de torturas: amarraram-nos às rodas e aos torniquetes. Muitos foram supliciados até a morte, outros não puderam agüentar os tormentos e aceitaram o batismo. Foram então acorrentados a grilhões e enviados à ilha de Malta. Apenas vinte e seis, inclusive a velha Dona Maiora, mantiveram-se obstinadamente leais à crença de seus antepassados. Foram conduzidos com o acompanhamento de hinos e de flâmulas sacras às piras preparadas na praça do mercado. A velha Dona Maiora animava e encorajava os marranos em sua fé com o seu "Ouve, ó Israel!" e todos foram queimados.

Um silêncio sagrado imperou no recinto. Cada um dos presentes baixava a cabeça sôbre o peito, decidindo estar pronto quando sua hora soasse...

De súbito o velho Rabi Iaacov ergueu-se da poltrona, estendeu os braços magros como se visse alguém e exclamou em voz trêmula:

— Mártires por Adonai... Mártires por Adonai... Mártires!...

E a multidão repetiu: — Mártires!...

E de dezenas de bôcas escapou de uma só vez: — Glorificado e Santificado!

E a congregação inteira respondeu-lhes:

— Glorificado e Santificado!

Quando a multidão silenciou, o enviado de Constantinopla ergueu-se e disse:

— A respeito dos marranos presos que foram desterrados para a ilha de Malta, posso comunicar-vos que se encontram sob a proteção de Sua Majestade o sultão Solimão, exaltado seja o seu nome, e servem pùblicamente ao Deus Único sem que ninguém os impeça.

— Como?... Como!... — indagaram algumas vozes.

— A nobre senhora Dona Grácia Mendes, que é uma jóia para o nosso povo, e seu genro, o nobre príncipe Don Iossef Nasi, foram ao Sultão, prostraram-se a seus pés e pediram mercê para seus irmãos. E a Sublime Porta ouviu seus rogos e sentiu suas lágrimas. Sua Majestade expediu suas naus a Malta. Ali esperaram pelos marranos, a quem recolheram e conduziram à capital de seu vasto império.

— Louvado seja o nome de Deus por tôda a Eternidade! — e o velho alçou ambas as mãos para o céu.

O povo lhe respondeu: — Amém!

— Fui enviado a vós pela mui nobre princesa Dona Grácia e pelo mui nobre príncipe Don Iossef Nasi a fim de vos recomendar que ninguém ancore um barco seu em Ancona. Que ninguém venda ali suas mercadorias. Entre o príncipe de Úmbria, que é inimigo do Papa e amigo dos marranos, e os judeus dos países do Sultão foi concluída uma aliança eterna: doravante todos os barcos que procedem do Oriente devem evitar os portos de Ancona e atracar na Úmbria. Pescara, o pôrto da Úmbria, será o principal centro do comércio judeu. Ali se acolham as velas dos barcos do Oriente e à sua sombra os marranos permaneçam em paz.

Depois dêle, levantou-se o velho Iaacov e estendeu as mãos para a assistência.

— Filhos de Israel, torturados e purificados!... Ouçam Deus, o vosso Deus! Em nome dos mártires, em nome do sangue judeu derramado e dos ossos judeus queimados, aponho ardente anátema sôbre Ancona, a sanguinária terra de nossos inimigos. Maldito seja aquêle que ancorar sua embarcação no pôrto do Papa! Maldito seja aquêle que estender seu pão ao inimigo, que ajudar seu tráfico, que enriquecer seu país! Desolada seja Ancona e apagada da face do mundo!... Anátema!... Anátema!...

Um murmúrio percorreu a multidão:

— Anátema!... Anátema!...

— Não dorme nem descansa o guardião de Israel — e o velho ergueu os braços. — O Senhor se compadeceu dos remanescentes de Israel, e nos enviou um salvador e guardião na pessoa do sultão Solimão. Que o Senhor aumente sua fôrça sôbre seus inimigos. Oh! não mais se derramará em vão o sangue judeu na Itália. Não mais flamejarão ossos judeus nas fogueiras. O Senhor não aparta de nós a sua graça, nem de dia nem de noite. Em cada geração Êle nos manda um redentor. Louvemos o Senhor pela sua misericórdia!...

Ninguém sabia o que Rabi Iaacov pretendia dizer, mas todos compreenderam que algo de importante acontecera e alçaram como êle as mãos para o céu, agradecendo a Deus.

Na manhã seguinte os judeus de Roma, assim como todos os moradores da urbe, foram surpreendidos pela notícia que se espalhava:

O Sultão enviara um emissário ao Papa, o qual declarara, em nome de Sua Majestade, todos os marranos da Itália súditos turcos. Por todo marrano torturado nas masmorras da Inquisição o Sultão mandaria torturar um cristão, e por todo marrano levado à fogueira na Itália, o Sultão queimaria um cristão em seu Império.

E os cárceres da Inquisição se abriram e todos os marranos, súditos turcos, foram libertados, para grande desgôsto do Papa.

4. O FOGO E A ÁGUA

No trono de Pedro, em Roma, sentava-se o velho tirano octogenário, Jean Pietro Caraffa, sob o nome de Paulo IV. Ainda como cardeal, sob o papado de Paulo III, ordenara a queima de todos os livros judaicos de Roma. E Paulo IV foi elevado ao trono de Pedro para que, com o veneno de seu fanatismo e com o poder das rodas da tortura inquisitorial, firmasse o poder papalino, que começava a periclitar sob a crescente influência dos hereges, Lutero na Alemanha e Calvino em Genebra. Paulo IV, já fraco demais e com o braço já muito curto para alcançar o movimento protestante que começava a alastrar-se pela Alemanha, disparou as flechas de sua ira contra os infiéis em seu próprio Estado — contra os judeus, os mouros e os marranos.

Em sua câmara, instalada, qual uma cela de jesuíta, acima das mais eminentes câmaras do Vaticano, sentado em seu duro banco, encontrava-se o alto e soturno Papa. Seu rosto parecia um mar encapelado, todo tomado por tempestuosas rugas. Os longos e duros fios da espêssa barba branca moviam-se-lhe sôbre o peito, hirtos como arame — mas entre as ondas de rugas espiavam sob as grossas sobrancelhas dois infantis olhos azuis, mortiços e imóveis como duas pedras-de-fogo.

— Desde quando a cadeira de Pedro é governada pelo Sultão dos infiéis? — perguntou o Papa ao pequeno e tranqüilo Cardeal Alexandre Farnese, que dirigia a política exterior do Vaticano.

— O judeu Iossef Nasi conseguiu muita influência na Sublime Porta. É conselheiro do Sultão e temos que granjear sua amizade. A fogueira em Ancona nos custou o comércio com o Oriente — respondeu calmamente o cardeal.

— Há de ser então o Grão-turco quem ditará ao vigário de Cristo o modo de comportar-se com os infiéis e os inimigos da Cristandade? — perguntou ainda o Papa.

— Roma não é apenas a Sé da Igreja, mas também a sede principal do Estado romano. Os outros principados da Itália fizeram-se ricos no tráfico do Oriente por intermédio dos judeus. Veneza, Ferrara, Úmbria conquistaram a amizade dos conselheiros judeus do Sultão. E mesmo a Espanha, essa arqui-inimiga dos judeus, busca a amizade do ministro judeu Iossef Nasi. Ordenou a seu embaixador em Constantinopla que entrasse em negociações secretas com Iossef Nasi, é o que nos informam da Porta.

Ao ouvir menção da Espanha, o Sumo Pontífice foi prêsa de agitação. Seu rosto enrubesceu e seus olhos perderam a serenidade, porque, por mais que detestasse os judeus e os marranos, detestava mais ainda os espanhóis que o guerreavam.

— Mostrarei ao Sultão de todos os muçulmanos, aos judeus, à Espanha e a todos os hereges, que em Roma ainda se encontra o representante de Cristo — disse o Papa, erguendo-se. — Vai, chama o meu primo, o governador de Roma.

À noite, quando o Cardeal Farnese participava da ceia que a famosa cortesã espanhola Império oferecia a fim de festejar o fato de seu papagaio africano ter aprendido a recitar um verso de uma ode de Virgílio, entrou na vila, situada sôbre o Tibre, — enquanto ninfas e efebos executavam um bailado — um homem mascarado e pediu para ver o cardeal. Quando êste lhe perguntou o que desejava, o outro cochichou-lhe ao ouvido:

— Sua Santidade deu ordem secreta ao governador para incendiar o Gueto judeu pelas quatro extremidades e cuidar para que nenhum judeu escape ao fogo.

— Como sabes?

— Pertenço à côrte do Cardeal de Veneza — respondeu o homem.

O cardeal nada mais perguntou. Sabia que o Cardeal de Veneza era a pessoa mais bem informada de Roma. O Cardeal de Veneza não era apenas um dignitário da Igreja, mas era antes de tudo um representante da República Veneziana. Sabia que os espiões venezianos a serviço do cardeal descobriam o que se passava na côrte do Papa antes mesmo que os próprios cardeais. E sabia que podia confiar nêle.

— Môço, não sei quem és, mas a Igreja se tornou tua devedora pelo serviço que lhe acabas de prestar — disse. — Quero expressar-te os meus agradecimentos.

O jovem retorquiu:
— Um favor por outro. Em paga, desejaria ser informado de qualquer mal que o Gueto de Roma possa recear do Vaticano.
— O quê? Um amigo dos judeus?
— Não, um amigo da Igreja.
O jovem retirou a máscara e o cardeal reconheceu Pastile, o pintor.
— Pastile, o pintor de Veneza! — surpreendeu-se o cardeal.
— Que tens a ver com o Gueto?
— Perdi lá meu coração — respondeu o pintor.
— E os olhos permanecem atentos onde repousa o coração... — sorriu o cardeal.

De nada adiantou à bela Império pôr os seus grandes olhos de safira, os quais, dizia-se, não tinham par em tôda a península italiana, a instar com Sua Eminência para que aguardasse o grande momento em que trariam o papagaio na gaiola de ouro e lhe concedesse a honra de ouvi-lo recitar o verso de Virgílio. Mas o cardeal achou que a sorte de dezenas de milhares de criaturas era mais importante que o papagaio. Fê-lo, porém, não por amor às dezenas de milhares de vidas, nem para honrar a fé cristã, mas sim pelos interêsses da Igreja.

Meia hora mais tarde, prostrava-se aos pés de Sua Santidade, na alcova papalina, implorando:
— Santo Padre, a Igreja está em perigo. Da Alemanha nos vem a notícia de que as teorias atéias do herege Lutero se expandem por todo o país como uma epidemia. A Inglaterra também se afasta de nós. Na França espalham-se as idéias dos incréus. Andam queimando pùblicamente nas cidades as bulas papais. O trono de Pedro estremece. Os reformadores adquirem crescente número de adeptos. Agora, se o mundo vier a saber que mandastes queimar dezenas de milhares de criaturas — ninguém deixará de saber que foi obra do Vaticano, pois os judeus têm gente sua em tôda a parte, em tôdas as côrtes existem médicos e financistas judeus — o fato será utilizado contra a Igreja, e isso proporcionará mais material aos hereges e reformadores para seus cruentos ataques à Igreja e lhes permitirá arrancar ao trono de Cristo mais povos e países.

O Papa franziu os cenhos, fechou os olhos como se dormitasse e não respondeu.

A um canto, junto à porta, encontrava-se o governador de Roma com o edito na mão, à espera da decisão do Pontífice.
— Quanto foi que os judeus te pagaram? — perguntou afinal o Santo Padre ao cardeal.

Êste permaneceu calado por um momento. Ergueu-se, persignou-se e disse:
— Deus é minha testemunha de que só o faço em interêsse da Igreja. Inventai para os judeus os suplícios e as penas que

vos aprouver, mas procedei de maneira que ninguém os atribua
à Santa Igreja. Os judeus se tornaram uma fôrça na côrte do
Sultão. Príncipes e reis procuram sua amizade. Disseminados
como estão pelo mundo inteiro, podem ser de grande valia para
nossos inimigos.

— Príncipes e reis podem procurar a amizade do judeu na
côrte do Sultão, mas não o Sumo Pontífice da Cristandade. Não
quero ter nada a ver com os inimigos de Cristo — disse o Papa
com firmeza.

Por fim o governador de Roma fêz-se ouvir:
— Santo Padre, se não podeis julgá-los com o fogo, julgai-os
com a água.
— Que queres dizer? — indagou o Papa.
O governador lançou um olhar para onde se achava o cardeal.
Sua Santidade fêz um sinal a êste, que obedeceu, deixando o
aposento onde ficaram a sós o Papa e o governador.

— As águas do Tibre transbordam todos os anos e inundam o
Gueto — explicou o governador. — Quando obrigastes os judeus a aumentar a altura de seus muros, êles o fizeram de forma
tão astuciosa que reforçaram as margens do rio e construíram
diques para impedir que as águas invadam o Gueto. Em setembro esperamos nova cheia. Ordenai e removeremos secretamente os diques do Tibre, e quando vierem as águas inundarão
o Gueto, afogando tudo o que existe naqueles porões — terminou o governador baixando a voz.

— E põe de guarda os meus fiéis suíços e os soldados alemães
para que durante vinte e quatro horas após a inundação nenhuma alma viva deixe os limites do Gueto — ajuntou o Papa.

— Ouvi — e o governador inclinou-se diante de Sua Santidade.

— E agora chama êsse Judas, o cardeal.

Quando Farnese entrou, o Santo Padre disse em voz piedosa,
erguendo os olhos para o céu.

— Não foi por amor aos infiéis que o fizemos, e tampouco
por causa dos proveitos materiais para nossa vida terrena, mas
foi pela nossa Santa Igreja, que nos ordena amar os inimigos.

E o Santo Padre, tirando o edito das mãos do governador,
lançou-o dentro da lareira acesa.

O cardeal porém não deixou de perceber a fagulha encoberta
que perpassou pelos olhos azuis do Papa.

5. A INUNDAÇÃO

No dia 15 de setembro de 1557, Roma despertou com a notícia de que, durante a noite, as águas do Tibre haviam inundado o Gueto. E o populacho de Roma, fiel à sua tradicional ânsia de distração e excitação, largou o trabalho rotineiro e afluiu em massa às muralhas do Gueto, com incontido prazer e agitada expectativa em face do grandioso espetáculo que lhe seria dado assistir, vendo criaturas humanas debatendo-se ante a morte.

As estreitas e tortuosas ruelas ao redor do Gueto já estavam apinhadas de gente, homens, mulheres e crianças — uns indo para o Gueto, outros de lá voltando. Todos apresentavam a fisionomia afogueada e alagada de suor, os olhos brilhantes e risonhos, bôcas escancaradas, anunciando-se mùtuamente a nova: o Papa proibiu a abertura dos portões do Gueto.

— Até que as águas cheguem ao alto da Piazza di Adea.

— Exceto os que estenderem os braços para a Cruz e concordarem voluntàriamente em se colocar sob as asas protetoras da Igreja.

— Para a maior glória da Igreja e para o divertimento do cristão.

Vinham eminentes patrícios romanos, envergando túnicas coloridas, recobertos por mantos de veludo azul e acompanhados por inúmeros fâmulos e servos a carregar almofadas a serem dispostas, para seus patrões, sôbre a muralha do Gueto. Transportavam ainda ricas alcatifas e tapeçarias multicoloridas, para que se instalassem cômodamente, e baldaquins para protegê-los dos raios do sol, cestos de frutas, vinhos e doces para se reconfortarem enquanto assistiam ao espetáculo.

Trabalhadores braçais, seminus e descalços, também afluíam, carregando os filhos nos ombros, rostos esfomeados e olhos sedentos, abrasados, ansiando por circo, distração, agitação... Vinham lansquenetes, soldados suíços que serviam no exército do Papa, em seus trajes de fantasia: calções coloridos e cada perna de uma côr. Vinham monges de várias ordens, franciscanos, dominicanos em manto cinzento e capuz sôbre a cabeça, descalços; grupos de freiras drapejadas de prêto, em largas procissões, com estandartes e flâmulas, entoando ladainhas. Vinham prostitutas, as belas cortesãs de Roma, as hetairas da aristocracia romana, antecedidas por criados a conduzir os papagaios em douradas gaiolas, a insígnia da profissão, que elas exibiam orgulhosamente pelas ruas... Cada mundana tinha à sua cauda um séquito de jovens, cavalheiros e damas, ricamente vestidos — a nata de Roma. Eram as vítimas de sua beleza, cativos de sua sedução, a sega de sua foice — quanto maior o cortejo de seguidores apaixonados, mais orgulhosa e imponente ela se pavoneava em sua cadeirinha sôbre os ombros dos servos... E como um rio de muitas côres a arder sob um fantástico ocaso, essa torrente humana fluía para as muralhas do Gueto judeu.

Os muros já estavam apinhados e guarnecidos de pessoas de tôdas as classes, sexos e idades. Servos altercavam, lutavam entre si, a fim de conseguir os melhores lugares para seus senhores sôbre os muros. Mouros negros armavam apressadamente baldaquins para seus donos, outros estendiam sôbre a larga muralha ricos tapêtes, tapeçarias de luminosas côres, coxins policrômicos para que os *signori* e as *signore,* os amos de sua vida ou morte, se instalassem cômodamente. O amuralhado cinturão do Gueto banhava-se nas côres dos tecidos, sêdas, veludos e brocados, com os quais se engalanava a aristocracia de Roma, que em tão grande número honrava as muralhas da judiaria. Ao sol, flamejavam as figuras e paisagens das ricas tapeçarias, as tintas das frutas e animais que se espalhavam pela tessitura das alcatifas que recobriam os muros. Como o rumor de um rio represado, ressoava a bulha da plebe que enchia a muralha e, de quando em vez, reboavam, qual súbita trovoada, o riso, os gritos jubilosos e o rumoroso encanto provocado pelo grandioso espetáculo, pela dança macabra de criaturas humanas a debater-se perante a morte, que se desenrolava do outro lado da muralha do Gueto...

O fatídico número que ali se executava começara assim: Durante a noite ainda, os habitantes do Gueto, que residiam em porões reformados por falta de espaço, ouviram estranhos e ameaçadores golpes nas paredes de suas moradias — como algum inimigo que pretendesse alcançá-los. Os moradores do Gueto, a quem, como já foi dito, os decretos papais proibiam de alargar a área da judiaria, na necessidade de arranjar um lugar onde se acomodar, enterraram-se como vermes no chão, construindo, abaixo do nível da rua, corredores e mais corredores com moradias. Os ocupantes dêsses porões sabiam o que poderiam significar os golpes nas paredes e quem seria o inimigo que os abordava. Saltaram, pois, de seus leitos, como que despertos por um incêndio, agarraram os filhos, os velhos e os enfermos. Quem pôde, ou teve tempo, apanhou ainda de suas posses o que lhe caiu debaixo das mãos, e correu para os andares superiores dos vizinhos, ao mesmo tempo que alertavam uns aos outros, por meio de pancadas nas paredes, da aproximação de um inimigo apressado e poderoso: "Aí vêm as águas!..." O brado alastrou-se como algo de terrível, de casa em casa, arrancando os moradores do Gueto do profundo sono em que se achavam, para que salvassem suas vidas. Mas a água avançou muito mais depressa do que o terror. Envolveu-os mais ràpidamente que um incêndio. De repente, sem que se soubesse como, começou a jorrar pelos assoalhos das casas. As pessoas afundavam inesperadamente com suas camas, móveis e objetos domésticos em pantanais. Começaram a chapinhar em charcos profundos e úmidos que sumiam sob os pés. A terra parecia desaparecer debaixo dos passos. Está à vista e mal se dá um passo, afunda... A água sobe a olhos vistos e não cresce em altura, como o fogo, mas parece crescer em profundidade... Cada vez mais funda, cada vez mais estranha e assustadora...

Quando os judeus viram a água subir incontida e irrefreável, precipitaram-se em massa aos brados de socorro — carregando nas costas crianças, velhos e trouxas com seus bens — para o portão do Gueto. Mas inúteis foram seus golpes no portão, só se ouviam de fora os passos solitários dos guardas da muralha, os quais, armados de alabardas pontiagudas, andavam de um lado para outro.

— Em nome de Deus, abram, estamos nos afogando! — gritavam os judeus golpeando o portão.

— Não temos ordens — responderam as vozes rudes, e seus passos voltaram a ressoar.

Os mais velhos aceitaram o fato consumado e ficaram à espera de um milagre. Foram os primeiros a se acolher aos aposentos superiores dos edifícios. Os mais moços, contudo, a quem a vida e o sangue exigiam salvação procuravam meios de escapar. Muitos se alçaram pelas grossas muralhas e realmente assim se salvaram algumas vidas. Mas os guardas não tardaram a perceber e a usar suas afiadas alabardas contra as mãos crispadas que se aferravam aos muros, repelindo-as para dentro da judiaria. E todos se refugiaram nos aposentos mais altos dos prédios — à espera de um milagre.

Quando a população romana assediou as muralhas do Gueto, as águas já reinavam majestosamente em tôda a sua superfície. Na Praça de Giudea só se via a beirada da fonte que se erguia em seu centro. E na Praça do Templo nada mais era visível, só a água lavando as grossas paredes dos edifícios de portas e janelas trancadas, procurando insinuar-se traiçoeiramente em algum vão, fresta ou abertura. Nas janelinhas dos andares superiores, nos nichos e cornijas, nas pontes que levavam de uma a outra casa, em suma, em cada abertura viam-se criaturas de rostos aterrorizados e braços estendidos, empurrando-se uns aos outros, uma cabeça despontando acima de outra, um rosto espiando acima do outro, enquanto os braços se erguiam uns sôbre os outros — clamando por socorro à multidão empoleirada nas muralhas. Mães suspendiam as criancinhas sôbre a cabeça, mostrando-as pelas janelinhas ao povo de Roma, suplicando que as salvassem. Jovens afastavam-se das janelas, cedendo o lugar aos velhos, que estendiam as mãos implorando ajuda às pessoas nas muralhas. Mas os rogos dos anciãos, o pranto das mães, os gritantes olhos apavorados das crianças só suscitavam maior divertimento, maior excitação e aumentavam o valor do espetáculo, provocando risos e caçoadas.

— Mostrem-lhes a cruz!... Que se atirem ao chão e beijem a cruz!...

Aqui e ali, sôbre a muralha, monges franciscanos e dominicanos erguiam cruzes, mostrando-as às cabeças judias que se projetavam das janelas. De algum lugar, as freiras extraíram uma pintura sacra e a apresentavam aos punhados de cabeças, apontando com o dedo para Jesus, querendo significar que só êle poderia ajudar. Mas, ao avistarem as cruzes, a efígie sacra e os estandartes de igreja que lhes eram oferecidos, os judeus voltaram as cabeças, os velhos fecharam os olhos, taparam as faces com as mãos, para não ver. As mães recolheram seus filhos e cobriram-lhes os rostos com suas túnicas e lenços para que não olhassem o Deus estranho.

— Povo obstinado!... Como se atreve a voltar a cabeça ao símbolo de Deus!... Está atacado de cegueira, como diz a Sagrada Escritura — observou um monge dirigindo-se a outro.

— Tudo isso é obra de Satã que os impede de contemplar o Divino Semblante. Desde o instante em que êles torturaram nosso Deus, Satã se apossou de suas almas, e quando avistam a face de Deus, Satã chora nêles e não os deixa ver o Divino Semblante.

— Foi Santa Maria quem os amaldiçoou. Quando despregaram seu amado filho da cruz, ao ver os buracos que lhe fizeram nas mãos, ela os castigou com a maldição de nunca poder olhar para seu amado rosto. O sol os persegue, os atormenta, e êles não conseguem fitar o seu Divino Semblante.

— Devem ser atirados à água... afogados como ratos!...
— Como ratos!... como ratos!... — gritava o populacho sedento de maior agitação, de mais divertimento. Para a multidão não bastavam o terror e a angústia estampados nos rostos dos judeus apinhados sôbre os telhados e tôrres, nas lucarnas e nos sótãos, queria vê-los mesmo debatendo com a morte. O monótono fluir da água tornara-se-lhe aborrecido. Ainda não tinham visto ninguém se afogar.

— Precisam ser derrubados dos telhados!... Abaixo dos telhados!... Como ratos!... como ratos!... — delirava a turba.

Não tardou que se satisfizesse a sêde sanguinária. Das adegas abertas e dos aposentos inferiores a água começava a arrastar objetos de uso doméstico. Dentro da água nadavam móveis, mesas, bancos e outros objetos caseiros, aves e animais domésticos afogados. O populacho se excitou na expectativa. Cada peça de mobília, cada vestimenta que surgia na água, desencadeava nova gritaria, brados de alegria e dedos apontados. Logo depois a água começou a arrastar também corpos humanos, cadáveres de crianças e de velhos; os corpos humanos inflamaram o sangue da plebe romana e os vivas e exclamações eram tais que parecia estarem vendo seu redentor, seu herói, seu salvador.

— É o mar dos Faraós!... Deus trouxe sôbre os judeus o mar dos Faraós!... É o dia da vingança do Senhor sôbre seus inimigos!...

— Viva Sua Santidade Paulo IV, o fiel servo de Deus que tomou a si desagravar o Senhor!...

— O sangue de Deus foi justiçado!...

Cá e lá, monges ajoelhavam-se sôbre a muralha e, de olhos beatìficamente arregalados, proferiam uma oração pelas almas dos afogados, rogando a Deus que se compadecesse delas e as recebesse em seu reino celestial. E estendiam as cruzes sôbre as águas onde flutuavam os cadáveres...

Ao longe, ouviu-se o solitário badalar de um sino de igreja e a multidão apressou-se a inclinar a cabeça. Os monges ajoelharam-se e entoaram cânticos sacros.

Sôbre a muralha do Gueto apareceu o Santo Padre conduzido numa liteira, em trajes rubros, acompanhado por um séquito de cardeais e outros dignitários da Igreja. Desde cedo havia um baldaquim preparado, com enfeites de brocados e outros tecidos caros, para que o Santo Padre pudesse assistir e observar a tudo quanto se passava no Gueto. O povo emudeceu ao deparar o Pontífice. Todos ficaram esperando com o coração palpitante e cheios de curiosidade pelo que iria acontecer.

Os judeus, nas tôrres, nas janelas e sôbre as pontes, avistando o Santo Padre, prorromperam em pranto e lamentações, estendendo das janelas os Rolos da Torá. Mães apresentavam seus filhos, implorando em altos brados:

— Em nome de Deus, salvem-nos!... Salvem-nos!...

— Abram os portões!... Estamos nos afogando com mulher e filhos!...

Todos olharam para o Santo Padre, mas o rosto do Papa estava torvo e silencioso e as rugas se aprofundavam sombrias, como um mar tempestuoso, enquanto seus olhos pareciam dormitar, de tanto que se abismavam nas dobras de sua fisionomia taciturna e sinistra.

6. O MILAGRE

O populacho de Roma logo conseguiu o que desejava. Os judeus, compelidos pelas águas ou pela esperança de que com a presença do Santo Padre seriam resgatados mais depressa, lançaram-se sùbitamente para fora de suas casas, pulando das janelas para a água e, segurando suas crianças e velhos acima das cabeças, começaram a caminhar. A água estava bem alta, chegava até metade do corpo de alguns, alcançava o pescoço de outros. Mas caminhavam, mães com filhos sôbre a cabeça, pais que erguiam os filhos nos braços. Outros traziam suspensos nos braços Rolos da Lei, outros ainda carregavam anciãos.

Chegados junto daquele ponto da muralha em que se achava o Santo Padre, levantaram em sua direção os Rolos da Torá e as crianças, e puseram-se a implorar:

— Abram os portões do Gueto!... Estamos nos afogando...
— Em nome de Deus, salvem-nos!...
— Somos todos cidadãos de Roma!... Os Papas sempre nos tomaram sob sua proteção...

O Papa escutou seus rogos, e, sentado em seu trono, levantou o dedo no qual usava o anel e acenou para o governador de Roma que se achava em seu séquito, para que acalmasse os judeus.

O governador ergueu-se de seu assento e dirigiu a palavra aos judeus:

— O Santo Padre não pôde restar tranqüilo em seu lugar, ao ser informado do grande infortúnio que se abateu sôbre o Gueto judeu e veio em seu auxílio, não porque o mereçam, mas porque Deus nos ordena amar nossos inimigos — disse o governador.

— Sabíamos que o Santo Padre teria piedade de nós! — gritaram os judeus do bôjo das águas numa explosão de alegria.

— Não é possível abrir os portões — continuou o governador. — A água, saindo do Gueto, iria inundar as ruas vizinhas e poderia causar prejuízo à Sagrada Igreja de Santa Angélica.

— E então?... Tende pena de nossos filhos, Santo Padre!... Estamos nos afogando nas águas...

— Não se afogarão... não se afogarão — careteou o governador imitando os judeus, para o júbilo e o riso de tôda a plebe romana que se encarapitava no alto, com um eco selvagem. — O Santo Padre já deu ordens e quinhentos soldados cristãos já estão trabalhando para vocês, malditos judeus!... Estão reforçando novamente os diques destruídos. Esperamos que dentro de algumas horas a água começará a refluir.

— Mas até lá estaremos todos afogados!... — gemiam os judeus.

— Não se afogarão... — e o governador de Roma careteou mais uma vez, imitando a massa de judeus nus. E o eco ridente do populacho voltou a estalar sôbre a muralha.

E logo os suíços com suas longas alabardas puseram-se a afugentar os judeus de perto da muralha. Êstes volveram os olhos para o céu sem saber o que fazer. Criaturas de tôdas as idades, homens e mulheres, ali se amontoavam seminus e encharcados. De muitos, divisavam-se os peitos cabeludos, as costas arqueadas, cabeças curvadas e olhos assombrados e cheios de mortal terror. Os rostos barbudos a espiar da água incitavam ao riso, e o populacho saciava sua fome de divertimento e sua ânsia de riso nas fisionomias crispadas de homens e mulheres em pranto. Alguns já nem conseguiam manter-se de pé. A correnteza os puxava como lascas de madeira flutuantes. Eram principalmente as mulheres que o caudal arrastava, arrancando-lhes os últimos pedaços de camisa ou vestido, desnudando-lhes o corpo. Os seios pendentes das mulheres idosas, os corpos gastos e encarquilhados dos velhos judeus que já haviam experimentado os duros dentes de árduas desgraças, suscitavam no populacho risotas e caçoadas. Em vez de pena, a fraqueza e a impotência das criaturas semidespidas só despertavam sentimentos de desdém e comicidade, e a plebe se contagiou de irreprimível desejo de rir e de incitar. Perdera todo instinto humano, tôda a compreensão pelos sêres humanos. Só via nas cômicas figuras que patinhavam na água, de olhos assustados, em busca de um meio de salvar-se, motivo de chacota, como se fôssem cães, gatos ou ratazanas que se estivessem afogando nas águas. E a gana de rir contaminou a todos, pobres e ricos, plebe e aristocracia. Ria o cardeal e o artesão, o monge e o soldado, a freira e a prostituta, — todos, todos foram empolgados pelo espetáculo que tinham diante dos olhos. Todos, todos, desde o Santo Padre até o último lansquenete, se divertiam, se distraíam, riam da dança macabra que o Anjo da Morte executava diante dêles. Tôdas as faces mostravam-se excitadas, afogueadas. Os olhos brilhavam, as bôcas riam, as mãos abanavam, os senhores com suas togas, as damas com seus xales, os monges com suas flâmulas, os lansquenetes com suas lanças — todos riam... riam... riam...

— Vejam aquêle ruivo ali, o de barba vermelha... vejam seu peito cabeludo!... Vejam... vejam... êle cambaleia como um bêbado!...

— Bêbado de água!... Bebeu bastante hoje...

— Vênus, oh! deusa bela! Deves pedi-lo ao Papa de presente. Poderás colocá-lo como Pã em teu Jardim das Delícias. Serás a única Vênus a possuir um Pã ruivo. Até os deuses te invejarão — disse o Cardeal Farnese à formosa Império que, com seu cortejo de admiradores masculinos e femininos, ocupava um dos lugares mais destacados na muralha do Gueto.

— Não permitiria tal ventura ao judeu, a de estar no jardim de Vênus e tôdas as manhãs assistir por entre os ramos a seu banho na Fonte da Vida. Oh! eu logo trocaria de lugar com êle — observou o jovem embaixador florentino, ao que a linda Império lhe concedeu a beijar a unha de seu dedo mindinho, pela homenagem que lhe era prestada.

— Olhem só, olhem aquêle ali, com o barrigão. Mal consegue ficar de pé. Mais um instante e sua careca desaparecerá debaixo d'água, como uma lua cheia... — riram, apontando com o dedo um para o outro, as pessoas de um em outro grupo.

— Pena perder-se um corpo tão gordo — mofou outro.

— O que fazer com êle?

— Seria uma boa isca, em lugar dos vermes, para apanhar peixes.

— Olhem... vejam... vejam... quem é que vem nadando ali?

— O que é isso?

— Quem será?

Aos poucos as risadas começaram a apagar-se, substituídas por incompreensão e terror. Os espectadores da muralha foram tomados pelo quadro que se lhe oferecia. Quedaram-se mudos e frementes em face da beleza que se descortinava a seus olhos.

Saindo de um beco, sôbre uma tábua ou móvel qualquer, vinha vogando uma jovem mulher. A seus pés, num pedaço de pano, jazia um homem de avançada idade, cabelo e barba grisalhos. A mulher estava quase nua. A simples túnica amarela, que lhe cobria o corpo, caía encharcada e lhe escorregava sôbre os braços e as espáduas, revelando encantadora nuca de delicados contornos, continuada em ombros arredondados que desciam qual fresca cascata, numa linha leve e flutuante. O dorso, modelado, de rija articulação, recortava-se ao sol como fogueira acesa e brincava com os músculos como se estivesse sorrindo. Seus bastos cabelos, de um negror luzente, cascateavam-lhe sôbre os ombros e o peito, encobrindo a suave elevação dos jovens seios, dos quais apenas se percebia a alvura, como raios de sol atravessando uma espêssa folhagem de ramos... Ela não implorava nem erguia as mãos para o populacho pedindo ajuda. Como que envergonhada de sua nudez, mantinha a cabeça inclinada sôbre o peito, e, ajoelhada, fitava penalizada o velho que jazia a seus pés como uma vítima votada ao holocausto, como um supliciado. E a fisionomia da môça, tôda a sua atitude exprimia tanta compaixão, tanta angústia e profundo sofrimento, que o populacho como que se envergonhou de si mesmo, do espetáculo todo, de tudo o que se estava passando. Um a um, extinguiram-se os gritos, cessaram o bulício, as gargalhadas, e reinou silêncio sôbre a muralha.

A plebe romana, habituada desde sempre a ver divindade no belo, enxergou na figura daquela mulher uma espécie de ser divino. Pareceu-lhe já ter vislumbrado algures aquela imagem. A muitos ela dava a impressão de uma miragem, algo de sobrenatural. Parecia-lhe ter diante dos olhos uma visão miraculosa.

A nudez da môça, seu olhar magoado e seu corpo flexível, que parecia esconder em si o casto sorriso de seu semblante, irradiava piedade e remorso. O povo já não estava vendo os decrépitos judeus, já não ria das mulheres nuas na água. Pelo contrário, o quadro dos judeus com seus Rolos da Torá nos braços, das velhas mulheres encurvadas com os filhos ao colo, suas lágrimas, seus rogos, adquiriram, graças à jovem desnuda a vogar sôbre as águas, um nôvo encanto. Tornou-se como que a aparição de uma cena bíblica, como que um grupo de santos peregrinos atravessando um mar, tendo à frente a Santa Mãe, Nossa Senhora da Piedade.

Aqui e ali, percorrendo o muro como suave brisa, já se ouviam murmúrios entre o povo:

— Salvemos!...
— É gente se afogando!...
— Uma vergonha perante Deus!...
— Pecado!... Pecado!...

De repente, alguém apareceu dentro da água. Caminhava com água até o pescoço. Era alto. Vinha de uma das ruas e aproximou-se da tábua flutuante, sôbre a qual se encontrava a jovem e o ancião. Chegando perto, tirou do bôjo da água uma comprida cruz de ferro com um Cristo prêso a ela, e ergueu-a bem

alto, acima das cabeças dos judeus nus, indicando com a outra mão a cruz ao povo na muralha.
O populacho sôbre a muralha foi tomado de terror. Aqui e ali, grupos de monges se puseram de joelhos e, sùbitamente, ouviu-se em voz alta um cântico sacro que ressoou por tôda a muralha, sôbre as águas, sôbre o Gueto, sôbre Roma inteira.
— A Santa Mãe vem vogando!... Nossa Senhora da Piedade!...
— Povo cristão, olhe!... Veja!... A mãe de Deus vem vogando!...
Todos os olhares se dirigiam para o palanque onde estava sentado o Santo Padre e seu séquito. Paulo IV cobriu o rosto com o manto de púrpura, não querendo ver.
E de repente estalou como que uma tempestade: de todos os lados erguiam-se mãos apontando para o Papa e pela multidão correu um murmúrio:
— Salvemos!...
— Que se abram os portões do Gueto!...
— Salvemos!... Salvemos!...
— Pecador! — e um monge apontou sua cruz para o Papa.
— Anticristo!
— O diabo está ocupando o trono de Cristo!...
— Anticristo!
Com suas achas e lanças os mercenários suíços abriram caminho para o Papa, afastando a turba enfurecida. E Paulo IV desapareceu da muralha juntamente com seu séquito. Assim também sumiram um a um os cardeais, as cortesãs, os senhores, os altos dignitários da Igreja, dominadores de Roma e do mundo, deixando os tapêtes e as tapeçarias multicoloridas sôbre a muralha do Gueto a reverberar suas côres aos raios do sol.
Arrombados foram os portões do Gueto, tôdas as portas se escancararam e a água do Gueto irrompeu pela muralha, parecendo querer inundar Roma inteira.

7. A LENDA

Em Roma propagou-se a lenda: Nossa Senhora aparecera na terra. Encontrava-se em algum lugar entre os judeus no Gueto e fôra quem, por incompreensível motivo e desconhecido fim, salvara os infiéis da destruição. Monges de diferentes Ordens, freiras e cristãos devotos lançaram-se ao Gueto, procurando dissimuladamente descobrir no fundo das lojas ou nas casas fechadas algum vestígio daquela a quem oravam, nas mãos de quem se achavam as chaves dêste e do outro mundo, daquela que acedera em ser filha do povo amaldiçoado, que voltara e permanecia entre êsse povo.

Foi em vão que bispos e cardeais ordenaram aos padres que esclarecessem o seu rebanho, nas igrejas, de que se tratava apenas de uma feiticeira, a qual, usando satânico poder, assumira a figura de Nossa Senhora para enganar o povo cristão. Encontraram mesmo testemunhas que declarassem nas igrejas, perante o povo, terem visto pessoalmente a mulher que vogara nas águas mostrar, sob o vestido, os pés de cabra. Outros ainda contavam ter observado no Gueto judeu, saindo de uma das casas, uma mulher que tinha cornos na cabeça. Mas o povo continuava por demais impressionado com o quadro que lhe fôra dado contemplar e a lenda da Santa Mãe se foi espalhando cada vez mais entre a plebe.

O populacho de Roma sempre acreditou que no Gueto se acolhiam feiticeiras e bruxas, que as mulheres judias mantinham pacto com o diabo, o qual lhes transmitia um poder mágico e lhes ensinava a maneira de conservar sempre o viço de seus corpos e a juventude em seus rostos, a tingir os cabelos nas côres que desejassem. E que elas conheciam certos elixires com que conseguiam instilar o amor no coração de qualquer homem e torná-lo submisso. Contam as crônicas da época que as mais belas cortesãs de Roma desciam até o Gueto para aprender com as judias o segrêdo da eterna juventude, que estas haviam obtido diretamente de Satã.

Mas a plebe acreditava também que o poder de Satã se limitava ao homem e a tudo o que concerne ao homem, sua felicidade, sua grandeza, seu domínio — em tudo isso a mão de Satã podia agir. Mas não lhe era dada influência sôbre os Santos e a Divindade; jamais poderia o Demônio disfarçar-se de Deus. Por isso foram baldados os esforços da Igreja a fim de convencer o povo que fôra Satã quem salvara os judeus. O fato de ter a Santa Mãe aparecido em pessoa reforçou o povo em sua crença e a lenda de Nossa Senhora no Gueto judeu criou fortes raízes, contra a vontade dos padres e a despeito da impotente cólera da Igreja...

— Mesmo um ser divino é sujeito às fraquezas de um simples mortal. Vendo que atormentavam os seus, acudiu para ajudá-los — dizia o povo nas igrejas.

— Não é de admirar. O sangue não sabe o que é descanso e, mesmo quando corre nas veias da Santa Mãe, êle a atrai para os seus...

— Cada qual é atraído pelos seus...

— E eu digo que é preciso cuidado com os "malditos". Mesmo excomungados e repudiados como são, possuem forte patrono no céu. O próprio Cristo, embora filho de Deus, é antes de tudo um judeu. Por mais que os renegue, quando os vê torturados, sente-se ferido.

— E ela, uma judia... Embora lhe crucificassem o filho, não consegue separar-se dêles. É qual uma nora em casa do sogro que está sempre do lado dos irmãos... — acrescentou uma mulher.

A Igreja percebeu o perigo nas falas do povo e exigiu que a Inquisição descobrisse o paradeiro da feiticeira para queimá-la em praça pública. E a Inquisição não queria outra coisa: cada noite enviava seus esbirros ao Gueto, onde arrancavam das casas mulheres e môças, e, sob torturas, obrigavam-nas a confessar que estavam em contato com Satã. E algumas feiticeiras foram queimadas em praça pública, mas não conseguiram encontrar a verdadeira. E não puderam extirpar da bôca e do pensamento do povo a lenda de Nossa Senhora no Gueto judeu.

Pastile, o jovem pintor veneziano, aliás o único culpado pela salvação dos judeus, para começar, conduzira o ancião cego e sua linda neta para fora do Gueto, escondendo-os num convento desabitado em que estava pintando afrescos do Velho e do Nôvo Testamento para as freiras da Ordem de Santo Antônio. O convento do Sagrado Coração ficava numa rua afastada, rodeado de um vasto parque que era cercado por alto muro. Na capela, onde Pastile pintava seus afrescos, havia uma entrada secreta da qual possuía a chave e ali abrigou seu tesouro.

Iossef Pinsi, conterrâneo e amigo dêles, em cuja casa o cego Rabi Iaacov se refugiara, voltou para o Gueto, mas o Gueto não oferecia mais segurança. Os judeus, para quem se estava tornando intolerável a vida em Roma sob o reinado de Paulo IV, procuravam meios de escapar da Cidade Eterna para a Úmbria, cujo príncipe os convidara a se instalar em Pesaro, só para contrariar o Papa.

Pastile prometera levar o velho Reb Iaacov e sua neta para Veneza. Ao se despedirem de Iossef Pinsi, a quem consideravam na verdade um membro de família, haviam combinado encontrar-se em Ancona, o pôrto mais próximo de Roma. Lá Pastile lhes arranjaria um barco veneziano que os transportaria a todos até Veneza. E em Veneza esperavam embarcar num dos navios turcos pertencentes a judeus e então em constante tráfego entre Constantinopla e Veneza, a fim de arribar em terras do Sultão, onde judeus e marranos viviam na abastança e no respeito, e onde sua conterrânea e protetora, a riquíssima Grácia Mendes, e seu genro Iossef Nasi, desfrutavam de grande poder e influência na côrte do Sultão.

Iossef Pinsi, administrador e agente da casa Mendes em Roma, tinha sob a sua guarda enorme fortuna em sêdas, jóias e pedras preciosas que lhe cumpria transferir de Roma para Veneza. Naquela época não havia estradas na Itália. O único meio de transportar mercadorias era por via marítima ou em lombo de burro pelas trilhas agrestes, com a escolta de guardas e cavaleiros. Os caminhos eram perigosos e para um judeu com um tesouro constituíam morte certa. Mas Iossef Pinsi tinha que transferir de qualquer forma êsses haveres em lombo de burro, de Roma a Ancona, e ali chegando corria ainda o risco de ser descoberto pela Inquisição que o mandaria à fogueira e lhe confiscaria os bens. Assim precisava efetuar a viagem sob o maior sigilo, com nomes supostos, como mercadores venezianos e Pastile prometeu arranjar-lhes trajes venezianos e atestados de que se achavam sob a proteção da República de Veneza.

Na verdade, não sabiam nem por que Pastile procedia assim com êles. Por que se aventurava e fazia tudo aquilo por êles? E embora naqueles tempos não fôsse raro um ou outro cristão ligar-se estreitamente a judeus, o velho Rabi Iaacov, cuja única felicidade era a neta Iafata, e cujo único objetivo na vida era cuidar dela, filha que era de seu amado filho Iossef, o mártir pela fé, queimado nas fogueiras da Inquisição lisboeta, sentia-se algo inquieto.

Na presença de Pastile, o velho prendia a nívea mão da jovem na sua, não tirando a outra mão trêmula do ombro dela, como que receando algo. Mas a sinceridade do môço, sua maneira de falar, sua reserva e seriedade em relação a êles, e, principalmente, o fato de ter arriscado a vida por êles, tudo isso terminou por implantar no próprio velho Rabi Iaacov confiança e fé nesse estranho, com o qual começou a contar.

Aliás, não havia outra alternativa senão aceitar o auxílio de Pastile. A Inquisição organizava verdadeiras caçadas no Gueto. Cada noite eram assaltadas casas diferentes, de onde se arrancavam as mulheres jovens que tivessem semblante piedoso e olhos virginais ou que de alguma forma recordassem a figura que aparecera vogando pelas águas. Eram atiradas às câmaras de tortura da Inquisição onde, sob tôda a sorte de suplícios, eram obrigadas a confessar que sua formosura se devia a Satã e sua delicada graça às artes de bruxaria. Depois eram queimadas em público nas ruas de Roma.

8. O DUPLO CORAÇÃO

Na capela do convento do Sagrado Coração, onde Pastile pintava seus afrescos, durante as tardes penetrava uma luz morna que se erguia, qual nuvem de poeira no ar, através dos profundos azuis e dourados, das côres dos santos nos vitrais do convento. Duas colunas de pó a jorrar dos olhos dos santos, como de duas fontes profundas, caíam, brilhantes, sôbre a vastidão deserta da capela, lançando-se de uma extremidade à outra, iluminando em caminho, com esquisita e misteriosa luz, os Patriarcas, os Profetas, os Apóstolos e os Santos que olhavam das paredes nos afrescos de Pastile. A um ângulo da misteriosa capela, sob as vistas de todos aquêles santos, aos quais aquela luz infundia vida, achava-se o velho Rabi Iaacov, meio atordoado desde os momentos de terror no Gueto e sem saber onde se encontrava. Constantemente deitado, imóvel no seu canto, apenas mexia os lábios. E junto dêle como sempre, Iafata, sua neta.
No alto, sôbre sua armação, Pastile, o pintor, entregava-se à sua faina. Olhava para baixo, observando o grupo lá no canto.
As estrias de pó iluminado, atravessando a vastidão deserta da capela, incidiam nos cabelos e em meia face de Iafata. O pintor via as finas e sedosas madeixas que se soltavam de seu penteado liso e caíam sôbre a alva nuca. Via a delicada pele, a melancolia do sorriso e a encantadora pureza expressa no olhar.
Ali, à luz da dourada poeira que se derramava pelos vitrais, ali, na profundeza daquele canto, à sombra das brancas colunas,

em companhia de todos aquêles santos e patriarcas nas paredes, ela, a filha de Israel, mais do que nunca parecia a própria santidade. O grupo lá no canto, o judeu cego, com sua barba rala e grisalha e a cabeça calva, a olhar em derredor com ar atoleimado — e ao seu lado a triste e acabrunhada donzela — era como se uma das cenas que acabava de debuxar na capela descesse das paredes e se movimentasse lá no canto... Ela era assim, Santa Maria, a filha dos homens, por quem Deus se apaixonara e a quem concedera a graça de trazer aos homens o consôlo do mundo...

Assim devia ser ela, Maria, naquela noite, quando se escondera numa cabana entre os pastôres, no campo de Belém, para dar à luz seu filho — assim devia ser na estrada, quando fugia com José, seu marido, para o Egito. É como devia parecer-se então, naquele momento, no momento máximo da elevação universal, quando o olhar de Deus a distinguiu e a tornou a Sua eleita.

Pastile pertencia àqueles pintores em quem o entusiasmo pela Virgem Maria se compunha de um misto de amor divino e amor terreno. Sendo religioso por natureza e por educação, dedicava à Mãe de Deus aquela espécie de adoração que só se encontra em naturezas devotas nos seus mais sagrados êxtases. Porém, quanto mais se entranhava nêle o fervor religioso, mais pecaminoso êle se sentia — sentia no fluxo de seu sangue o bramido humano, a trama do diabo na paixão do desejo... Contemplando-lhe o rosto, erguendo para ela as mãos, ajoelhando-se diante dela, rogava para que a Santa Virgem o despisse de tôda fraqueza humana, para que o elevasse e o introduzisse no tesouro celeste da pureza e da purificação. Mas, ao entrar, pela imaginação, no reino da pureza e da purificação, sentia-se tão próximo a ela, tão envolto em seu amor e ternura, tão achegado e unido a ela, que já não sabia se era um enfraquecimento da pureza sublime, ou uma distinção a êle conferida, uma graça especial que ela lhe outorgava... Aparições e alucinações o perseguiam durante a noite — via-se em humana e encarnada intimidade com sua deusa, pairando sob seus seios em divino êxtase... e sua consciência era atormentada pelo remorso e pelo desejo...

Em Iafata, na môça do Gueto judeu, via a encarnação da Santa Virgem. Acreditava, como muita gente acreditava então, que a Divindade baixara à terra e assumira formas humanas. Estava convicto de que Santa Maria acedera, por algum estranho motivo, a revelar-se na môça. O milagre que por meio dela ocorrera durante a inundação, quando o povo inteiro de Roma ficara de repente deslumbrado e julgara ver Nossa Senhora no corpo da donzela judia, persuadira-o ainda mais de que um sagrado espírito lhe sobrepairava. Êle a endeusava, não só por assemelhar-se tanto à imagem da Mãe de Deus que trazia na sua imaginação. Mas, vendo essa imagem em carne e osso, movendo-se, falando, fitando-o, o seu ardente desejo irrealizado, que flamejava por aquela figura sagrada, derramava-se como chumbo derretido em seu sangue e em suas veias, atraindo-o para ela. Ardia por ela com irreprimível paixão, apenas refreada por sua crença religiosa, e expressava o seu anelo abrasador e confessava-o no quadro que pintava secretamente dela, como Nossa Senhora, para as freiras do convento do Sagrado Coração.

9. A IMAGEM

Fêz esboços e debuxos da cabeça de Iafata, de seu rosto e de seus movimentos. Perscrutou-lhe cada gesto, durante o tempo todo em que ela permaneceu no convento e lhe foi possível observá-la.

Lá em cima, sôbre o andaime, Pastile tinha o seu canto de santuário, onde pintava todos os dias, como em prece, a imagem da môça judia do Gueto como a Santa Virgem. Era sua oração, seu mísero bocado de amor e sua limitada concepção humana do Infinito, a pobre dádiva que com seus próprios meios oferendava a Deus. Não conseguia ver nem representar Santa Maria, bem como a donzela do Gueto, como mãe com uma criança nos braços. Via-a como o Eterno Maternal. Era Mãe desde o primeiro dia de seu nascimento. Por isso compreendia melhor os primitivos bizantinos que a pintavam sòzinha, ou então, quando a pintavam com o filho, êste era um homem de barba, criança com feição de adulto. Ela tinha no colo não o seu filho, mas o filho do Universo, o homem. Assim, não pintou a môça judia à maneira tradicional, em cenas como estas: com a criança nos braços, ou então Nossa Senhora da Piedade ao chorar o filho crucificado. Pintou-a como a Imaculada Conceição, seguindo a tendência que, na época, empolgava os jovens artistas na apresentação da Virgem.

De uma nuvem de fumaça que se evola e envolve o globo terrestre, emerge uma figura virginal que se ergue sem asas, apenas com o corpo leve e juvenil, para dentro do céu. Um manto de veludo azul-celeste tomba-lhe das espáduas, derramando-se como ardentes línguas de fogo sôbre a terra. Ela assim devolve à terra a última coisa que a tornava terrena e revela-se ao sol radiante — corpo de menina, quase infantil, recém-amadurecida. Sua nudez só é divisada por um só instante, sendo logo oculta aqui e ali, numa ou noutra parte, nas nuvens esvoaçantes de seus cabelos, através dos quais, porém, como raios de sol através de nuvens, refulge a pele nacarada de sua carne. Está nua. A Divindade não conhece roupas, e seu corpo desnudo é quase infantil (como o pintou Fra Angelico, de quem Pastile era admirador). Mas há uma dissimulada e casta paixão escondida na inocência, na informidade do jovem corpo infantil. Ela mesma não quer nada, não sabe nada, mas se oferece a si mesma, integralmente, até a última gôta de sangue, como vítima imaculada, como sacrifício a Deus. Assim, eleva-se até Deus qual uma noiva. E em cada uma das células de seu corpo vibra o sangue, desperta e se insinua através da pele nacarada...

Voa seu corpo leve e infantil para o céu, porém o olhar continua para sempre prêso à terra. Mantém a cabeça curvada para a terra — a terra com que está ligada para sempre pelo sangue, pela qual lhe incumbe realizar seu destino, seu quinhão de dor e misericórdia. Pastile infundiu nesse olhar a fôrça de vidente, o poder de ver o invisível, o encoberto. Aquêles olhos pareciam enxergar a sorte reservada a cada um, e o destino que acompanha nossos passos. Ela vê o tormento e a angústia, a impotência em nossas míseras vidas, os extravios de nossos dias e a luta que é superior a nossas fôrças e sua bôca exprime tristeza pelo que seus olhos descortinam. Quanta angústia e piedade instilou êle no corte fino, delicado e fresco dessa bôca!... A tristeza divina e o remorso humano!... A fragilidade de que Michelangelo impregnara o esgar da bôca de sua *Pietà,* quando a Santa Mãe, jovem ainda, segura no regaço o filho adulto crucificado, como se fôsse uma criança... Êsse esgar, Pastile o emprestou à môça judia do Gueto, mas o esgar de angústia não estava ainda amadurecido como em Michelangelo. Velou-o nos lábios de sua obra num inexplicável sorriso, como se ela conhecesse o mistério de nossa redenção, o mistério dos dias finais e vislumbrasse a paz eterna e a calma sem fim após nossos temporários, pobres e inúteis descaminhos. Ela sabe o caminho. Com ela há calma e segurança, com ela se encontra a meta e o fim. E quem a segue é conduzido à opulência dos céus, à eternidade que está *adiante* e *atrás* de nós...

Já era noite e cingia a capela uma urdidura de sombras movediças e esvoaçantes que se estendiam pesadamente de uma coluna à outra por tôda a vastidão do convento. No alto, sentado no andaime, o artista examinava à luz de grossas velas de cêra o quadro que acabava de pintar. De repente, algo se apossou dêle. Esqueceu que era o autor da pintura, que ainda estavam úmidos os pincéis com que trabalhara. Pareceu-lhe não ser êle o criador daquela imagem, mas que a imagem o criara a êle. Assim fôra desde o primeiro dia da realização, e ninguém sabe como ela se realizou. Pareceu-lhe que uma aparição surgira em sua tela, vinda de esferas desconhecidas para trazer consôlo e ventura aos homens. O corpo jovem e virginal irradiava imensa felicidade a cada um e ao pintor afigurou-se que aquêle corpo lhe pertencia, que surgira para êle e por causa dêle, e, unido a ela por eterno laço, voaria com ela para fora do mundo, em direção a outras esferas celestiais e desconhecidas. Pareceu-lhe que o olhar, o semblante, os olhos, a bôca, tudo lhe pertencia, haviam aparecido para êle e por sua causa. Era a êle que ela olhava, a vida, o seu destino, as suas tolices e incapacidades. E era por êle que ela se entristecia, era dêle que se apiedava e era a êle que vinha livrar das estreitezas do mundo e levar para outros Universos... Ela lhe sorri e lhe promete tudo, tudo, felicidade celestial e terrena, sem limite e sem fim.

— Oh! ventura divina! Tu que tens o poder de outorgar infinitamente a bem-aventurança de tua tristeza celestial! Louvada sejas por teres vindo!... Oh! deixa que eu expire em minha total fraqueza sob teus alados seios... Conduze-me, em tuas leves asas, dêste mundo para a tua misericórdia...

E Pastile caiu desfalecido diante dela...

Descendo de seu alto andaime, segurava na mão a vela cujo clarão iluminou a môça judia deitada um pouco afastada do velho judeu, sôbre panos e almofadas, a um canto da capela, sob uma coluna. O manto azul-celeste que ela, ao libertar-se, deixara cair, ascendendo ao céu, no quadro de Pastile, estendia-se agora sôbre ela, deixando aparecer os pés infantis e nus e o rosto que repousava sôbre seus cabelos. Por um momento pareceu a Pastile que a deusa de seu quadro retombara do céu e jazia ali a seus pés como um pássaro ferido. Logo, porém, a imagem converteu-se a seus olhos na verdadeira donzela viva e palpitante, a eleita e esvoaçante filha dos homens, enquanto ali se encontrava apenas a pobre, perseguida judia a quem escondia dos esbirros da Inquisição. Já ia afastar-se, mas a luz da vela incidiu novamente sôbre o rosto da môça, iluminando-o. Êsse rosto trazia à mente aquêle outro diante do qual havia pouco êle ajoelhara e rogara que o elevasse à alegria celestial. Mas o semblante da jovem adormecida exprimia fragilidade humana, seus olhos fechados eram tão inocentes e cheios de humano desamparo como os olhos de uma pomba quando vão sacrificá-la. E nos cílios, à orla das pálpebras, na linha de junção aos olhos, pousava suave o amor humano que a Deusa não possuía.

E êle pressentiu que a Mãe de nossa felicidade celestial e terrena não voa nas alturas, elevando-se para Deus, mas jaz, qual pássaro ferido, submissa a nossos pés.

Dominou-o poderoso e irresistível anseio de contemplar o corpo, o corpo vivo e que respira, de sua deusa. Com o coração palpitante pegou no manto azul e com leve movimento tirou-o de sôbre a môça. Ante seus olhos revelou-se o corpo desnudo.

Êsse corpo era semelhante ao de sua deusa. Era também virginal, suave e imaturo como o que copiara de Fra Angelico. Mas o corpo da jovem viva e latejante era mais humano e por isso mais sagrado... Das pregas de seu colo e das dobras de seu ventre irradiava-se o desejo juntamente com a redenção humana, nossas vontades e nossos apetites. E pareceu a Pastile que nesse corpo vivo e acolhedor existia mais remissão e mais razão para a nossa vida — mais do que no seu quadro.

Ajoelhou-se diante do corpo. Não pronunciou nenhuma oração. Mas com os lábios ardentes de paixão beijou a fímbria do manto azul-celeste que retirara de sôbre a môça e que ainda conservava o calor de seu corpo.

E tornou a subir ao andaime, para junto de seu quadro. Ia enriquecer o corpo de sua deusa com a celestial opulência de que era possuidora a filha dos homens...

10. QUANDO OS SINOS DOBRAM

Desde cedo os sinos badalaram por todos os cantos de Roma. Por todos vales e colinas pelos quais se espalha a cidade, derramavam-se os sons do bronze. Alguns, de altos tons severos, causavam mêdo com suas metálicas vozes de baixo. Outros pareciam implorar com voz sonora e juvenil. Outros ainda, como que separados da congregação, chamavam à parte, a seus próprios deuses e suas próprias orações. Um sino se sobrepunha a outro. Um queria bradar mais alto que o outro. Uns ameaçavam, outros suplicavam. No ar, acima das cabeças das pessoas, pareciam rugir feras invisíveis, que se aproximavam cada vez mais para saciar sua cólera sedenta, ouvindo-se os gritos súplices, no expirar das fôrças, de suas encurraladas vítimas...
Desde cedo, estendiam-se pelas ruas de Roma longas procissões. De tôdas as igrejas e conventos eram transportadas as imagens sacras e os estandartes sob pálios vermelhos, acompanhados pelo solene e fúnebre clarão de grandes círios amarelos, levados pelas fileiras de sacerdotes trajados de branco. Ouvia-se brando e funéreo tilintar das sinêtas de prata agitadas pelos coroinhas que caminhavam à frente das imagens. Cardeais de capelos rubros como sangue, tendo na mão seu báculo de pastor, dirigiam as procissões. Entre nuvens de incenso erguiam-se figuras de santos carregados sôbre os ombros dos homens; figuras crucificadas, com as faces contorcidas em esgares de sofrimento físico. Figuras nuas com lanças enfiadas em seus corpos e

sangue ressecado nas feridas. Algumas, de fisionomia chorosa e torcida, apontavam as chagas que tinham nas mãos, onde ainda se viam os cravos. Seguiam-se léguas e léguas de colunas de monges em mantos e capuzes negros, os rostos encobertos por máscaras negras com uma caveira pintada no meio e através das viseiras recortadas, espiavam olhos estranhos e ameaçadores. Os macabros mascarados portavam altos círios nas mãos e pareciam defuntos que se houvessem erguido de suas tumbas e desfilassem pelas ruas de Roma...
E desde cedo ouviu-se cantar. Não era pròpriamente um cantar, mas antes um esquisito berro fatídico que se espalhava pelas ruas da cidade e ecoava como um terror que assaltasse Roma por algo desconhecido que a estivesse invadindo...
Todos os préstitos desembocaram no portal do convento do Sagrado Coração. Ali, os lábaros, as estátuas e as efígies foram apeadas dos ombros e introduzidas na capela onde Pastile terminara seus afrescos. Tudo foi colocado junto ao altar da Santa Virgem, onde ia ser sagrada a nova imagem da Mãe de Deus, a qual surgiria logo do ar, por um meio secreto imaginado por certo mecânico.
A igreja ficou cheia de cardeais, bispos, padres, monges e monjas. Todos, em suas vestes sacerdotais, ajoelhados, na expectativa do grande momento em que a Santa Virgem apareceria diante do altar. O órgão tocou acompanhando o côro da igreja, e o povo, homens, mulheres e crianças, qual ondas tempestuosas, investia contra o portal aberto do templo, querendo entrar. Com a capela já abarrotada de gente, a massa de milhares de criaturas se derramou, qual rio transbordante, pela praça relvada diante da igreja. Enxergavam apenas os círios acesos nos altos castiçais de madeira, os quais, como colunas incandescentes, se elevavam acima das cabeças dos padres paramentados de branco e das negras e lúgubres máscaras que encobriam as faces dos monges. Ouviam os hinos que extravasavam da igreja e todos guardavam grave silêncio.
Ouviu-se o terrificante dobrar do sino fúnebre, o som que recorda a todo cristão devoto os últimos momentos de sua vida, quando o sacerdote há de vir libertar sua alma. E a igreja inteira, todos os padres e monjas atiraram-se ao solo, mergulhando as cabeças até o chão, e quedaram-se assim imóveis e mudos. Acima de suas cabeças elevou-se espêssa nuvem de incenso, e da nuvem, como por milagre, emergiu o corpo luminoso de uma jovem donzela que esvoaçou sôbre as cabeças e colocou-se entre as imagens e figuras de gêsso no espaço vazio reservado à sagração do altar da Santa Virgem.
O bispo de S. Marcos, que conduzia a procissão, foi o primeiro a erguer sua tonsurada cabeça grisalha para lançar um olhar à nova Deidade. Pasmou diante da imagem estranha e

A Feiticeira de Castela

pouco familiar daquela Virgem Santa, que se apresentava à vista: uma jovem desnuda, mais parecida a uma rapariga judia do Gueto que as habituais efígies da Santa. E às suas costas ouvia-se um suave murmúrio. Por um instante houve uma pausa no culto e ninguém sabia o que ia acontecer. Os padres e as freiras não reconheciam nela a sua Divindade e, estranhando-a, entreolharam-se inquietos. Mas, sùbitamente, um dos padres mais jovens, que estivera observando a nova imagem, reparou no triste sorriso que pairava sôbre os lábios delicadamente formados e no olhar profundamente melancólico que lhe deslizava de sob as pálpebras, e teve a impressão de que a jovem o fitava e lhe falava com o olhar e o sorriso. Sentiu-se de repente penetrado de triste sensibilidade, purificado e elevado; perpassava-lhe pela alma um como frêmito daquele sorriso e daquele olhar e sentiu-se unido a ela por laços eternos, eternos...
Ergueu para ela os braços magros, elevou para ela o rosto iluminado e bradou com voz sôbre-humana, como se contemplasse um milagre de outro mundo:
— Ave Maria!... Oh! Santa Mãe... eterna pureza... Oh! fonte sagrada!... Sou teu!... Sou teu!...
Sua voz contagiou a todos, como por magia. Um após outro, cardeais, bispos, padres e monges começaram a fitá-la. Os primeiros a sentir o fascínio foram os moços, depois as freiras, depois os velhos. A cada um parecia que o olhar lhe era dirigido particularmente e em sua intenção. Cada um sentia-se digno da nobreza e elevação daquele corpo vivo e desnudo, daquele doloroso olhar e daquele magnânimo sorriso. Cada um sentiu, o quanto era digno disto, uma bem-aventurança mista de felicidade terrena e divina. Aquêle corpo nu, em vias de maturação, excitava qual nova e viçosa maçã, e seu rosto, e seus olhos tristes, e seu sorriso implorante transformavam a excitação mundana em gôzo celeste. E ela parecia seduzir com algo divino e terreno, com o corpo e a alma, para que a servissem de corpo e alma...
E, uma após outra, estenderam-se para ela tôdas as mãos, ossudas, torturadas e esqueléticas mãos de monges em constantes jejuns, mãos gordas e cabeludas de bispos que aproveitavam êste mundo, mãos jovens e ternas de freiras e mãos macilentas de monjas corroídas pelo celibato; e rostos iluminados de ventura e prazeres divinos e terrenos voltaram-se para ela, e todos começaram a clamar:
— Ave Maria...
O povo lá fora, ao ouvir os brados, os clamores e os cânticos na igreja, como madeira sêca tomada pelo fogo, foi contagiado pelo entusiasmo que se derramava da capela iluminada e apinhada de gente. E, qual onda arrebatada, começou a invadir a igreja, estendendo mãos e rostos para a luz que dali emanava.

A igreja ficou inundada de corpos humanos. Homens fortes procuravam reter as ondas humanas e a plebe lá fora começou a clamar pela Divindade:
— Mostrem-nos a Santa Imagem!...
— Aconteceu um milagre!... Um milagre!... — gritavam no interior da igreja.
— Deixem-nos ver o milagre!... O milagre!... — bramia o povo, qual mar tempestuoso.

Os padres logo pegaram na môça judia do Gueto e a colocaram sôbre os ombros. À frente iam os estandartes da Igreja e tôdas as imagens sacras. Mas só ela, em tôda a sua majestade, sob um pálio rubro enfeitado de pingentes dourados, é que foi levada ao povo, acompanhada pelos poderosos de Roma, com os cardeais e os bispos. E quando a massa avistou a alada figura da mocinha desnuda com seu sorriso atraente e olhar tristonho que parecia mirar a cada um em separado, dedicando a cada um em separado sua ternura, descuidou-se das outras imagens sacras. Ninguém mais queria mirar os rostos retorcidos e torturados dos deuses crucificados. Não mais queriam ver os santos de corpos trespassados a exibir as chagas sangrentas. Todos olhavam para o corpo adolescente e desnudo da môça judia do Gueto. Para ela erguiam as mãos, para ela dirigiam os olhos e diante dela se prostravam no chão, pedindo-lhe felicidade celestial e mundana.
— Oh! Ave Maria!... Formosura eterna!...

E foi como se ela satisfizesse a sêde de prazer e bem-aventurança do populacho de Roma, com seu corpo jovem e nu e seu semblante celestial, dos quais jorrava, como de farto manancial, a felicidade divina e terrena.

Os judeus de Roma conservaram-se encerrados atrás das muralhas do Gueto enquanto duraram as procissões, temendo violências da parte do povaréu romano, como acontecia sempre por ocasião de tais préstitos. Não se permitia à população judia transpor os portões do Gueto em dias santificados da Igreja. Ouviam apenas o bimbalhar estranho, intimidativo dos sinos dos inúmeros conventos e igrejas de Roma, que, de todos os recantos da urbe, vinha desaguar no Gueto, caindo sôbre as cabeças dos judeus como grasnidos de aves de prêsa, comprimindo-os no terror e na angústia. Não poucos ouviam no soar dos campanários o derradeiro grito da Confissão de algum ente querido, quando seu "Ouve, ó Israel!...", vindo do meio das chamas, se misturava ao dobre dos sinos. A não poucos êstes sinos repicantes recordavam as fogueiras da Inquisição e suscitavam a imagem de corpos semicarbonizados de seus familiares. O bimbalhar campanil afugentou tôda a população judia para dentro de suas casas, de seus porões, onde ela se entocou atrás de portas e janelas trancadas. Cada badalada os fustigava qual açoite sôbre as cabeças, encafuando-os ainda mais nas adegas e subterrâneos. E, como sempre nas grandes celebrações da Igreja, quando a comunidade judaica tremia ao toque dos campanários, também agora os judeus se agrupavam nas dissimuladas sinagogas subterrâneas e recitavam os Salmos, pedindo a Deus que os protegesse nesse dia santificado... Essa prece oculta que dos mais profundos esconderijos se elevava ao Altíssimo, nos dias das principais festividades da Igreja, representava um desagravo ao Deus vivo e eterno, para que os céus se purificassem com as orações, na hora em que os gentios, com grande brilho e pompa, conduziam seus ídolos pelas ruas de Roma.

Desta vez, mais do que nunca, os judeus sentiam-se amedrontados pelo ruidoso bimbalhar que soava desde cedo do outro lado dos portões do Gueto. Não sabiam o que significava o repique de sinos nesse dia. Que festa seria: não estariam queimando judeus ou livros judaicos nas ruas de Roma? E, com os corações partidos e lábios ressecados, os judeus recitavam agora seus Salmos no mal iluminado abrigo de Iossef Pinsi, em intenção dos mártires que estariam sendo sacrificados àquela hora nas ruas.

Entre os que se entregavam a essas orações encontrava-se também o velho cego, um dos exilados de Castela, da estirpe dos Abarbanel, com sua neta Iafata. Haviam deixado o convento do Sagrado Coração e voltado ao Gueto, depois de abrandado o perigo para as môças judias procuradas pela Inquisição, já que não tinham para onde ir, uma vez concluídos os afrescos do convento. Êles, como todos os outros judeus, ignoravam por que os sinos estavam repicando. E a jovem, como os outros judeus, encolhia-se de mêdo diante das ameaçadoras badaladas, e, com lábios trêmulos, pedia a Deus que os protegesse, assim como a todos os demais filhos de Israel, nessa terrível festividade da Igreja. E não sabia que a celebração era dedicada a ela, que era por causa dela que os campanários de tôdas as igrejas repicavam hoje tão assustadoramente; era diante dela que se ajoelhavam os poderosos de Roma e era a seu corpo desnudo que a plebe de Roma rendia culto...

11. AS PÉROLAS DA MADONA

Por tôda Roma, pela Itália inteira espalhou-se a fama da nova imagem milagrosa instalada no convento do Sagrado Coração. Corriam lendas entre o povo e a crença era geral de que sob a tela, por baixo das côres da carne, dos cabelos e olhos, havia vida. As freiras do convento diziam que a imagem chorava durante a noite e que suas lágrimas se derramavam sôbre o globo terrestre. E as freiras bordaram lenços de sêda para ela, com os quais lhe enxugavam os olhos tôdas as manhãs. E mostravam sôbre o globo as manchas produzidas pelas lágrimas...
O povo, porém, não queria vê-la chorosa. Queria vê-la em sua gloriosa juventude. Deram-lhe o nome de Madona do Amor e acreditavam que viera ao mundo a fim de implantar o amor moribundo no coração dos homens. Atribuíam-lhe o poder de reanimar em todo coração a flama apagada e de renovar a mocidade e a vida. Assim, multidões de homens e mulheres aflitos acorriam pelos portais do convento, atiravam-se a seus pés, implorando-lhe que revivesse seus murchos corações... que revigorasse nêles o manancial da vida e do prazer... Mendigavam por mais um dia, mais uma hora, e tentavam conquistá-la com presentes que lhe traziam de seus acumulados tesouros...
Vinham homens gastos pela vida, mulheres insatisfeitas, castas solteironas, moços apaixonados, donzelas enamoradas. Febrilmente sequiosos de amor, todos vinham a ela por socorro, adornando-a com o que havia de melhor e de mais precioso em seus

cofres de família. Traziam-lhe caríssimos brocados, damascos e luxuosa sêda bordada. Cada oferenda era feita com amor e não poucas vêzes as freiras encontravam sôbre o altar, sob a imagem, caixinhas de pó-de-arroz, rubra pintura para os lábios, óleo para o corpo e outros cosméticos femininos, que as cortesãs romanas lhe traziam de seus mais preciosos segredos de toucador, para que pudesse retocar o formoso rosto, enxugando as lágrimas que seus olhos vertiam durante a noite...

Mas seus principais fiéis eram os homens de Roma. Pobres e ricos, de tôdas as categorias, adotaram-na por padroeira, por deusa. Vinham e confiavam-lhe o coração. Dias inteiros viam-se homens prosternados diante de sua imagem, com os olhos famintos a devorar a rósea côr de sua pele nua. O sangue de seu corpo parecia pulsar como ondas vivas, através do brilho nacarado da pele, o que dava a seu corpo um tom rosa-pérola de que emanava vida. Sua imagem espalhou-se mais que a de qualquer outra imagem sagrada por Roma e pela Itália. Os homens usavam sua medalha ao peito, em lugar da cruz pouco eloqüente, e à noite apertavam-na apaixonadamente contra o coração... Os bispos, os cardeais e outros eclesiásticos mandaram cravejar a efígie de preciosas gemas ou então a incrustavam em suas cruzes. E, ao beijar a cruz, beijavam-na com a mais íntima e arrebatada paixão...

Os homens lhe ofereciam jóias, como se oferece à amante festejada. Os homens mais ricos de Roma e da Itália entraram em porfia para conquistar as graças da Madona do Amor, como se porfiassem pelo amor de cortesã famosa. Um procurava sobrepujar o outro, cobrir o seu lance e adquirir os favores da Madona, depositando a seus pés as dádivas mais ricas, os presentes mais raros.

— Suas jóias preferidas — diziam as freiras do convento do Sagrado Coração — eram as pérolas, pérolas que fôssem tão puras e límpidas como as lágrimas que rolavam por suas lindas faces. — E os homens de Roma se lançaram freneticamente à procura de pérolas a fim de ofertá-las à Madona do Amor. Enveredaram pelo Gueto e, em segrêdo, compraram aos judeus as pérolas mais raras que puderam encontrar. Homens havia que roubavam as pérolas da espôsa. Apaixonados já não cumpriam promessas feitas às amantes, cortesãs de Roma, e levavam suas pérolas escolhidas ao convento do Sagrado Coração, adornando com elas a Madona do Amor. Seu corpo nu cobriu-se de pérolas que cintilavam como grandes lágrimas petrificadas. E por entre as pérolas brilhava a pele côr das rosas. Era romo se o corpo de pétalas de rosa estivesse orvalhado de gôtas de pérolas...

Espôsas e cortesãs, amantes e noivas, começaram a ter ciúmes dela, como se fôsse um ser vivo que lhes roubasse o amor do marido, noivo ou amante. As mulheres de Roma, as que se sentiam inteiramente à vontade com suas deidades, começaram a chamá-la de "Santa Libertina" e não poucas vêzes uma enciumada amante romana irrompia no convento do Sagrado Coração e erguia o punho fechado ao semblante da Madona:

— Sua divina meretriz!... Hei de furar teus olhos!... Arrancarei teus cabelos!... Estás seduzindo meu amado!... Não te basta o amante celeste?... Queres seduzir também os nossos homens?...

Nessa época, o Papa Paulo IV expediu uma ordem aos judeus de Roma: em agradecimento a Deus por tê-los salvo do afogamento durante a inundação do Gueto, deviam entregar três colares, cada um com trezentas pérolas, sendo cada pérola do tamanho do ôlho da Madona: grandes, redondas e da côr do arco-íris que se mostrou pela primeira vez a Noé quando Deus o salvou do Dilúvio. Os fios de pérolas deviam ser levados em oferenda à nova Madona do Amor, no convento do Sagrado Coração, porque, como dizia o povo, a Madona aparecera pela primeira vez no Gueto judeu e salvara os judeus da inundação.

Ao se inteirar do edito papal, os judeus ficaram sem saber como agir. Não tanto pelas pérolas como por algo bem mais importante. Estavam em dúvida se, ao oferecerem as pérolas à Madona do convento, não estariam cultuando um Deus estranho, caso em que seria preferível prestar-se ao martírio pela fé a profanar o Nome do Senhor. Em Roma não se encontravam livros sagrados judaicos, porque nos tempos de Paulo IV, como já foi dito, não era permitido conservar qualquer obra do gênero, nem o Talmud, nem os volumes de Maimônides, ou outro da sagrada erudição, afora o *Zohar,* ao qual o próprio Papa concedera o *imprimatur,* pois, como diziam os apóstatas que vieram a envergar a batina de padre, o *Zohar* é uma obra cristã, sugerindo a Santa Trindade.

Rabi Iaacov reuniu a congregação castelhana no subterrâneo de Iossef Pinsi. Lá também foram ter os representantes de outras congregações e comunidades que viviam em Roma, a fim de deliberar sôbre como proceder e o que responder ao Papa.

Foi na noite da Grande Hosana que se realizou a assembléia dos chefes das coletividades romanas no abrigo de Iossef Pinsi. Naquele conhecido local acenderam-se velas de cêra. Encontravam-se ali apenas pessoas escolhidas, os anciãos e cabeças de congregações, judeus de altas frontes, frontes que traziam impressas as marcas das expulsões de todos os países; olhos que brilhavam com o fogo da fé que é mais forte que o fogo da morte; barbas que as aflições tornaram mais alvas e imaculadas, qual neve caída do céu. Usavam longas vestiduras de sêda, veludo ou cetim de côr esverdeada e ambarina, largos cinturões de tecido dourado. As cabeças cobertas por chapéus negros. Procediam dos mais diversos países. Havia entre êles os que vinham de Castela como Rabi Iaacov e outros dos mais conceituados. Judeus franceses que possuíam grande erudição e eram doutôres famosos, discípulos do célebre médico judeu Amatus Lusitanus. Estudantes da Universidade de Pádua. Judeus alemães, que haviam trazido a Torá a Roma.

Os mais moços permaneciam na rua, de guarda, pelas esquinas, para o caso de um ataque.

Quando a sessão começou, Rabi Iaacov, o cego, foi o primeiro a manifestar-se.

— Por causa de nossos muitos pecados, fomos privados da luz da Torá. Não sabemos qual a entrada nem a saída. Como ovelhas sem pastor, ficou agora o rebanho das congregações de Roma. Quem nos explicará a palavra de Deus e nos ensinará como agir em época de calamidade?

— Enviemos mensageiros a Rabi Iossef Atalenghi de Cremona, nos arredores de Milão. Êle reuniu os remanescentes de Israel e abriu lá uma *ieschivá* para que a palavra de Deus não pereça em terras de Itália. Perguntemos-lhe como é preciso proceder — foi a opinião de alguns.

— Teríamos que esperar muito! As estradas são poucas seguras para um judeu e até que os enviados possam ir a Cremona e voltar, o prazo terá expirado, pois a entrega das pérolas deve efetuar-se até o Carnaval.

— Será que a sabedoria divina se afastou de nós? Não haverá na enorme comunidade de Roma gente sagaz, aquinhoada com divina inteligência que saiba guiar-nos nas trevas?

— A palavra de Deus foi desviada de nós. Faz muito que nenhum de nós põe os olhos num livro sagrado. Não é possível confiar apenas na memória num caso tão grave, quando nossa vida está em jôgo.

— Em Maimônides, há realmente uma norma para o caso. Conheço-a de cor, mas não me atrevo a confiar em minha memória — ajuntou um dos velhos.

— O sagrado Maimônides, que nossos filhos estudavam desde pequenos, iluminaram as ruas de Roma com suas obras... — suspirou um dos judeus.

— Não terá alguém um exemplar de *A Mão Forte*?[1] Não haverá em Roma inteira uma palavra judaica? Será possível?...

Entrementes, o velho Rabi Iaacov e Iossef Pinsi estavam segredando algo num canto. Por fim, após longo intervalo, Iossef

---

(1) *Iad Hahazaki*, uma codificação da lei bíblica e rabínica.

Pinsi chamou a um lado alguns dos anciãos e lhes confiou algo. Êstes se mostraram assombrados com o que ouviam e chamaram mais alguns com quem confabularam em voz baixa. Afinal, escolheram alguns dêles, os que eram mais eruditos, e Iossef Pinsi os conduziu a outro compartimento do abrigo.

Guiou-os por um corredor escuro e de muitas voltas, estreito e apertado como uma cova. Iluminados por uma lâmpada a óleo e uma vela de cêra, chegaram a um compartimento isolado que Iossef Pinsi abriu como que por uma palavra mágica, pois não se via porta, nem acesso algum. Por um maquinismo secreto afastou uma pedra da parede e todos penetraram num aposento escuro. No recinto acumulavam-se grandes caixas de ferro, prêsas por pesadas correntes de ferro às paredes de pedra cinzenta. Iossef Pinsi abriu as caixas. Não era de ouro nem de pedras preciosas que estavam cheias, mas de livros do sagrado saber.

Tratava-se da biblioteca secreta de Iossef Pinsi, onde se escondiam os livros preciosos judaicos, manuscritos do Talmud em aramaico, as primeiras edições de Maimônides, Rituais, Livros de Rezas femininas, grandes *meguilot* de pergaminhos e outros originais raros, bem como manuscritos que registravam os preceitos judaicos, os costumes e as maneiras que os judeus deviam adotar. Outros documentos narravam os infortúnios de Israel nos diferentes países. Extensos rolos descreviam o êxodo da Espanha, outros, em versos rimados, celebravam o heroísmo das criaturas queimadas nas fogueiras da Inquisição, poesias e elegias, que exaltavam a memória dos heróicos mártires. A biblioteca, colecionada por gerações e gerações e resguardada à custa de imenso sacrifício, fôra transferida de Castela para a Itália e escondida naquele abrigo quando Paulo IV ordenou a destruição do livro judeu em tôda a Itália.

Os eruditos procuraram longamente então as obras e por fim encontraram em Maimônides o que precisavam para o caso, e após demorada permanência na biblioteca secreta, voltaram com a sentença:

— Podeis entregar as pérolas ao Papa como tributo, multa ou resgate de vossas vidas, a qualquer título que êle queira. O Papa pode fazer com elas o que bem lhe aprouver. Mas de modo algum deveis levar as pérolas à Madona em agradecimento por terem sido salvos da inundação. Porque isso seria cultuar um ídolo estranho. Conforme sentencia Maimônides, em tal caso cumpre antes perecer pela fé que cultuar ídolos.

A congregação escutou atentamente a decisão. Ninguém pronunciou palavra. Reinou profundo silêncio no auditório.

— Nada diremos. Entregaremos as pérolas ao Papa sem dizer nada.

— E se nos perguntarem?

— Mentiremos. Êles não sabem o que fazem, são como crianças mimadas.

— E onde iremos buscar pérolas tão graúdas? — indagou alguém.

Rabi Iaacov ergueu-se e chamou sua neta Iafata a quem disse:

— Tira as tuas pérolas, minha filha, e entrega-as à coletividade de Roma. Não fica bem a uma filha de Israel usar pérolas quando os gentios adornam com elas seus ídolos.

E a Iafata de carne e osso tirou de um escrínio de ferro as pérolas da família, entregando-as para enfeite da Iafata imagem, no convento do Sagrado Coração.

E colocadas as pérolas de Iafata sôbre a Madona do Amor, destacavam-se com seu puro e casto palor de todos os outros fios de pérolas com que a presentearam seus devotos...

12. O CARNAVAL EM ROMA

As ruas de Roma flamejavam numa fogueira de côres. Não só a multidão, como as ruas, as casas, os monumentos e igrejas, as colunas e as fontes, apresentavam-se engalanados e fantasiados em homenagem à grande festa de Momo. As paredes dos edifícios simplesmente banhavam-se num mar de côres, que jorravam dos ricos estofos e tapeçarias orientais com que estavam enfeitadas. As tintas dos tapêtes faiscavam tanto ao sol que pareciam trabalho de joalheria. Cada parcela de côr iluminava-se nêles como preciosas incrustações. Em portas e janelas, em sacadas e galerias, ostentavam loureiros verdes e viçosos. As ruas pelas quais iriam desfilar os préstitos carnavalescos foram adornadas com palmeiras, mirtos, crisântemos e outras plantas do Levante. Roma parecia transformada em vasto jardim de delícias de algum potentado oriental. Os habitantes da cidade nem sabiam mais onde se achavam. Muitas casas apresentavam-se convertidas em naus, guarnecidas de grandes velas esvoaçantes, lembrando barcos encantados perdidos num fantástico mar multicolor. Igrejas foram transmudadas em templos pagãos, a Apolo e a Vênus. Monumentos e fontes transformaram-se em faunos selvagens e em ninfas — outros em Bacos embriagados, bebendo de taças transbordantes, enquanto crianças nuas com cachos de uvas e jarros com vinho nas mãos dançavam ao redor... Cada coluna e cada arcada das ruas de Roma estava adornada de folhagem verde, engrinaldada de rosas vermelhas.

Os santos, revestidos de togas romanas e coroados de fôlhas de louro, desfilavam em cortejos de carros triunfais, cada qual tirado por quatro fogosos corcéis. Parecia ter ocorrido uma mistura no tempo. Épocas e períodos haviam-se confundido. Roma sacudira o pesado jugo a que fôra encadeada pelo judeu de Nazaré... Roma livrava-se das leis da Igreja e voltava a ser o que sempre fôra no íntimo: servidora do velho Pã... Tornava-se de nôvo pagã. Era um tributo que a Igreja pagava à antiga Roma pagã nesses festejos de Momo. Era um protesto que, nos dias de carnaval, Roma lançava contra o estranho e triste Deus que a Igreja lhe impusera a ferro e fogo. Roma sentia saudade dos antigos ídolos de seus antepassados, dos deuses banhados em luz e sol dos bons tempos antigos... Assim, no tríduo carnavalesco, os velhos deuses ressuscitavam da terra e do pó de seus esquecidos templos e penetravam nas igrejas de Roma de onde expulsavam o triste judeu de Nazaré, com suas aborrecidas chagas sangrentas, e sentavam-se em seu trono. O homem volvia a cultuar o único deus que realmente conhecia: a si mesmo...

Os preparativos para o Carnaval prolongavam-se semanas a fio. Viam-se pelas ruas um sem-número de mascarados e de pessoas fantasiadas de antigos romanos, de togas. Celebradas personagens da história romana, Césares e Augustos, bebiam nas tascas de Roma... Persas e turcos arrastavam volumes pelas ruas. Outros, por seu turno, preferiam vestir-se como os selvagens habitantes dos novos países descobertos por Colombo em sua viagem para a Índia, os quais começavam a ser conhecidos na Europa. E as exóticas indumentárias dos índios, pintados de vermelho e enfeitados de penas, tornaram-se freqüentes durante o Carnaval. Fumando grandes pedaços de tabaco, hábito que começava a generalizar-se pelo mundo desde que o haviam trazido da América, os índios se misturavam com senadores romanos, em negócios e barganhas. As mulheres, fantasiadas de deusas gregas, sacerdotisas dos templos, vestais ou sibilas, caminhavam pelas ruas ao braço de Bacos embriagados, cujas cabeças ostentavam coroas de rosas. Pelos becos transversais, sátiros e bacantes atraíam jovens sacerdotisas aos antros de prazer e aos banhos públicos. Rapazinhos em curtas túnicas de sêda, braços e pernas nus, acompanhavam seus velhos protetores, filósofos gregos de cabeça calva e barbas cacheadas, que discutiam Eros nos mercados de Roma.

E à noite tudo era iluminado por fantásticos fogos de artifício que jorravam com as côres do arco-íris sôbre edifícios e monumentos disfarçados. Atrás dos mascarados iam servos portando tochas, cujo clarão suave, vertendo-se como vinho tinto de um cálice, incidia nas imaginosas máscaras. Bandos de alegres fantasiados, de passagem, aclaravam o caminho com extravagantes lanternas venezianas de pergaminho, cuja luz os convertia em estranhos quadros de silhuetas. Bailavam como sombras pelas ruas e desapareciam nos becos laterais, deixando em seu rasto, como eco longínquo, doces e apaixonadas cantigas e uma agradável e excitante sensação de perfume. As ruas de Roma se envolviam em tênues nuvens aromáticas que procediam dos altos fachos que escoltavam as máscaras. Iluminação profusa derramava-se das tascas para a rua, de mistura com rudes e roucas canções de bêbados e o cheiro apimentado de comidas temperadas e vinho azêdo. E os odôres se mesclavam aos perfumes e aos lumes brandos das lanternas venezianas, ao clarão berrante das tabernas e dos bordéis. Misturavam-se homens e edifícios, o animado e o inanimado, e tudo era movimento, como um refulgente mar que se paralisasse numa névoa condensada e cintilante...

De todos os recantos de Roma, só um não brilhava sob a fantástica claridade, estando imerso na escuridão. Negrume e noite pesavam profundamente sôbre o Gueto judeu. Não havia luzes nas janelas. Encolhidos, com mulher e filhos, nos cantos de suas casas, os judeus ouviam ao longe o movimento e o bulício da cidade, que chegavam por sôbre as muralhas do Gueto. Os revérberos dos foguetes caíam sôbre o Gueto e iluminavam os edifícios mudos e assustados. O terror assaltava então os seus moradores em face do desumano alvorôço que ressoava lá fora. Entreolhavam-se apavorados e cada um implorava no íntimo:

— Meu Deus, tem piedade!... Protege-nos no dia de Carnaval!... Roma está sem Deus...

Só um abrigo permanecia iluminado, o de Iossef Pinsi. Ali, nessa véspera de Carnaval, encontrava-se mais uma vez reunida a elite judaica de Roma. Era ali o único recanto no Gueto de Roma em que se faziam preparativos para o Carnaval.

Sôbre a mesa amontoavam-se táleres de ouro, muitas jóias de ouro e prata, peças de ourivesaria que os judeus haviam trazido de tôdas as partes do mundo e eram agora coletados no porão da casa de Iossef Pinsi. No chão ladrilhado acumulavam-se ricos tecidos de sêda, damascos lavrados, tapeçarias e alcatifas orientais, peças de veludo, presentes de núpcias e heranças de antepassados, tudo quanto fôra recolhido em tôdas as casas judias. Constituíam o tributo que os judeus eram obrigados a entregar no Carnaval. Tendo Judas vendido Jesus por trinta moedas de prata, necessário era que os judeus de Roma pagassem anualmente onze mil e trinta florins de ouro e jóias — o dinheiro de Judas. E as môças judias tinham de ornamentar o Arco de Triunfo, de Tito, com preciosos tapêtes, com estofos de sêda e

veludo, em homenagem à festa de Momo. E uma deputação de rabinos e anciãos, trazendo nos braços os Rolos da Torá, ficava à espera do Papa que viria montado em seu cavalo branco à testa do préstito carnavalesco.
Quietos e tristonhos, os judeus contavam as moedas e as jóias, o dinheiro de Judas, com que deviam contribuir para o Carnaval. Afagavam os valiosos tapêtes e os preciosos tecidos com que as môças judias, no dia seguinte, iriam enfeitar o Arco de Tito, o herói que lhes destruíra a liberdade, arruinara a pátria e queimara o Sagrado Templo. Ninguém proferia palavra, ouvia-se apenas o tinir do ouro e via-se o reflexo dourado à escassa luz da lamparina que ardia sôbre a mesa. De vez em quando, sòmente chegava até êles o burburinhante rumor das hordas embriagadas que se espraiavam pelas ruas carnavalescas de Roma, como o eco furioso de um mar açoitado por um vento tempestuoso, e as janelas da adega iluminavam-se com o fulgor ofuscante que caía, como um raio, dos foguetes e fogos a explodir no sombrio Gueto de Roma.
Então, um judeu olhava para o outro, pálido, e todos tinham um só pensamento:
— Roma está sem Deus!...
A um ângulo do compartimento subterrâneo, envoltos pela escuridão, os "corredores" untavam os pés nus com sebo e ungüentos, preparando-se para a corrida do dia seguinte. Eram Haim Adoni e Mordehai Alfi, os dois "bobos" do Gueto, que a coletividade contratava todos os anos para a corrida de Carnaval, em que os judeus eram forçados a participar para divertimento dos romanos.

Estranho cortejo surgia da Via Appia. De longe pensar-se-ia que um rio de águas revôltas, rubras como sangue, se derramava pela rua. Não se via nada, exceto uma balouçante, enevoada, colorida fumaça que se erguia sôbre as cabeças. Da fumaça saltavam foguetes que lançavam arco-íris no firmamento. A amplidão no alto refulgia de salpicos de luz, mas aos poucos as formas surgiam mais nítidas de dentro da névoa. Primeiro, emergiram quatro cavalos fogosos, engalanados de grandes penachos coloridos na cabeça e revestidos de ricas mantas de sêda, atrelados a um carro triunfal romano. Sôbre o carro, em pé, quatro trombeteiros, distribuídos pelos quatro pontos cardeais, anunciavam com suas trombetas o início da grande marcha carnavalesca. Depois seguia o préstito.
Segundo determinação do astrólogo-mor, o que consultava os astros e sugeria ao Papa o momento mais favorável para qualquer iniciativa, o préstito abria-se com o símbolo da Terra e seus quatro elementos, Fogo, Água, Terra e Ar, alegorizados por pes-

soas vivas que, graças aos mecanismos ocultos, voavam por
sôbre o Globo. Seguiam-se grupos apresentando quadros vivos
do Velho e Nôvo Testamento. Mas eram sempre cenas que
lembravam gáudio e alegria de viver: Abigail levando a Davi
um camelo carregado de tôdas as riquezas do Oriente; Lot e
suas filhas. Depois, desfilavam longos grupos representando cenas da mitologia grega: Páris e as três Graças. Não faltava
também Helena de Tróia por amor de quem houvera lutas entre
povos e reis. Quadros da *Odisséia* e da *Ilíada*. Grupos que
figuravam o Monte Olimpo e o panteão inteiro. E havia igualmente cenas de caráter político, como as que mostravam o perigo
representado pelo Império Otomano, o Sultão ameaçando a fé
cristã... Outros quadros, ridicularizando os reformadores e os
protestantes, apresentavam Lutero com sete cabeças de Satanás
ou os protestantes assando no Inferno. Anjos e diabos, feiticeiras
e pitonisas. Sacerdotisas gregas e idólatras. E tudo dançava,
cantava e folgava com a rica policromia das roupas e máscaras.

Em meio a êsse mar vivo de côres erguia-se, acima das cabeças,
uma liteira ricamente drapejada de preciosos tecidos. Em seu
interior, embalava-se, todo paramentado de púrpura, o Papa
Paulo IV. Seus olhos aguados e mortiços miravam o povo e a
barba branca tremia sôbre o rubro manto redondo. Acompa-
nhava-o o séquito de cardeais e altos dignitários da Igreja. Sacerdotes vestidos de branco empunhavam candelabros de ouro
e velas de cêra vermelha iluminavam Sua Santidade, o representante de Cristo na terra, e o préstito carnavalesco.

À entrada do Gueto, junto ao Arco de Tito, a deputação de
judeus estava à espera de Sua Santidade. O Arco que comemora
o aniquilador de Israel fôra ornado e ataviado de tapêtes, estofos
dourados, ricas tapeçarias e xales de sêda tirados das casas
judias. Môças judias tinham sido obrigadas a decorar o Arco.
Os anciãos, trajados de branco e envoltos em seus mantos de
oração, ali aguardavam em companhia das figuras mais respeitáveis do Gueto. O velho cego Rabi Iaacov segurava o Rôlo da
Torá que os judeus presenteavam ao Papa em cada Carnaval.
Ao redor dêle agrupavam-se os mais velhos e mais considerados
membros da comunidade de Roma. Sôbre uma mesa suntuosa-
mente coberta, dispostos em bôlsas de sêda, achavam-se os onze
mil e trinta florins de ouro, o dinheiro de Judas. Um pouco
afastadas, as môças judias seguravam tecidos de sêda e flôres
que estenderiam diante da liteira do Papa quando se aproximasse da delegação judia.

Não tardou muito e o préstito se deteve. O Papa chegara perto
do Arco de Tito, local em que o desfile carnavalesco devia parar
e dissolver-se. O Papa, de sua liteira, divisou a deputação que,
como todos os anos, se postara diante do Arco de Triunfo, com
o Rôlo da Lei e os florins de ouro para resgatar a dívida de

Judas. A princípio, o Papa desviou a cabeça dos velhos como se não quisesse ver os judeus. Mas, quando as môças judias começaram a estender os valiosos tapêtes diante de sua liteira, os carregadores e acompanhantes, como já era regra no Carnaval, se aproximaram da deputação. Rabi Iaacov, o cego, estendeu ao Sumo Pontífice o Rôlo da Torá e os velhos rabinos recitaram as Bênçãos.

O Papa então, como era costume, estendeu para fora da liteira seu pé, calçado de veludo, e o pousou sôbre a cabeça do Rabi Iaacov, recitando a conhecida sentença:

— Nós não vos amamos, mas vos toleramos, porque Deus ordena que toleremos nossos inimigos.

Com isso terminou a cerimônia de receber dos judeus o dinheiro de Judas.

Logo depois, os vários grupos que compuseram os quadros vivos no cortejo carnavalesco se dissolviam e todos se misturaram. Fantasias das mais diversas, máscaras, grupos-quadros, todos, tudo se emaranhou, se mesclou. Soldados do Papa em seus uniformes variegados começaram a afastar a multidão incrìvelmente matizada do meio da Via Appia, comprimindo-a nas calçadas, junto às casas, a fim de abrir alas aos corredores da competição, com que terminava tôda festividade carnavalesca. Num trono vermelho, especialmente erigido no extremo da Via, defronte ao Arco de Tito, tomou lugar o Papa, rodeado de sua côrte. Dali partiam as corridas carnavalescas.

Primeiro, competiam os meninos, como outrora nos tempos do Império Romano. Também agora, na presença do vigário de Cristo, apresentavam-se seminus. Usando curtas túnicas de sêda e coroas de ramos na cabeça, corriam êles pela Via Appia. Roma inteira os seguia com o olhar, incitando-os com o seu gôsto pelo jôgo e sua ânsia de prazer. Todos os olhos luziam, todos os rostos estavam afogueados, acalorados, ardendo de excitação. Cabeças alteavam-se sôbre cabeças. Damas, nas sacadas ricamente ornamentadas e janelas guarnecidas de vasos com plantas, acenavam aos corredores com seus lenços bordados, seus véus e leques. As pessoas faziam apostas, arriscavam a fortuna, a liberdade. E mal um dos meninos alcançava a meta, Roma ficava aturdida com a gritaria, o estardalhaço, as palmas, o menear de chapéus, máscaras e lenços. Conduzia-se o vencedor, como outrora nos Jogos Olímpicos, ao som de marchas triunfais, pelas ruas de Roma. Colocavam-lhe sôbre a cabeça uma coroa de louros. Damas beijavam-no, e as cortesãs, de suas liteiras, atiravam-lhes flôres vermelhas, mandavam-lhe bilhetes de amor ou mesmo as chaves de suas alcovas...

A corrida de meninos inflamava ainda mais o apetite de prazer e a excitação dos habitantes de Roma. Após êsse concurso, iniciavam-se nas ruas as competições de crianças, de macacos e,

por fim, o espetáculo da galhofa que o entrudo oferecia aos fiéis de Cristo: a corrida dos judeus.
Era costume antigo os judeus terem de apresentar corredores em cada Carnaval. Não por espírito esportivo, mas por chacota e diversão. Eram escolhidos justamente os mais velhos, os mais pesados. Judeus de pernas tortas e barrigas salientes, de movimentos lerdos e desajeitados, para que suas figuras cômicas servissem de pasto ao populacho faminto.
A comunidade de Roma já se precavera com dois corredores, que se prepararam para o espetáculo com que os judeus deviam entreter os gentios no Carnaval. Incumbiram-se da tarefa. Na sinagoga, eram também sempre chamados ao púlpito para as Admoestações. Tratava-se de Haim Adoni e Mordehai Alfi, que desempenhavam o papel de "bobos" no Gueto. Nossos dois conhecidos palhaços, que iam à igreja a fim de ouvir o obrigatório sermão sabatino com os ouvidos tampados, — em lugar da comunidade de Roma. Assim como os cristãos precisavam de "bobos" que os divertissem, os judeus também utilizavam seus préstimos para alegrar casamentos e banquetes. Os dois truões apresentavam "atos" diversos nas casas de judeus ricos; disfarçavam-se nessas ocasiões e executavam Danças Macabras e outros números cômicos. Em Simhat Torá e Purim entretinham a comunidade com suas farsas e a comunidade também lhes pagava uma anuidade para que fôssem os corredores dos judeus no Carnaval.
Os dois "bobos" compenetravam-se tanto em seus papéis que, ao chegar o momento da competição, esqueciam quem eram e procuravam ultrapassar um ao outro e ganhar a prova. Preparavam-se e depois bancavam vencedores como verdadeiros corredores.
Roma esperava por êles com impaciência. Mal eram avistados correndo pela Via Appia, com suas pernas tortas, movimentos canhestros, a respiração ofegante, o riso e a caçoada contagiavam, qual epidemia, o tempestuoso oceano de cabeças humanas e faces mascaradas.

— Hei, judeu, mais depressa!... Mais depressa!... Mexa essas pernas de gelatina!...
— Olha!... Veja como êle se sacode!... Parece tremer de febre!...
— E aquêle ali tem um rabo atrás, eu mesmo vi, como o diabo!... Olha o rabo peludo!... Igual ao de meu cachorro, ha... ha... ha...
— Aposto meu jardim, meu cavalo, minha armadura, aposto que êle vai na frente do vermelho. Pula feito macaco! Olhem!...
— Judeu, arrancarei as entranhas do barrigão de tua mulher e costurarei dentro um gato, se me fizeres perder! Apostei por ti meu melhor cavalo!...

E assim desabava sôbre êles, de todos os lados, uma chuva de gritos e impropérios. As caçoadas os fustigavam e os insultos e punhos fechados os incitavam a correr um mais do que o outro.

Mas desta vez a plebe não se satisfez com os corredores oficiais apresentados pelo Gueto. Embriagados pelo riso e contagiados pela ânsia de prazer, começaram a tanger os notáveis que compunham a delegação postada junto ao Arco de Tito. Os piedosos judeus de Roma, obrigados a presenciar como seus "representantes" entretinham o poviléu, de vergonha e humilhação enterravam os olhos no chão, e, para não se verem na contingência de encarar seus algôzes, o que era proibido pela lei, taparam os olhos com as mãos. De repente foram rodeados por todos os lados, aos berros e rugidos, risos e zombarias:

— Judeus!... Corram!... Corram!... Corram!...

Olharam em volta, assustados, trêmulos, sem atinar bem com o que os gentios pretendiam dêles, e depararam por tôda parte punhos ameaçadores, olhos congestionados, que aos urros se lhes dirigiam. Aqui e ali chicotes e látegos para cães já lhes açoitavam as pernas, enquanto eram empurrados aos gritos:

— Judeus!... Corram!... Corram!... Corram!...

Alguns, apavorados, aturdidos, sem saber o que se passava, começaram instintivamente a correr. Envoltos nos longos mantos de oração, lançaram-se em correria. Os filactérios se lhes embaraçavam nas pernas. Alguns caíram, outros envolveram o rosto no xale de orações e deixaram-se fustigar. Depois de correr por alguns instantes, muitos estacaram de súbito, olhando em volta assombrados, sem saber como proceder. O desespêro dos judeus, caindo uns sôbre os outros, provocou o êxtase dos gritos inebriados. Era como o fogo crepitante, como um mar enfurecido, tormentoso. De tôda a parte ouviam-se os ecos dêsses rugidos humanos e, a cada momento, mais violento se fazia o brandir de mãos e punhos:

— Judeus!... Corram!... Corram!... Corram!...

No centro do tumulto, achava-se o cego Rabi Iaacov. Tateava com as mãos ao redor de si como alguém que se sente em solo inseguro. Mas seu rosto não estampava mêdo. Calmo e tristonho como sempre, apenas inclinara mais a cabeça, com a barba lhe alcançando a cintura. Mexeu-se do lugar em que estava e os alegres foliões, que tangiam os judeus, logo repararam nêle e quiseram acercar-se para incluí-lo na pândega. Inopinadamente, uma jovem velada rompeu o cordão de soldados suíços que mantinham guarda em tôrno do Papa. Penetrou no grupo de judeus, aproximou-se do cego e tomou-lhe a mão.

O cego estremeceu ao sentir a mão da neta na sua, agarrou-se a ela, e ambos começaram a encaminhar-se apressadamente para onde estava a multidão, rente aos prédios.

Mas a turma jovial não tardou em avistá-los. Uma rápida troca de olhares e alguns foliões adiantaram-se para os dois, seguraram a môça, procurando separá-la do velho. Êste aferrou-se mais a ela, enquanto os mascarados procuravam arrastá-la para longe dêle.
— Arranque-lhe o véu!... Veja se vale a pena!... — berrou alguém.
E um dos mascarados puxou o véu que ocultava da môça. Então aconteceu algo incompreensível. Um dos mascarados, ao divisar o rosto descoberto da jovem, caiu de joelhos e começou a benzer-se.

Ninguém sabia o que sucedera, mas vendo o máscara ajoelhado diante da môça, benzendo-se, todo mundo começou a olhar em volta e procurar quem no meio da multidão merecia tal coisa. De repente descobriram: aquela que estava ali perto do judeu cego, e espiava com seus grandes olhos tristes e lábios sorridentes, como que condoída e apiedada do excitado e barulhento populacho... E logo alguém entre a massa bradou:
— Olhem!... Vejam quem está ali!... É a Santa Madona!... A Madona do Amor!... Olhem!... Olhem!...
— Apareceu a Madona do Sagrado Coração!...
— É ela... ela mesma, em carne e sangue...
— Oh! Santa Virgem!... Tem piedade...

Terror divino parecia ter-se apoderado do povo, um terror que contaminava e inundava como um oceano de bramantes ondas humanas. Aqui e ali, havia quem arrancasse a máscara do rosto, se despojasse dos fantasiosos chapéus, das roupas pagãs. Revelaram-se faces humanas entre a massa de disfarçados. Aqui e ali pessoas se ajoelhavam, levantando os braços para a visão que se lhes apresentava.

Nas ruas mais afastadas ignorava-se o que ali acontecia e delas vinha ainda o eco de alegres canções carnavalescas. O riso desbragado da turba, o barulho e a gritaria, só ressoava ao longe, enquanto aqui já havia gente ajoelhada, com os braços erguidos para o céu, a cantar:
— Ave Maria!...

Como diante de um fogo tombado das alturas, apartavam-se dela e saíam de seu caminho, atiravam-se ao chão à sua passagem e, curvando a cabeça, estendiam para ela os braços.

E a môça judia do Gueto tomou seu avô cego pela mão e o guiou por entre a multidão. Passou pelas criaturas ajoelhadas e tomadas de angústia, que se estendiam a seus pés como quieto regato, e desapareceu com êle pelo portão do Gueto.

Lá longe, na rua, um perguntava ao outro:
— O que aconteceu?...

13. O DEUS CATIVO

Lá em cima, nas câmaras superiores do Vaticano, encontrava-se o Papa Paulo IV, em seu modesto aposento de quatro paredes nuas, disposto como a cela de um asceta. Sentado no duro banco monacal, tinha o olhar fixo na figura retorcida e sofredora de Jesus, pousada sôbre a mesa à sua frente. Seu rosto largo, pesado e carrancudo mostrava-se mais sombrio ainda. Dobras grossas se sobrepunham umas às outras, e as rugas ôcas, flácidas, submergiam os olhos que mal se viam. Apenas a bôca ampla se recortava ao largo no rosto, entre as duas fundas pregas que desciam como duas torrentes de água de ambos os lados dela. A expressão era de terrível amargura. Lúgubres como o semblante estavam seu espírito e seus pensamentos.

Com os dedos longos e duros pegou no crucifixo e fitou-o demoradamente.

— Quem são êsses de quem descendes? Estarás ainda ligado a êles com o teu corpo e o teu sangue? Não terás poder sôbre êles, êles que se atrevem a te negar tão demorada e obstinadamente?... Ou terá Deus, teu Pai, te enviado apenas a nós, os servos, havendo tomado a êles, os filhos, sob sua própria proteção?... Ou terão êles, por alguma arte secreta, aprisionado a ti e a tua Santa Mãe, e agora te atormentam em suas sinagogas, apunhalam teu coração e daí extraem teu sangue?... E conservam acorrentada tua Santa Mãe para que faça milagres por êles, salvando-os de nossas mãos?... Enviam-na à água e ao fogo por êles?... Fala!... Fala!... Fala!...

Depôs resolutamente a cruz sôbre a mesa, ergueu-se com dificuldade, e seus pesados passos ressoavam como golpes de martelo pelo vasto compartimento.

Em imaginação, via a Santa Mãe cativa dos judeus, tal como era crença entre o povo de Roma. Diziam que os judeus, graças a misterioso poder que lhes provinha de seus livros blasfemos, haviam conjurado a Santa Virgem a ficar com êles no Gueto e ajudá-los em seus infortúnios. E o Papa via agora como ela, o Sagrado Coração, a Virgem eleita, a Mãe do Menino Jesus, jazia às portas das sinagogas, no Gueto judeu, em ferros agrilhoada. Lá os judeus a mantinham e a torturavam, escarneciam dela e a humilhavam. E sempre que corriam perigo soltavam-na, disfarçada de môça judia, e ela assim aparecia aos cristãos. Os judeus eram salvos. Depois reconduziam-na às sinagogas onde voltavam a prendê-la às cadeias numa câmara secreta da sinagoga...

Seus cabelos grisalhos se eriçaram. As rugas da face, em espasmos, começaram a distender-se e a encolher-se, como os anéis de uma serpente. Era supersticioso, como seu povo, e via claramente o quadro. Por que não? — pensava. Não se introduzem êles em nossas igrejas e não roubam dos altares a santa hóstia, o coração de Jesus Cristo, e o vinho que é seu sangue, levando-os para suas sinagogas, e apunhalam a hóstia, o sagrado coração de Jesus, golpeiam-na e tornam a golpeá-la até dela extrair a última gôta do Sagrado Coração? Depois não o assam em seu pão ázimo, e na noite de Páscoa, em companhia dos filhos, não comem assim o coração de nosso Deus e se embriagam com o sangue do pobre Jesus Cristo?...

Sentiu imensa compaixão pelo pobre Cristo que é tão martirizado. Aproximou-se da figura divina, tomando-a nas mãos. Queria atirar-se de joelhos diante dela, mas não podia... queria rogar-lhe, mas não podia... a única coisa que sentia por êsse Deus era uma pena infinita, dó de quem tanto sofrera, que fôra crucificado, tivera cravos enterrados nas mãos e os judeus ainda extraíam sangue de seu coração para cada Páscoa... Começou a consolar a Deus, acariciar com pesada mão o seu corpo torturado, a tranqüilizá-lo como se tranqüiliza uma criança espancada, ao mesmo tempo em que lhe falava ternamente, penalizado:

— Tomaremos vingança por ti, por todos os teus sofrimentos!... A ferro e fogo haveremos de vingar-te!

Mas não conseguia orar a seu Deus...

Sentia-se agora mais forte que Êle, mais poderoso — podia vingá-lo... Parecia-lhe que êle mesmo, Paulo IV, o Sumo Pontífice de todos os católicos, o representante de Jesus, era Deus. Em sua mão estava o poder do Universo. Só êle seria capaz de punir os inimigos de Deus. Aquêle ali, sôbre a mesa,

não passa de uma criança maltratada a quem os judeus prenderam com seus artifícios e a quem não cessam de supliciar, e a êle, a Deus, Paulo IV o vingará...
Tinha a impressão de que devia ajoelhar-se diante de si mesmo, orar a si mesmo, louvar a si mesmo, prestar culto a si mesmo, porque não havia outro Deus...

Puxou o cordão da campainha e mandou chamar o Cardeal Michele Guislieri, o Grande Inquisidor do Santo Papa.
Quando o cardeal, de amplo capêlo vermelho de Inquisidor e capa rubra, entrou, o Papa perguntou:
— Confessaram?
O Inquisidor ficou calado por um momento e depois disse:
— Até agora não.
— Que fizeste com êles?
— Mandei pôr três vêzes os velhos na roda. Mas os físicos me dizem que não é possível pô-los pela quarta vez porque não agüentariam.
— Cuida de suas vidas — recomendou o Papa. — A Igreja não mata em segrêdo nas câmaras de tratos. A Igreja queima pùblicamente. E os moços? — perguntou ainda.
— Dois foram submetidos à "cascata". Um enlouqueceu. O outro continua penando.
— Nenhum dos dois confessou?
— Até agora nenhum.
— E ninguém mostrou desejo de se converter à nossa fé?
— É gente muito obstinada.
— Temos de convencer um seja como fôr... a Igreja precisa obter sua vitória. E o que fizeram com "ela"?
— Fizemos como ordenaste, Santo Padre. Não a tocamos. A semelhança dela com a Mãe de Deus ainda intimida e a nossa gente, os monges, receiam aproximar-se dela.
— Está em observação?
— Permanece junto a seu avô e passam a noite tôda recitando Salmos em seu maldito idioma.
— Já tentaram separá-la do velho?
— Tentamos, mas quando os monges entraram na cela para agarrá-lo e levá-lo para fora, ela se antepôs. Os monges reconheceram a face da Santa Virgem e caíram de joelhos, fazendo o sinal-da-cruz.
— E nenhum teve a coragem de cumprir as ordens da Igreja?
— O povo crê ser ela a Santa Virgem a quem os judeus conjuraram por seus amaldiçoados livros a morar com êles no Gueto para salvá-los de nossas mãos.
O Papa permaneceu calado por alguns instantes, fitando o Inquisidor-mor. Depois perguntou:

— E tu também crês que seja a Santa Mãe?
O cardeal não respondeu.
— Por que não respondes?
— O rosto dela é muito parecido ao de Nossa Senhora, a abençoada Mãe de Cristo.
— E os judeus a prenderam?
— Os judeus têm o poder de conjurar graças a seus blasfemos volumes. Foi assim que obrigaram por arte negra o Cardeal Cristoforo Madruzzi a imprimir seus livros, apesar de vossa proibição.
— O Cardeal Madruzzi imprime livros judeus?
— Em Riva di Trento, estabeleceu um prelo para êles e reeditou duas vêzes o maldito livro dêles, a *Mischná,* que mandastes queimar.
— A ordem é queimar! Não deve restar um só livro judeu em terras da Itália! E o Cardeal irá para a lista de excomunhão! Leva-me ao lugar em que ela está. Se é realmente a Santa Virgem, Nossa Senhora abençoada, que os judeus aprisionaram com seus amaldiçoados livros, é dever de um cristão libertá-la das mãos dêles.
— Vós, Santo Padre, nos calabouços da Inquisição? Nas câmaras de tortura?
— Se tens mêdo de chegar perto dela, eu mesmo irei livrar Nossa Senhora abençoada de mãos estranhas. Sou o representante de Deus na terra!
E o Papa, em companhia do Grande Inquisidor, dirigiu-se às masmorras da Inquisição, a fim de livrar a Santa Mãe das mãos dos judeus.

14. OS SUBTERRÂNEOS DA INQUISIÇÃO

Pelas arcadas subterrâneas da igreja de Santa Angélica ecoavam durante a noite os gritos dos torturados, os quais reboavam contra os grossos muros, eram sufocados e por fim se extinguiam na amplitude vazia dos tetos forrados e dos intermináveis labirintos de corredores e cantos envoltos em profundas trevas...
A um canto, junto à parede, jaziam criaturas humanas, encolhidas como vermes rastejantes, agachadas em poças de sangue que escorria de seus próprios ferimentos. Em outro canto, à parte, criaturas humanas prêsas pelos pés, em argolas de ferro, pendiam com as cabeças sôbre bacias flamejantes de brasas. Dos torniquetes despontavam cabeças humanas. E monges, de máscaras e capuzes negros, ocupavam-se em arrancar, com tenazes ardentes, unhas e cabelos de suas vítimas. Gritos lancinantes repercutiam por tôda a parte. Lamentos humanos percorriam o ar, como mugidos de reses abatidas. E os calabouços da igreja de Santa Angélica mais pareciam um açougue, com membros humanos jogados por todos os cantos. O chão de pedra úmido e escorregadio do sangue humano, e as paredes salpicadas de sangue humano...
Havia gente penando nos torniquetes e membros humanos eram prensados em caixas de ferro. Havia gente gemendo em gaiolas candentes, só porque alguém testemunhara que tinham o hábito de trocar de camisa na véspera de sábado. Bastava um servo denunciar a patroa pela prática de tomar banho às sextas-feiras,

para que ela fôsse arrastada às câmaras de tratos do Santo
Ofício e supliciada até confessar um comércio secreto com a
religião judaica.
 Os judeus eram torturados em celas separadas, não em companhia dos cristãos, para que êstes não lhes presenciassem a
obstinação, para que não vissem o apêgo dos judeus à sua fé
e a coragem com que suportavam o fogo infernal da Igreja, por
seu Deus e sua fé, pois poderia acontecer que lhes seguissem o
exemplo... De lá, da câmara onde eram martirizados os judeus,
não se ouviam gritos, lamentos ou gemidos de suplícios e sofrimentos. De lá, daquela cela ouviam-se cânticos. E era êsse o
único canto, em tôda a grande igreja de Santa Angélica, a única
cela em tôda a santa Roma, da qual partiam louvores e preces
a Deus...
 De tudo o que a imaginação pôde inventar, nos íntimos, profundos e recônditos mundos de onde provém, a Inquisição lançava
mão para torturar os judeus. Acusava a comunidade de Roma e
seus rabinos de, mediante um juramento secreto e com o misterioso poder de seus livros, haverem conjurado a Santa Mãe de Jesus,
descendente de judeus, a permanecer com êles no Gueto, e de
guardá-la numa sinagoga escondida, metida em grilhões, e de
enviá-la, sempre que necessário, para salvá-los das mãos cristãs. Quando os judeus romanos se inteiraram do que era exigido
dêles, a devolução da Santa Mãe, julgaram que o Papa e todos
os seus cardeais haviam enlouquecido. Mas, compreendendo
que a Igreja buscava apenas um pretexto para arrastá-los às
masmorras da Inquisição, riram da alegação inquisitorial e responderam que não precisavam de uma criatura de carne e osso,
e morta, para livrá-los do poder da Igreja, pois eram defendidos
pelo Deus Único e vivo.
 Nessas palavras, viu a Inquisição blasfêmias contra Deus e dez
dos mais veneráveis anciãos do Gueto foram metidos nas masmorras do Santo Ofício. O cego Rabi Iaacov e sua neta Iafata
entregaram-se espontâneamente, julgando contribuir assim para
inocentar os notáveis e destruir a calúnia que pesava sôbre os
judeus, pois a Igreja poderia convencer-se de que ela, Iafata,
não era a Santa Mãe, porém uma simples môça judia a viver
com seu avô, no exílio romano, a esconder-se, como tôda môça
judia, dos cristãos e da Igreja.
 Qual não foi a surprêsa do velho e mais ainda de sua neta, ao
se verem tratados como sêres sobrenaturais... Os servidores
da Igreja, os monges e os padres do Santo Ofício temiam
aproximar-se dela... Caíam de joelhos cada vez que a vislum-
bravam, benziam-se e estendiam-lhe as mãos em prece. Ela e o
avô eram mantidos em cela à parte e, quando os monges inquisitoriais, mascarados e encapuzados entraram, querendo retirar
o velho, bastou que Iafata os encarasse com seus grandes olhos

para que se pusessem de joelhos e depois se afastassem de costas, com o rosto voltado para ela...

E, ao redor, os anciãos e rabinos de Roma penavam nos piores tormentos a fim de que confessassem haverem enfeitiçado a Santa Mãe. Dois foram submetidos à "cascata". Era um terrível tormento que impelia a vítima, em poucas horas, à loucura. A um canto da câmara de suplício destinada aos judeus, achavam-se dois homens ainda moços, nus, mãos, pés e corpo amarrados a um poste de ferro. Sôbre suas cabeças pendiam enormes potes, contendo água fria, a qual, através de orifícios praticados nas tampas de cortiça, gotejava a cada segundo. As gôtas iam cair sôbre as cabeças, para tal fim rapadas, das vítimas nuas. Os potes estavam dispostos de tal maneira que os pingos tombavam sôbre a região posterior do crânio, onde se localizam os miolos. Pingando sôbre a cabeça, iam rolando pela espinha abaixo de segundo a segundo e, cada vez que uma gôta alcançava a cabeça raspada, a vítima nua se contorcia, estremecia e tinha um espasmo. E assim, por dias e noites sem parar, gotejava sôbre aquelas cabeças rapadas. Uma das vítimas já perdera o juízo e, atada ao poste, soltava gargalhadas horríveis cada vez que sentia o pingo sôbre a cabeça nua, uma gargalhada tão tenebrosa e inumana, com os dentes à mostra na bôca escancarada e os olhos esbugalhados, que os próprios inquisidores ficavam atemorizados. A segunda vítima ainda resistia. Com os joelhos dobrados sob as cordas que o prendiam, apertava cada vez mais os dentes contra os lábios. Os olhos já se lhe colavam de sono e cansaço. Mas a cada respingo sôbre a cabeça escanhoada, arregalava os olhos e sua bôca movia-se num murmúrio...

Em outro canto, atirados como trapos, jaziam dois corpos humanos que mal se mexiam... estavam inteiramente largados. Em sua direção arrastava-se, ou antes, rolava outro corpo que acabava de ser tirado da roda. Aquêle que rolava pelo chão, procurando aproximar-se dos dois outros, deixava atrás de si rastos de sangue que escorria de seu corpo mutilado. Todos os que ali se encontravam haviam sofrido, um após o outro, o trato da roda, e outros dois padeciam agora naquela máquina do diabo. Os corpos das vítimas eram encerrados em longas peças chanfradas de ferro, fundidas de tal forma que as pontas das chanfraduras comprimissem as partes salientes do corpo humano. Fechados por meio da pressão, tais engenhos esmagavam os ossos das mãos e dos pés, partindo-os nas juntas. Nenhum dos supliciados jamais poderia tornar a servir-se de seus membros superiores ou inferiores. Os sofrimentos que êsse instrumento infligia ao corpo humano eram insuportáveis. Todavia os judeus os suportavam. Os débeis gemidos que lhes escapavam pareciam dever-se mais a um lamento pela crueldade humana do que aos próprios padecimentos físicos.

De vez em quando um dos inquisidores encapuzados e mascarados apresentava um crucifixo ao judeu submetido à roda, e quando esta mais lhe comprimia os membros, o monge o aproximava da face da vítima para que beijasse a cruz como sinal de que estava disposto, para salvar-se, a acolher-se sob as asas da fé cristã. Mas tôda vez que o judeu, no seu tormento, sentia o cheiro de incenso e percebia a cruz diante de si, sua fisionomia reanimava-se, brilhavam-lhe os olhos e êle virava o rosto.

Rastejando pelo chão de pedra como um verme, o judeu mutilado, que acabava de ser liberto da máquina de tratos, ia aproximando-se do canto onde se encontravam os seus irmãos de fé. Êstes tentavam estender-lhe a mão, querendo ajudá-lo, mas a mão não mais lhes obedecia — estavam com os ossos esmagados pela roda, embora não sentissem dores. Parecia-lhes que haviam sido libertos das mãos e dos pés, do corpo inteiro. Privados do corpo, não precisavam mais dos seus membros. E olhando um para o outro, com os grandes olhos, sentiam-se ligados um ao outro pelos olhos, perto um do outro graças aos olhos, tateando um ao outro pelos olhos. E fitavam seu martirizado irmão que se arrastava em direção dêles qual um verme, deixando um rastro de sangue que lhe escorria dos ferimentos. E êste irmão os olhava e por êste simples olhar se lhes vinculava e todos se uniam.

"Derramado seja o amargor sôbre os que não O conhecem
E sôbre as soberanias que Seu Nome não invocam..."

murmuravam, lá no canto, olhando para aquêle irmão que procurava levar para junto dêles o corpo ensangüentado sem conseguir alcançá-los...

— "As vinganças ao Senhor!... As vinganças virão..." — gemeu o judeu martirizado, imobilizando-se no chão, exangue, sem ter alcançado sua gente...

E, de súbito aconteceu: como se os judeus desfalecentes recuperassem seu vigor, como se tivessem adquirido asas para alçar-se aos ares por sôbre as cabeças de seus algôzes, os diabólicos inquisidores, de todos os cantos do calabouço onde os judeus sangravam no suplício dos garrotes, da suspensão sôbre as bacias com brasas, das unhas queimadas, das gaiolas incandescentes, das caixas de ferro que comprimiam membros, de tôda a parte começou a ouvir-se o cântico:

"Não a nós, Senhor, não a nós, mas a Teu Nome
Dá a honra, à Tua Graça, à Tua Verdade!...
Por que hão de dizer os ímpios: onde está o Deus dêles?
Nosso Deus está nos céus e tudo o que desejar poderá fazer.
Enquanto as imagens dêles são de ouro, feitas por mãos humanas
Têm bôca e não falam
Têm olhos e não vêem

Têm ouvidos e não ouvem
Têm nariz e não cheiram
Têm mãos e não manejam
Têm pés e não andam
e suas gargantas nada proferem.
Assim serão suas ações, tudo no que confiam
e tudo em que têm fé.
Israel, porém, tem fé em Adonai,
na ajuda e na proteção Dêle.

Era um hino de desafio, de zombaria ao Deus dêles, ao poder humano que detinham e todo o seu modo de viver. Tinham pena de seus carrascos, servidores de ídolos, de madeira e pedra, os judeus riam dêles.

Com as lanças na mão, os perversos inquisidores estacaram. Pareciam diabos nas profundezas do inferno com seus instrumentos diabólicos, e era como se os judeus os tivessem amedrontado com os versículos dos Salmos. Interromperam por momentos o suplício de suas vítimas para ouvir, assombrados, como essas mesmas vítimas, sob as rodas da tortura, elevavam um cântico de louvor a Deus...

15. O TRIUNFO DA FÉ

Quando Paulo IV entrou nos subterrâneos da Inquisição, em companhia de seu Inquisidor-mor, foi recebido pelo cântico dos judeus que vinham das celas de martírios e soava como um hino ao lado dos lamentos e dos gritos dos mártires cristãos. O cântico enchia de terror os padres e diabólicos inquisidores que não sabiam o que fazer, que fim dar àquele coral. O Papa estacou seus pesados passos ao limiar da câmara de tratos, fechada por grossa porta de ferro, e ficou ouvindo o cântico que forçava passagem pelos duros degraus de pedra da masmorra. Olhou sem dizer palavra, mal-humorado, para o Grande Inquisidor, os cardeais e sacerdotes que o acompanhavam, e continuou ouvindo, silencioso.

— São os malditos judeus recitando seus bruxedos do diabo na sua amaldiçoada língua. Trata-se de fórmula mágica que os livra da dor, para que não padeçam nas torturas — tentou desculpar-se o Grande Inquisidor em face do côro de judeus.

O Papa o encarou pesadamente, com um olhar que lutava por escapar dos olhos encerrados entre as rugas do rosto.

Sentia-se ìntimamente invadido por uma espécie de terror diante do triunfo da fé que se lhe apresentava aos olhos. E por um momento duvidou de seu poder. Os lábios, enterrados entre os profundos vincos das faces, resmungaram:

— Não, são Salmos o que êles estão cantando.

Todos permaneceram calados.

O Papa fêz um sinal indicando a porta de ferro que tinha diante de si.

A porta foi aberta e êle quedou-se no limiar, examinando a câmara de tortura.

Viu o punhado de ossos sangrentos largados dentro de uma poça de sangue no canto da parede de pedra. Viu as massas ensangüentadas atiradas sôbre o chão de pedra, arrastando-se com seus membros mutilados, sem poder chegar aos companheiros, viu os corpos humanos avultando das caixas de ferro, das gaiolas ardentes, das rodas e prensas, e todos cantavam. Ninguém lhe concedeu um só olhar.

Um frêmito de susto assaltou os perversos inquisidores. Os monges encapuzados de negro, entregues à sua sanguinária faina, interromperam por instantes seu odioso mister e, vendo o mais alto dignitário da Igreja parado ao umbral da câmara de torturas, caíram de joelhos diante dêle, como diabos quando avistam o chefe...

Mas os mártires não sustaram por um instante sequer o seu cântico de louvor a Deus. Não concederam um só olhar àquele em cujas mãos estava o destino de suas vidas, de cuja palavra dependia o término de seus sofrimentos. Para êles tornara-se indiferente ser ou não martirizados. Não se encontravam mais no ensangüentado calabouço da Inquisição. Ali só estavam seus corpos supliciados, enquanto suas almas voavam para Deus, e esperavam impacientes, sequiosos, pelo momento em que lhes seria dado o privilégio de contemplar o divino semblante.

>   Como a corça suspira pelas torrentes d'água
>   Assim minh'alma suspira por ti, *Elohim*.
>   Minh'alma suspira por ti
>   Oh! Deus Vivo!
>   Quando chegarei a ver o teu semblante?

E o vigário de Cristo na terra, o ídolo de todos os cristãos, Sua Santidade o Papa Paulo IV, o tirano da fé cristã, começou a duvidar de si e do Deus fundido em prata que segurava na mão. Olhava os judeus triunfantes e perguntava-se:

— Com que fôrça?... Quem é o seu protetor?... O que estarão vendo em seus derradeiros momentos?... Quem lhes dará o poder de ignorar a dor e o sofrimento e entoar salmos a Deus, mesmo sob os torniquetes?... Não, não há de ser uma fôrça do diabo que lhes infunde tanta segurança, tanta calma e êsse triunfo... É a fôrça de Deus...

Pareceu-lhe que o Deus por êle representado, pendente agora sôbre sua batina de veludo vermelho, na figura de um supliciado, pregado a uma cruz, que os antepassados daqueles ali haviam crucificado, parecia-lhe que seu Deus não dispunha de fôrça sôbre êles, não exercia poder algum sôbre aquela gente...

A Feiticeira de Castela

E tal como outrora haviam sobrepujado a sua fôrça física sem que nada pudesse fazer, do mesmo modo sobrepujavam agora a sua fôrça moral, a sua fôrça divina, sem que pudesse fazer algo contra êles...

Em seu peito inflamou-se a raiva do impotente. "Mas eu tenho fôrça para torturá-los, assim como êles O torturaram", pensou. "Sou Seu representante na terra. Foi a mim que torturaram... A mim, que supliciam em cada geração, a mim é que desprezam e eu tenho o poder de fazê-los pagar tudo com meu punho de ferro, com a mão de fogo da Igreja. Eu, Paulo IV, o representante de Deus na terra, o Papa de todos os crentes, o cabeça da Igreja."

Ergueu o crucifixo e apertou-o com amor e piedade ao coração como se aconchega uma criança surrada, indefesa, cuja proteção se nos afigura um dever. Beijou a cruz e ergueu-a para os cruéis inquisidores, para os monges revestidos de máscaras e chamando-os em voz alta:

— Servidores da Igreja. Executai a obra da fé, para a maior glória da Igreja.

E os abençoou com a cruz.

Em um cárcere à parte de uma das câmaras, numa grande jaula de ferro destinada aos culpados de importantes crimes contra a Igreja, encontravam-se o velho cego Rabi Iaacov e sua neta Iafata.

A vida inteira, o velho almejara a morte de mártir, o que era tido, entre os cabalistas de Schlomo Molko, por uma graça tôda especial, dispensada por Deus a seus eleitos. E mais ainda após a morte de Schlomo Molko, entre cujos adeptos Rabi Iaacov se incluía e os quais acreditavam que seu mestre ressuscitara depois de queimado. E desde a revelação do santo Rabi Iossef Caro, na sagrada cidade de Safed, que exercia enorme influência sôbre os cabalistas de todo o mundo, o velho esperava pelo grande dia quando seria escolhido por Deus para morrer como mártir, pela santidade de Seu Nome!... Desde que o haviam encerrado nos cárceres da Inquisição, não cessara de aprestar-se e preparar-se para o glorioso dia. Purificava o corpo, não provando quase alimento humano, sustentava a alma no seu invólucro apenas com água, para não cometer suicídio, o que era tido entre os judeus como o pecado mais horrível, perdendo-se por êle a Eternidade. Passava o tempo todo a cantar com sua neta versículos dos Salmos ou a abismar-se e a errar em profundas questões, em mundos ocultos. A única gôta de tristeza em seu imenso júbilo era que os gentios queriam tomar sua neta e convertê-la, Deus a guarde, numa divindade, num ídolo... Temia que lhe poupassem a vida e muitas vêzes falava com ela sôbre o caso.

— Teus pais, no céu, a que subiram pelo martírio da fé, não terão descanso, Deus os livre, ficarão envergonhados diante dos outros justos e puros...
Ela fitava o avô com os grandes olhos marejados e beijava-lhe silenciosamente a mão.
E o velho a compreendia.

— Teus pais, no Paraíso, se regozijarão contigo, minha filha
— e avô e neta recomeçavam juntos a cantar os Salmos:

> E também para si
> Os filhos da desgraça
> Não temerão o mal
> Pois vós
> Me pusestes em pé...

Quando disseram ao velho que o Santo Padre o Papa em pessoa viera inquiri-lo e exigia que saísse da jaula, êle não parou de cantar e, apoiado na neta, dava a impressão de que ambos dançavam e se alegravam.

Tomando a neta pela mão, saiu da gaiola e, guiado por ela, caminhou para onde se achava o Papa, sem parar de cantar em todo o trajeto, sempre em voz alta, acompanhado pela voz de Iafata:

> Minha luz e minha salvação vêm do Senhor,
> A quem temerei?
> Deus poderoso que vive:
> Quem me atemorizará?...

Na sala do Tribunal da Inquisição, sôbre um trono escarlate, sentava-se o representante de Cristo, o Papa Paulo IV, com a tiara torreada na cabeça e envolto na sobrepeliz de veludo vermelho. A seu redor ardiam círios vermelhos, espetados como varas em altos castiçais. Em semicírculo agrupavam-se a côrte de cardeais e os altos sacerdotes da Igreja, além de eminências da Inquisição. Ao pé do trono, encontrava-se o alto e robusto Cardeal Michele Guislieri, o Inquisidor-mor, envergando sua capa de veludo carmesim e o capêlo de cardeal. De ambos os lados da sala, postados em duas filas, viam-se padres e frades do Santo Ofício revestidos de prêto, com as cabeças encapuzadas e as máscaras pretas cobrindo-lhes os rostos. Nas mãos seguravam círios vermelhos acesos. Muitos haviam pintado em seus hábitos prêtos com tinta branca esqueletos e tíbias, e lembravam assim esqueletos saídos das tumbas com velas acesas na mão.

Entre as paredes formadas pelos temíveis monges negros e demoníacos inquisidores com suas velas vermelhas acesas, caminhou o velho Rabi Iaacov conduzido por sua neta Iafata, a passos tranqüilos, solene e calmo. Não concediam um só olhar, quer aos monges quer aos círios que ardiam. Era como se nada enxergassem, como se não houvesse ninguém na sala do Tribunal. E em voz alta e vibrante cantavam os versículos dos Salmos:

> Se a hoste me sitia,
> meu coração não temerá;
> Se a guerra me ameaça,
> por isso hei de confiar...

E os padres e os monges viram-na aproximar-se, ela mesma, aquela que tão bem conheciam do quadro sacro *A Madona do Amor,* diante do qual se ajoelhavam e oravam, cuja efígie carregavam sôbre o peito pendurada numa correntinha de ouro, cujo rosto beijavam em prece ardente a cada adormecer e a cada despertar... E ali vinha ela, em pessoa, com seus grandes olhos súplices que fitam com tristeza e amor, e sua bôca miúda e calma, franzida para chorar, mas sorrindo. Ela própria, em sua forma divina, no seu longo vestido azul, os pés descalços, os longos cabelos soltos, segurando na mão alva e delicada a mão do judeu velho e cego, de longa barba branca, testa alta e imaculada... Não parecia ela a Nossa Senhora da Misericórdia a conduzir o sofrimento do Universo a caminho da Eternidade?... Ali, ao clarão vermelho, entre o muro de velas vermelhas queimando e monges vestidos de negro, a caminhar tão suavemente, como a melodia de uma canção, e a guiar o velho justo pela mão, lembrava mais ainda a Santa Mãe que a própria pintura sacra. E diante dela, monges e frades atemorizaram-se, e os corações dos altos dignitários da Igreja confrangeram-se e um suor de angústia e temor orvalhou suas testas. Aqui e ali joelhos dobraram-se diante dela. Monges não conseguiam conter-se e, à sua passagem, parte dos que empunham as velas ajoelhou-se e persignou-se, com profundo mêdo e angústia. E o próprio Papa, ao notar os lívidos rostos de seus cardeais, suspendeu o crucifixo de prata que trazia ao peito e o sacudiu sôbre as cabeças dêles, dos monges e da sala inteira, como se quisesse benzê-los contra o terror que os invadia.

Mas Iafata não lhes concedia um só olhar. Caminhando a passos suaves e majestosos, não cessou de cantar, acompanhando seu cego avô nos versículos dos Salmos.

Quando chegaram diante do trono papal, profundo silêncio reinou na sala do Tribunal.

— Quem és, e qual o teu nome, velho? — perguntou o Sumo Pontífice ao velho judeu, quando êste, pela mão da neta, chegou diante do trono.

— Meu nome é Iaacov Meduga e descendo da família Abarbanel, que foi expulsa, juntamente com todos os judeus, da terra de seus antepassados, e se instalou em Castela. De lá viemos vagando e nos espalhamos por todo o mundo — respondeu o cego.

Na sala reinava silêncio. Só se ouvia o estalar das chamas nas velas acesas e o arranhar das compridas penas de ganso sôbre os pergaminhos amassados onde dois escribas do Santo Ofício anotavam tudo que o judeu dizia.

— E quem é a dona que te acompanha? — continuou a indagar o Papa.

O cego estendeu a mão e tomando a mão de Iafata na sua, respondeu pelas gengivas desdentadas:

— É minha neta Iafata, a filha de meu filho Iossef Meduga a quem Deus escolheu para mártir por Seu Nome e foi queimado pela Inquisição em Lisboa, pela glória de Deus Único que está nos céus e sôbre a terra, e pela grandeza de nossa fé que é a fé verdadeira no Deus Único e Vivo.

Os cardeais empalideceram e se entreolharam, mas o Papa continuou:

— Velho, o Santo Ofício te acusa de teres, juntamente com os rabinos, e pela fôrça de um versículo de vossos livros endemoninhados, versículo só conhecido por ti e pelos rabinos que estão contigo, conjurado o santo espírito de Nossa Virgem, a Santa Mãe de Jesus Cristo, a que ela, encarnada em sua própria sagrada figura, descesse de seu trono no céu, e de a conservardes em vosso meio no Gueto, num compartimento separado e secreto de vossa sinagoga para que ela vos proteja das mãos cristãs. E de que, pelo poder de tua palavra mágica, compeliste a Santa Nossa Senhora, a sagrada Mãe de Cristo a salvar-te da tempestade, por ocasião da inundação, e das mãos cristãs no último Carnaval. E também agora a obrigas, pela fôrça dessa palavra, a ficar a teu lado para te proteger. Confessas teu crime, judeu?

Rabi Iaacov permaneceu calado por bom espaço de tempo. Arregalou os seus olhos mortos como se tentasse enxergar. Em seu íntimo irrompia uma prece, como em Sansão: que Deus lhe concedesse mais uma vez apenas o vigor de seus olhos, para poder uma única vez encarar o Papa de todos os cristãos. Mas seus olhos estavam cegos para êste mundo. Só via, agora, no seu íntimo, a claridade luminosa e celestial, a flamejante verdade em seu coração, a grandiosa justiça de sua causa, e de seu coração elevava-se uma prece a Deus, uma prece ao Único Deus vivo, pelo qual estava pronto a dispor de sua existência terrena.

Apertou mais ainda a mão da neta e começou a cantar em voz alta com ela:

Deus, minha luz, meu guia
Deus, forte e vivo
A quem temerei?

— Não me respondes, judeu? O Santo Ofício está à espera de tua resposta!
— É então êsse o crime pelo qual atormentas em tuas câmaras de tortura os santos Justos? — rugiu o cego como um leão. — Ai de vós!... A quem servis?! A uma deidade a quem é possível enfeitiçar?... Que se pode conjurar com palavras?... Que é possível manter prisioneira?... Abri os vossos olhos e vêde o Deus Único e vivo na Terra e no Céu!... Não, esta não é a vossa deidade — e Rabi Iaacov indicou a mão da neta que segurava na sua. — É apenas uma pobre môça judia, perseguida e mortificada, como todos nós, por causa da crença única de seus pais.

Novamente houve um surdo movimento na grande sala e os cardeais, pálidos, se entreolharam. O Papa, porém, erguendo-se do trono, tomou o crucifixo na mão e disse:

— Já por duas vêzes blasfemaste contra a Igreja e seus dogmas sagrados, na presença do Alto Tribunal. Mas a Igreja é misericordiosa e paciente como uma mãe que estende largamente os braços para receber seus filhos transviados. Atende ao chamado de Nossa Mãe, a Santa Igreja — disse o Papa descendo do trono com o crucifixo na mão, levando-o até o rosto do cego. — Seguro diante de teus olhos cegos a luz do Universo, o fulgor de Deus. Sente-o em teu coração, dobra teus joelhos diante dêle, para que tua alma pecadora e blasfema seja perdoada e recebida no reino dos céus.

O judeu sentiu a cruz de prata em seu rosto e às suas narinas chegou o cheiro do incenso. Indignado, empurrou com as mãos o crucifixo e bradou:

— Ajoelhar diante de quem? Orar a quem? Servir a quem? A um pedaço de prata que um ourives moldou e trabalhou com seu martelo, que se pode comprar com dinheiro, vender por dinheiro, dar como penhor?...

— Judeu! Peço-te uma vez mais, ajoelha diante do símbolo, pelos sofrimentos que Êle suportou por ti, por mim e por nossos pecados — e o Papa aproximou novamente o crucifixo do rosto do cego.

— A um homem a quem enforcaram?... A um homem a quem torturaram? A êle devo cultuar?... Por êle só posso ter piedade, lamentá-lo, mas cultuá-lo?!... — acrescentou o velho em castelhano, sorrindo.

O rosto do Papa enrubesceu. Suas rugas se elevaram como a tempestade no mar. Perdeu a paternal paciência com que surpreendera o Tribunal e bradou, ameaçador:

— Judeu, os braços da Igreja alcançam longe e ardem como tenazes incandescentes — e ainda uma vez estendeu o crucifixo para o judeu.
— Isto que é falar, Santo Padre. É essa a tua linguagem. Dize antes, cultuar a ti, ajoelhar diante de ti, orar a ti!... És o Deus de todos os católicos, tens mais poder que êle, és mais forte que êle, podes castigar os que a ti resistem!... Podes supliciar, torturar em tuas câmaras, queimar nas fogueiras... És poderoso, és tu o Deus de todos os católicos, não êle. És mais forte que êle, Santo Padre!...
O crucifixo tremia nas mãos do Papa. Seu rosto se tornou mais vermelho ainda. As pregas vazias do rosto se inflaram. O judeu externara o que carregava no seu íntimo e em que receava pensar. De pronto, com um golpe do crucifixo calou os gritos do judeu. O sangue jorrou, salpicando a cruz de prata na mão do Papa e gôtas de sangue escorreram para o corpo do Cristo pregado a ela...
Um dos joelhos de Rabi Iaacov dobrou-se e êle pareceu vacilar. Mas permaneceu de pé. E com o rosto banhado em sangue, murmurou para si mesmo um versículo dos Salmos:

Pois por Vós tive vergonha
E escondi meu rosto...

E quando os monges do Santo Ofício, a um aceno do Grande Inquisidor, arrastaram Rabi Iaacov para as câmaras de tratos, ouviu-se um cântico:

Pois Deus é minha luz e meu guia
A quem temerei?
Deus é forte e vivo
De quem terei mêdo?...

Iafata esboçara um gesto como se quisesse seguir o velho. Estendendo para êle os braços, foi com o olhar que se ligou a êle, mas o Papa se interpôs. Apresentando o crucifixo ensangüentado, bradou-lhe:
— Em nome do Pai, do Filho e do Espírito Santo, dize, quem és!...
Iafata o encarou. De seus olhos brotaram duas lágrimas que ficaram suspensas como duas pérolas nos seus longos cílios.
O Papa não conseguiu suportar seu olhar. A dor estampada naquela face confrangeu-lhe o coração. Aproximou mais a cruz ensangüentada do rosto dela e gritou:
— És o espírito bendito de Nossa Senhora, a mãe de teu Filho. Prosterna-te diante dêle... Inclina-te ante o seu sofrimento. Se não o fizeres, é porque te apoderaste por bruxaria do

semblante de Nossa Senhora Bendita e o trazes com a impura intenção de enganar nossos corações.

As duas lágrimas caíram dos cílios e rolaram sôbre as faces como fios de pérolas, indo parar sôbre a rosada comissura da bôca delicada.

O crucifixo tremia na mão do Papa. Seu coração se enternecia e êle não pôde suportar mais o olhar da môça.

— Que o fogo decida quem és!... Se fores Nossa Senhora Bendita, o fogo não terá o menor poder sôbre teu sagrado corpo, como não teve sôbre o de outros santos. Se tiver, é porque te apropriaste por meio de feitiçaria do semblante da Santa Mãe — decidiu o Sumo Pontífice.

Sôbre os lábios implorantes de Iafata brincava um sorriso significativo, que ninguém soube decifrar. Parecia chorar com um sorriso e sorrir com lágrimas...

Tôdas as Igrejas de Roma celebraram missas em ação de graças. Da Santa Sé, despachos foram expedidos a todo o mundo católico no sentido de ser declarado feriado o dia de São Paulo. Nas igrejas deviam ser rezados ofícios especiais e executadas ladainhas especialmente enviadas de Roma; sagradas imagens e estandartes da Igreja deviam ser levados em procissão. E os escribas da Igreja registraram nas crônicas, para as futuras gerações, a grande maravilha que o Papa Paulo IV realizara em sua peleja contra o perigoso Satã que assumira a aparência da Santa Virgem. Após árdua luta, vencera-o, por um milagre, com o sangue exsudado por Cristo sôbre o crucifixo que o Papa empunhava...

16. O AUTO-DE-FÉ

Em todos os *corsos* onde a plebe romana se aglomerava, em tôdas as igrejas durante os ofícios, em todos os locais de reunião, trombeteiros com longas trombetas de prata e arautos haviam apregoado com semanas de antecedência que no próximo e grande feriado santo, "a quinta-feira verde", na praça do Campo dei Fiori, onde desde épocas imemoriais eram queimados livros e vidas judaicas, seria realizado o grande Auto-de-Fé. A perigosa feiticeira de Castela, que por meio de bruxaria assumira o semblante de Nossa Senhora, tal como aparecia em *A Madona do Amor,* pendurado no convento do Sagrado Coração, seria queimada em público para que, através do fogo, fôsse comprovado se se tratava mesmo da encarnação da Santa Mãe, ou se, como era acusada pelo Santo Ofício, era uma feiticeira.

Na "quinta-feira verde", o sol surgiu sôbre o Tibre rubro e chamejante, como uma bola de alcatrão incandescente, e desde cedo irradiava calor tão úmido e abafado que parecia estar consumindo todo o ar existente no espaço sôbre a cidade e que Roma iria sufocar. E, acompanhando o sol causticante que incendiava cada vez mais a abóbada celeste, ouvia-se desde cedo um abafado e terrificante badalar dos sinos em tôdas as igrejas romanas, e parecia serem os sinos que animavam o ardor do sol no céu, intensificando suas chamas abrasadoras, e incitavam suas línguas de fogo a queimar e consumir a atmosfera de Roma... As badaladas de Roma, que começavam com piedade, com súplica, suaves como um gemido que agoniza ao longe, aumentavam cada vez mais, avolumavam-se, tornando-se cada vez mais terríficas e angustiantes, como se anunciassem a iminência de grande desgraça para Roma...

E desde a madrugada tôdas as ruas, avenidas e praças de Roma estavam cheias de gente, cavalos, animais domésticos e tôda a sorte de sêres vivos se movendo. De perto e de longe, de tôda a parte até onde chegara a história da feiticeira de Castela que assumira o semblante da Santa Virgem, acorria gente para o grande ritual do fogo, para ver como a feiticeira sairia incólume das chamas. Afluíam por tôdas as vias, usando todos os meios de condução: montados em jumentos, a cavalo, sôbre mulas e mesmo a pé, vinham das distantes províncias de Ferrara e Florença. Os marinheiros de Ancona chegaram pelo Tibre em seus veleiros enfeitados. Roma não podia abrigar tanta gente, por isso permaneciam com seus animais pelas ruas da cidade, erguiam tendas coloridas nas praças e avenidas, ocupavam as brancas escadarias das igrejas. Na Praça de São Pedro, na Basílica, diante da cúpula de mármore que Michelangelo ergueu, dezenas de milhares de homens com mulheres e filhos, seus jumentos e camelos, acampavam em tendas armadas. Roma tornara-se tão estreita, suja e superlotada que os aristocratas e as cortesãs abandonaram-na durante a festa da fogueira, não podendo agüentar o bafo, o suor e os maus cheiros da plebe que engolfara Roma...

No Campo dei Fiori, onde devia realizar-se o Auto-de-Fé, há dias e noites que ocorriam brigas e lutas entre a invasora onda de populares que desejavam ocupar os melhores lugares. Na manhã da "Festividade verde", a praça inteira estava de tal modo tomada e apinhada de homens, mulheres e crianças, animais domésticos, cavalos e tendas, que a muito custo os inquisidores lograram erigir, junto à pira em que seria queimada a feiticeira, duas *loggias* com dosséis de veludo vermelho: uma para o Papa e sua côrte e outra para o Inquisidor-Mor e o Alto Tribunal. Quem dispusesse de um lugar na praça diante da pira sôbre a qual se processaria a queima, já tinha "direitos" que adquirira dormindo ali noites seguidas à espera do dia do espetáculo, e não queria desistir. A guarda inquisitorial precisou recorrer a seus longos bastões de chumbo, açoites e chicotes, com que golpeavam a cabeça da multidão, a fim de abrir um espaço para o Pontífice e o Santo Ofício. No local onde se acenderia a fogueira funcionava um verdadeiro mercado. Tendo de passar ali alguns dias e noites, o povo precisava comer. Pululuaram então vendilhões de tôda espécie, cozinheiros ambulantes, vendedores de vinho, charlatães e curandeiros, que instalaram tendas e barracas. Sôbre a cabeça da massa erguia--se densa e escura fumaceira, proveniente dos fogareiros que aqueciam os caldeirões transportados em carrêtas pelos cozinheiros ambulantes, a fim de vender comida quente à multidão. Os curandeiros, usando chapéus pontudos e altos, todos pintados de signos astrológicos e longos mantos cheios de estrêlas e cometas, em pé sôbre seus carros, anunciavam num linguajar poético e rimado a fôrça de sua magia. Apregoavam o poder de renovar com suas águas milagrosas a cútis fatigada e enrugada das mulheres, tornando-a rosada e viçosa, de remoçar-lhes os corpos murchos e de transformar com suas tinturas cabelos castanhos em louros, prêtos em dourados; a sua arte de arrancar dentes que doíam, curar dores de barriga, sangrar veias e esconjurar maus-olhados. Suas carroças viviam repletas de mulheres que se faziam tingir os cabelos escuros para louros, o que então estava em grande voga. Para aquêle santo feriado, o do Auto-de-Fé, tampouco faltavam as prostitutas, que levantaram suas tendas coloridas no meio da populaça, enfeitando a entrada com rosas vermelhas e, como sinal do seu mister, pendurando a imagem de Madalena, de cabeleira loura sôlta, a qual desde há muito era a padroeira das mulheres da rua...

No meio da massa humana que se comprimia, que fedia a comidas apimentadas, a vinho azêdo e ao perfume barato das meretrizes, de flôres esmagadas e corpos acalorados, fôra reservada no Campo dei Fiori uma área quadrada, destinada à pira em que seria queimada a feiticeira de Castela. Junto ao local, armaram-se, como já foi dito, duas *loggias* com pálios de veludo carmesim, uma para o Papa e sua côrte e a outra para o Inquisidor-Mor e o Alto Tribunal, o que, na praça apinhada de povo, foi executado a muito custo pelo pessoal do Santo Ofício. O quadrado rente à pira e as *loggias* já estavam isolados da massa por um cordão de inquisidores enroupados e encapuzados de negro. A pira erguia-se em forma de pirâmide e consistia inteiramente de manuscritos e obras judaicos...

Recolheram-se livros judaicos de tôdas as províncias da Itália. Assaltaram-se sinagogas, Casas de Estudo, invadiram-se lares para seqüestrar suas bibliotecas, bens de família, herança de gerações, mais preciosos do que tôdas as riquezas do mundo e mais cuidados que um mimado filho único, trazidos da Espanha e de Portugal, e de outras terras do Exílio, de onde os judeus haviam saído para refugiar-se nos então tolerantes Estados Italianos — pilharam-se prelos hebraicos, que se haviam difundido tão ràpidamente pelas províncias italianas. Tudo isso foi entregue à Inquisição, reunido para a festa do Auto-de-Fé, de modo que, juntamente com os livros de feitiço, seria queimada a feiticeira. Não era a primeira vez que se incineravam livros judeus em Roma, mas nunca em tão grande número e de tamanha importância.

A fim de resguardá-los das chamas da Inquisição espanhola e portuguêsa, os judeus haviam trazido para Roma e para a Itália os seus tesouros bibliográficos.

Nas cidades de Ferrara e Mântua, onde foram instalados os primeiros prelos hebraicos, encontravam-se manuscritos raros em que se basearam as primeiras impressões dos Pentateucos e Talmudes, e tudo isso foi utilizado pela Inquisição a fim de armar a pirâmide de papel sôbre a qual seria queimada a feiticeira de Castela. Da pirâmide formavam Guemarás escritas em papiro, exemplares oriundos das Academias de Pumbadita; *Humaschim* copiados por escribas judeus para os Exilarcas da Babilônia. Havia obras de Maimônides, de seu próprio punho, poemas e *piutim* dos grandes poetas hebreus da Espanha. Primeiras edições do Talmud, da *Mão Forte,* de obras de moral e tratados de filosofia saídos de algumas das mais antigas tipografias do mundo, fundadas em Mântua e Ferrara, pelo erudito De Rossi. Incunábulos e magníficos exemplares devidos à família Sonsino, publicações de rara beleza do afamado prelo do cristão Daniel Bomberg de Veneza. Volumes do Talmud e do Sidur editados, para o uso dos judeus, pelo culto Cardeal Madruzzi e pelo grande Rabi Iossef Ataleghi em Riva di Trento. Epístolas em pergaminhos endereçadas pelos Exilarcas babilônios aos judeus dos países eslavos, às remotas regiões dos eslavos e tártaros. Trenodias, elegias e hinos litúrgicos dos judeus das margens do Reno a respeito da Primeira Cruzada. Obras científicas, de matemática e astronomia, de medicina, manuscritos cabalísticos, compostos pelos antigos judeus espanhóis, quando floresciam sob o domínio da cultura árabe. Tudo, tudo foi reunido numa só e grande pirâmide para ser entregue às labaredas juntamente com a feiticeira de Castela.

O Gueto judeu estava trancado por fora e por dentro. Não se via vivalma nas ruas. Portas e janelas aferrolhadas. Do interior das casas, nas câmaras, nos compartimentos ocultos, permaneciam grandes e pequenos, maridos e mulheres, e seu pranto e suas lamentações subiam aos céus. Não porque um ser humano seria imolado, mas por causa da grande "vítima inocente", da grande queima dos livros sagrados.

No preciso momento, prefixado pelo astrólogo-mor da côrte papalina, o cortejo da Inquisição com a feiticeira de Castela pôs-se em marcha, saindo da igreja de Santa Angélica em direção ao Campo dei Fiori, onde se elevava a pira de livros. A Igreja apresentava-se ao mundo em tôda a sua pompa, o esplendor de seu triunfo, a fôrça de sua crença, ela os exibia ao sol radiante, nesse cortejo.

Um grupo de fogueiros e limpa-chaminés, enroupados de prêto, abriam o desfile. Gozavam dêsse privilégio porque se incumbiam da benemérita ação de fornecer material inflamável para tôdas as fogueiras da Inquisição. Levavam nas mãos tochas negras acesas com as quais ateariam fogo à pira. Atrás dêles vinham os frades dominicanos que conduziam, uma após outra, as imagens sagradas das igrejas romanas, tôdas afamadas entre os fiéis católicos pelos milagres que haviam produzido. Cada imagem com o seu nome e seus devotos, como se se tratasse de um soberano vivo acompanhado de seus favoritos. Uma protegia principalmente os negociantes de vinho, outra, os tingidores de lãs, a terceira, as mulheres, uma quarta, os padeiros, e cada vez que alguém avistava a imagem da padroeira de sua profissão, atirava-se de joelhos e bradava: "Viva a fé!"...

Depois dos frades caminhavam os penitentes revestidos de sambenitos e *corazas*.

Eram marranos e cristãos acusados de práticas judaizantes e que, não tendo conseguido resistir aos tratos inquisitoriais, acabaram por confessar o crime. O Santo Ofício os conservava anos a fio em úmidos cárceres a pão e água, em total solidão, jejuando durante semanas, submetendo-se a tôda sorte de penitência pela falta cometida. E a cada auto-de-fé, eram retirados das masmorras para tomar parte da procissão, como exemplo e mostra do grande triunfo da Igreja. Caminhavam um a um, ou então eram arrastados pelo pessoal da Inquisição, carregados em padiolas, carrinhos ou liteiras, porque seus membros haviam sido esmagados e partidos nas câmaras de suplício, e não mais podiam usá-los.

Tal era o préstito inquisitorial: sombras de criaturas humanas, de fisionomias martirizadas, retorcidas por causa dos tormentos suportados, vestidas não como gente, mas como diabos, nos longos hábitos penitenciais chamados sambenitos. Os penitentes traziam inscritos sôbre os hábitos os crimes praticados e desenhos de demônios, gênios, bruxas, com os quais estariam em contato. Nas mãos portavam círios acesos como se caminhassem para a morte que os esperava. Parte dêles, em conseqüência dos padecimentos, da longa reclusão em calabouços infetos, tinham enlouquecido. Vinham algemados a pesadas cadeias de ferro que os monges da Inquisição conduziam. Outros, apalermados pelos sofrimentos, sorriam mansamente, os olhos enfermos e congestionados, para a colorida multidão que se apinhava nas ruas, nas janelas e sacadas por onde seguia a procissão. Alguns penitentes, em seus hábitos fantàsticamente desenhados, saíam correndo de seu lugar no cortejo, indo atirar- -se aos pés da turba para serem surrados e pisados por seus pecados... Eram obrigados a fazê-lo sempre que eram retirados das prisões e mostrados em público. O populacho espancava-os e espezinhava-os. As mulheres cuspiam-lhes no rosto e os penitentes agradeciam sorrindo, atoleimados e mansos. Também havia os que marchavam com círios acesos na mão, indiferentes, altos, espigados, como estátuas petrificadas, o corpo esquelético revestido pela insana camisola do sambenito, pés nus, ensangüentados, cabelos desgrenhados e olhos extintos, como se caminhassem indiferentes para a morte.

Outros, em esquifes abertos, eram transportados por dominicanos em roupagens pretas. Sentados dentro dos esquifes, os penitentes torturados, os rostos ostentando mortal palidez, também traziam velas acesas na mão. Êsses mortos-vivos despertavam horror na plebe romana que se ajoelhava, se benzia, e pedia a Deus que a livrasse de vacilação e de cair no pecado das práticas judaicas.

Essa marcha de penitentes era motivo de orgulho para a Igreja. Constituía o triunfo da fé cristã, e os círios fúnebres nas mãos dos penitentes iluminavam a justiça e a verdade da Igreja Católica...

Depois vinha ela, Iafata.

À sua frente, as freiras do convento do Sagrado Coração carregavam a imagem da Madona do Amor e logo atrás da imagem, com passos solenes, em seu vestido de veludo azul, pés descalços e cabelos soltos, caminhava a feiticeira de Castela. Não se sabia qual era a verdadeira Madona do Amor, a da pintura sacra ou a que caminhava empós. Assemelhavam-se como duas gôtas de água, como dois raios de sol, com a só diferença de que a Madona do Amor do quadro sagrado pairava nas alturas, sôbre o globo terrestre, e seu corpo nu e radiante despontava como o sol entre nuvens, de sob o manto azul que lhe caía, enquanto a segunda Santa Virgem estava tôda envôlta no seu vestido de veludo azul, do qual sobressaíam apenas os pés descalços. Mas seu andar era flutuante como o da figura no quadro. A plebe, porém, receava mais a Santa Mãe encoberta, tinha por ela mais divino terror que da imagem desnuda do quadro. A turba não conseguia suportar seu olhar e todos temiam encará-la. Seu semblante, caminhando assim entre as imagens sagradas, estava mais divino, mais terrìvelmente sagrado, que o rosto no quadro. Seus olhos fitavam o povo que enchia as ruas, tão compadecido de tudo que parecia cingir tudo em sua mirada, aconchegá-lo a seu coração, chorar e meditar a seu respeito. Parecia ver o que havia por trás de cada um, a sua sorte e o seu destino, parecia panteá-lo e lastimá-lo... Instintivamente, parte da multidão se inclinou e ajoelhou diante dela, curvando a cabeça para o chão. Persignavam-se e oravam no íntimo de seus corações...

Constou depois que ela enfeitiçara para o resto da vida a todo aquêle que a olhou no rosto, e que êste a recordou até o derradeiro instante, vendo-a sempre ante os olhos em suas preces, cultuando-a e orando a ela...

Quando a procissão chegou ao Campo dei Fiori, o Papa e seu séquito, o Grande Inquisidor e o Santo Tribunal já se haviam instalado em suas *loggias* sob os pálios rubros. E a plebe, que enchia a praça inteira, silenciou, tomada de terror, como se assistisse à aparição de uma divindade. Os dominicanos com as imagens das igrejas postaram-se à volta do Papa e do Santo Ofício. Só as freiras do convento do Sagrado Coração é que levaram a imagem da Madona do Amor para junto da pira, levantando-a bem alto para que o povo todo visse a figura daquela pela qual iam queimar um ser vivo. Mas o povo não queria olhar a feiticeira do quadro, queria ver a viva. O povo deleitava-se a cada movimento da figura tão conhecida e tão fervorosamente adorada. O povo considerava um milagre, uma incompreensível magia o fato de a imagem viva, que vinha atrás da imagem inanimada, poder andar, mover-se, respirar como tôda gente...

— Olhem... vejam como pisa... como se não tocasse o chão com seus pés...
— É por meio de feitiçaria...
— Ela chora... Olhem as lágrimas em seus olhos.
— Não, ela sorri... seus olhos sorriem, úmidos...
— Parece que seus lábios se movem... É como se estivesse falando...
— Os lábios dela sempre se movem, no quadro... Veja como os lábios da Santa Mãe se movem?...
— E está vendo como os olhos da Santa Mãe choram, tal qual os olhos dela, e no entanto sorriem, sorriem, através das lágrimas, igual aos olhos dela?...
— Não a olhem no rosto. Ficarão enfeitiçados! — recomendou uma mulher, introduzindo-se no grupo.
— É tão bom olhá-la no rosto... E êsse corpo será devorado pelas chamas?... É uma pena...
— As costas... o rosto... os cachos... Tudo isso será queimado?!...
— Estão enfeitiçados!... Ela os enfeitiçou porque a olharam demais no rosto...
— Ela enfeitiçará a todos... Às próprias chamas, há de enfeitiçar.
— Talvez seja mesmo uma criatura celeste... Uma figura sobrenatural...
— É o que as chamas vão provar. Se é uma criatura celeste, o fogo não terá poder sôbre ela.

Quando Iafata subiu ao alto da pira de livros, sua cabeça levantou-se para o céu e sua figura então se tornou ainda mais semelhante àquela pintada no quadro sacro. Parecia não enxergar nada do que se passava à sua volta e que nada lhe importava. Com a cabeça ereta, era como se a qualquer momento fôsse levantar os braços, estendê-los e voar para o alto e o vestido azul de veludo se lhe desprenderia do corpo sôbre a pira, tal como no quadro. A multidão ficou perplexa em sua presença. Reinou silêncio, como na igreja durante a missa. Aqui e ali, entre o povo, houve quem estendesse os braços não para a efígie sagrada que as freiras do convento seguravam diante dela, mas para a verdadeira, a palpitante, Santa Mãe, a mover-se e alentar ali, em pé sôbre a pira de livros sagrados, a cabeça levantada para o céu, envolvendo com seu olhar misericordioso todo o universo sofredor... E parecia que, dentro de um momento, a multidão agitada romperia o isolamento e salvaria da fogueira a Santa Mãe...

Quando o povo se acalmou, e fêz-se um silêncio tão profundo que se podia ouvir a pesada respiração da assistência, como o resfolegar de uma fera sedenta, o Grande Inquisidor ergueu-se em sua *loggia* e dirigiu-se para junto do trono papal. Postou-se num degrau do trono e leu o protocolo da acusação e da sentença do Santo Ofício da Inquisição contra a feiticeira de Castela, como já era denominada em tôda a parte:

— Criatura mortal! — bradou com sua profunda voz de baixo, dirigindo-se a Iafata. — O Santo Ofício te acusa de teres, com o poder de bruxaria, adquirido nos endemoninhados livros judaicos, que serão hoje queimados juntamente contigo para a maior glória de Deus e da Igreja, conjurado a face da abençoada Nossa Senhora, tal como ela aparece no quadro *A Madona do Amor,* do convento das mui devotas freiras do Sagrado Coração. O Santo Ofício te acusa de teres revestido dêsse semblante sagrado o teu rosto impuro para transviar o piedoso povo cristão, e de teres surgido duas vêzes com a face da Mãe de Deus, no dia da inundação do Gueto judeu e no dia do Carnaval, para salvar teus irmãos, incréus, das mãos do devoto rebanho justamente irado. E mesmo agora, nos derradeiros momentos de tua vida de infiel, te escondes sob a aparência da Santa Mãe para lançar o terror sôbre o devoto povo cristão e impedir que se execute a merecida sentença. A Alta Côrte, em vista do declarado, te condenou à fogueira, para que possas pelo fogo provar tua inocência. Se és um ser sôbre-humano, demonstra o teu poder e afugenta de ti as chamas, assim como o fizeram antes de ti os Santos da Igreja.

O cardeal parou de ler. A multidão conservava-se calada, olhando atemorizada para Iafata, em pé, como que pairando sôbre a pira de livros, e parecia alheia a tudo quanto se passava em derredor. Sua sombra encontrava-se ali, enquanto ela mesma pairava alhures, longe, muito... muito longe...

As freiras do Sagrado Coração chegaram mais perto com a imagem suspensa bem alto, acima da donzela judia, mostrando-a ao povo.

O Cardeal Michele Guislieri, o Inquisidor-mor, voltou então a falar, em voz plangente:

— Oh! pecadora, devolve-nos a abençoada Nossa Senhora, a Santa Mãe — e apontava o quadro sacro que as freiras seguravam. — Devolve o semblante que lhe roubaste com tuas artes de magia, e usas sôbre teu rosto impuro. Oh! pecadora, não tortures a Santa Virgem!... Vê como sofre, como as lágrimas fluem de seus olhos — e continuou apontando para a imagem segurada pelas freiras: — Chora porque a despojaste de sua santa face e a empregas para seduzir os homens, atraindo-os à rêde de teus pecados. Não atormentes a Santa Virgem, despe seu rosto sagrado e deixa que voe, qual anjo, qual nuvem, para o céu, para junto de seu filho Jesus Cristo. Não permitas que se queime juntamente com teu corpo impuro. Tem dó e devolve o semblante da Santa Mãe.

As freiras enxugavam com as mangas negras os olhos marejados e, com os lenços bordados, enxugavam as lágrimas do rosto da Santa Mãe no quadro, e a multidão ficou tão comovida que quis atirar-se à pira onde estava a feiticeira para "despi-la" à fôrça do semblante e devolvê-lo à imagem. Alguns olhavam, aflitos e com o coração palpitante para a feiticeira, esperando que ela se enternecesse com as súplicas do Grande Inquisidor e "despisse" o semblante da Santa Mãe, em conseqüência do quê o "semblante" voaria para o céu, aparecendo então a verdadeira face da bruxa, cornos, um ôlho na testa... Mas a feiticeira continuava ereta na pira, como antes, parecendo flutuar sôbre os sacrossantos volumes que a cercavam. A cabeça altivamente erguida, Iafata, segundo o costume dos mártires judeus, fechara os olhos para não ver o rosto dos algozes na hora sagrada da morte, proibição da lei judaica, acatada por todos os que antes e depois dela padeceram o martírio pela fé.

Com um frêmito no coração, o povo estava na expectativa do que iria acontecer. E viram o Papa levantar-se de seu assento, descer os degraus do trono apoiado ao braço de um dos cardeais. Dois monges encapados de negro lhe estenderam dois fachos negros acesos.

O Papa tomou os fachos em ambas as mãos. Amparando-se nos cardeais, aproximou-se da pirâmide de livros. E, quando ateou fogo à pira em cujo tôpo se achava Iafata, um clamor percorreu o povo:

— A pira está queimando!...

Olhares assustados, rostos pálidos, narinas frementes e corações palpitantes formavam um oceano de cabeças transmutado em um só ser vivo a olhar com terror o que estava para acontecer.

O fogo acendia-se lentamente sem querer pegar, embora a pira tivesse sido preparada com alcatrão e serragem. E quando afinal começou a devorar os volumes de papel, o pergaminho dos manuscritos e as capas metálicas dos incunábulos continuavam a resistir. Por fim, quando venceu tôda a matéria inflamável, arremetendo-se com um estalo, qual fera faminta, sôbre a prêsa, e começou a estender ousadamente as longas e flamejantes línguas para a criatura que estava sôbre a pira, um vento inesperado soprou e, para assombro e desespêro da massa, afastou as chamas. Por um momento pareceu que mão misteriosa retinha as labaredas, contendo-as como se contém pela coleira um cão raivoso, afastando as suas ígneas patas caninas do ser humano. O populacho, atento a tudo com o coração batendo e os olhos assustados, estremeceu. As freiras empalideceram, assustaram-se os cardeais. Aqui e ali já começavam a ouvir-se exclamações: — Milagre!... Milagre!...

Mas de repente produziu-se um forte estalo no meio do fogo. Um estalo qual um berro. O fogo combatia a mão misteriosa que afugentava suas chamas do ser vivo, e o ígneo mastim acabou por libertar-se das peias. Para começar estendeu uma só língua e sôfrego lambeu os pés nus da criatura viva, soltando um estalido de prazer. E cobrando vigor, lançou-se de vez sôbre a môça. Com uma espécie de rugido, devorou o vestido de veludo, lambeu-o. A veste abriu-se e caiu do corpo, que apareceu, claro e alabastrino.

Por um instante, estacou como querendo admirar o resplendente corpo da donzela que iria devorar. E juntamente com o fogo a multidão deixou escapar um grito diante daquele corpo de môça. Mas no mesmo momento viu-se a criatura humana em meio à fogueira, agarrar o vestido em chamas, e cobrir com êle o corpo nu. Foi só então que se ouviu algo de Iafata, gritando em voz alta:

— Ouve, ó Israel!... O Senhor é nosso Deus!... O Senhor é Único!...

Na esteira de seu brado, um eco soou no seio da multidão. Alguém lhe respondeu de lá:

— Ouve, ó Israel, o Senhor é nosso Deus!... O Senhor é Único!...

Mas o populacho não escutava nada. Estava empolgado com o quadro que se lhe oferecia, contemplava-o com o olhar fascinado, boquiaberto.

O fogo brincava com sua vítima como se tivesse pena de devorar de uma só vez o jovem corpo de donzela e se comprazesse a cada parcela daquela carne. Primeiro lambeu, depois incendiou o cabelo. O vento suspendeu-lhe os cabelos chamejantes, e por instantes pareceu que um sol incandescido derramava-se sôbre a cabeça dela. O corpo nu vermelhava, imerso em chamas e uma aura solar ardia-lhe sôbre a cabeça. Parecia uma figura fantástica caída do céu. Mas quando, sùbitamente, começou a

A Feiticeira de Castela

jorrar sangue de suas veias arrebentadas e de seus seios em chaga, escorrendo para dentro do fogo como o sumo de uma fruta madura, a multidão agitou-se, frenética. O sangue inflamado pelas chamas acendia-lhe os sentidos, embriagava-os de lubricidade e, com as línguas de fora, começaram a empurrar-se uns aos outros para junto da fogueira crepitante. E quando o fogo estalava de desejo e prazer, acompanhavam-no com urros de alegria e excitação. Sentiram inopinadamente inveja do festim que o fogo celebrava e também quiseram part:cipar daquelas bodas. Lançaram-se à pira e começaram a agarrar pedaços chamuscados do vestido, cabelos em chamas, partes ensangüentadas e queimadas de corpo humano. Inúteis foram bastonadas e chicotadas, inclusive os golpes de acha que a guarda inquisitorial passou a distribuir sôbre a massa. O populacho de Roma estava ébrio de sangue e de fogo...

Em vão as freiras do Sagrado Coração erguiam a efígie de Iafata cada vez mais alto, acima da multidão, debalde começaram a entoar em sua honra cânticos de louvor e graça e caíram de joelhos. O povo estava adorando outro Deus e não queria saber de imagens pintadas. Ressurgia o antigo deus Moloc e a plebe de Roma o cultuava, dançava e se regozijava com êle por sua vítima. Juntamente com as bôcas do fogo, bebia o sangue de Iafata viva; juntamente com as línguas de fogo, estalava os jovens ossos da môça e se expandia em gritos de prazer e frenesi, acompanhando as crepitações do fogo, a cada gôta de sangue e pedaço da carne da jovem que as chamas devoravam...

As freiras do convento do Sagrado Coração continuavam ajoelhadas, diante da imagem de Iafata, cantando hinos em seu louvor, enquanto as flamas consumiam os últimos restos da santa Iafata...

De repente, um jovem desvairado, de rosto pálido, envolto numa capa negra, irrompeu por entre a massa e acercou-se das freiras que guardavam a pintura sacra, e, sacando um punhal de seu sombrio agasalho, cravou-o bem no coração da santa imagem.

Ouviu-se um grito de horror mortal das freiras, dos frades e dos sacerdotes. Depois tudo silenciou por um momento, todos se atiraram ao chão diante da imagem trespassada, enquanto a multidão excitada olhava para todos os lados, apavorada. O pálido môço ainda segurava o punhal na mão estendida, e gritava com voz que nada tinha de humano:

— Povo de Roma!... Fui eu quem a pintou em estado de impureza. Criei-a com desejo pecaminoso!... Ela é impura!...
— e com o punhal apontava para a efígie. — A verdadeira santa está sendo queimada ali!...

Dezenas de testemunhas entre a multidão que estivera aglomerada no Campo dei Fiori declararam depois, sob juramento, terem visto com seus próprios olhos, e os cronistas da Igreja registraram o fato nas crônicas destinadas às gerações futuras, que, quando o ensandecido pintor Pastile apunhalou o quadro sacro *A Madona do Amor,* sangue jorrou da imagem...
As freiras do Convento do Sagrado Coração mostram ainda hoje em dia as duas gôtas de sangue que se solidificaram sôbre o seio da sacra imagem da Madona do Amor que se acha em seu convento, e ainda hoje é considerada a padroeira dos enamorados...

GLOSSÁRIO

AB: quinto mês do calendário hebraico e undécimo do judaico. Corresponde a agôsto-setembro do nosso calendário.

ADAR: sexto mês do calendário judaico e duodécimo do ano hebraico. Corresponde a fevereiro-março do nosso calendário.

ADONAI: Senhor, Deus, um dos nomes de Deus.

AKDAMOT: hino aramaico, que enaltece a grandeza de Deus e a vantagem dos filhos de Israel que se mantêm fiéis à fé, sendo entoado no primeiro dia de Schavuot.

BALEBOS (pl. *balebatim*): forma ídiche de *baal-beit*. Dono da casa; por extensão, proprietário, burguês, senhor de terra.

BAR-MITZVA (em hebraico: *bar-mitzvá*): filho do mandamento. Solenidade pela qual o rapaz judeu, aos treze anos, ingressa na maioria religiosa. Desde então, torna-se responsável perante Deus e pode participar do *minian*.

BATLANIM: plural de *batlan*. Indolente, mandrião ou, no gueto, indivíduo que se dedicava ùnicamente ao estudo e à oração, vivendo, ocioso, da caridade pública e desligado da vida prática.

COSCHER: forma ídiche de *cascher*. Bom, aprovado, ritualmente puro.

DEZOITO BÊNÇÃOS: v. *Schmone Esré*.

ELUL: nome do sexto mês do ano hebraico e duodécimo do calendário judaico, entre os meses de agôsto e setembro.

GABAI (pl. *gabaim*): tesoureiro ou administrador de uma sinagoga.

GALUT: exílio, diáspora. Empregado genèricamente para designar a dispersão do povo judeu após a Destruição do Segundo Templo.

GAON: eminência, sábio, doutor da Lei. Título dado aos chefes espirituais das coletividades judaicas da Babilônia e do Irã, até o século X d. C.

GOI (pl. *goim*): povo, nação, pagão, gentio. Também é usado para designar o não judeu.

GRANDE HOSANA: v. *Hoschana Rabá*.

GROSCHEN: moeda de prata alemã.

GUEMARA: comentário, exegese. Nome da segunda parte do Talmud, destinada à interpretação da Mischná.

GOLUS: forma ídiche e hebraica *aschkenazi* de *galut*.

GUILDEN: moeda holandesa equivalente ao florim.

HALE (pl. *hales*): forma ídiche de *halá*. Nome dado ao pão que é feito para o Sábado e as festividades.

HANUCÁ: lit. dedicação, renovação. Solenidade que comemora o feito dos Macabeus. Festa das Luminárias, celebrada durante oito dias, sendo o primeiro em 25 de Kislev, ou seja, em dezembro.

HAZAN: chantre da sinagoga, precentor.

HEDER (pl. *hedarim*): lit. quarto, câmara. Designa a escola tradicional de primeiras letras no sistema educacional religioso que vigorou entre os judeus. Era freqüentada por meninos de sete a treze anos, onde se lhes ensinava a ler o Pentateuco e o Livro de Orações em hebraico.

HLOP: camponês cossaco.

HUMASCHIM: pl. de *Humasch*. Pentateuco.

HUPE: o pálio nupcial sob o qual ficam os noivos durante a cerimônia de casamento.

IESCHIVA: forma ídiche de *ieschivá*. Literalmente, sessão. Escola tradicional judaica, dedicada primàriamente ao estudo da literatura rabínica e talmúdica.

IOM KIPUR: lit. dia da expiação. Designa uma das principais celebrações da religião judaica. É um dia em que o crente, observando jejum absoluto, se entrega à oração, ao exame de consciência e à penitência. Cai dez dias depois do Ano Nôvo, ou seja, em setembro.

ISCHUV: distrito, povoado, colônia, comunidade.

JIDIK ou JIDKU: formas depreciativas, em polonês, para designar o judeu; judeuzinho.

Glossário

KANTUCHAS: espécie de vestimenta polonesa.
KEDUSCHA: forma ídiche de *keduschá*. Santidade, nome de uma prece.
KEHILA (ou *kehilá*): coletividade, comunidade, assembléia, sinagoga.
KEVER ISROEL: forma ídiche e hebraica *aschkenazi* de *kever israel*. Significa um túmulo judeu, isto é, ser enterrado entre judeus.
KIDUSCH: santificação. Designa a bênção que se recita sôbre o pão e o vinho antes das ceias sabáticas e festivas.
KLISKES: uma espécie de talharim de sopa.
LAG BA-OMER: 33 de Omer. Celebra-se nesta ocasião a revolta de Bar Kochba contra o Imperador Adriano.
LAMED-VOVNIK: um dos 36 Justos.
MEGUILAS (pl. de *meguila*): forma ídiche de *meguilá* (pl. *meguilot*). Rôlo, pergaminho; familiarmente, longa história. Designa ainda o Livro de Ester.
MELAMED (pl. *melamdim*): professor. Em geral, de primeiras letras, no *heder;* usado também de forma depreciativa, no sentido de mestre-escola algo ridículo, pouco instruído.
MENORÁ (ou *menoire,* em ídiche e hebraico *aschkenazi*): candelabro; por extensão, candelabro de sete braços do antigo Templo.
MIDRASCH: glosa, interpretação. Os *midraschim* são comentários homiléticos da Escritura.
MINIAN: quórum. Conjunto de dez pessoas indispensáveis para realizar qualquer rito judaico.
MISCHNÁ: lit. lição, repetição. Nome dado à coletânea de leis e preceitos orais que, a partir da destruição de Jerusalém por Tito, foram objeto de trabalhos de hermenêutica bíblica. Ela se divide em 6 ordens e 63 tratados, formando o núcleo e a primeira parte do Talmud. Seu ordenador e codificador foi o Rabi Iehudá ha-Nasi, o Patriarca.
NASI: príncipe.
PAN: senhor, em polonês; nobre, fidalgo.
PANIENKA: diminutivo russo feminino de *pan,* senhorinha.
PANÓVIE: coletivo de *pan*.
PARNAS (pl. *parnassim*): presidente da congregação, provedor da sinagoga.
PEIES (pl. de *peie,* em ídiche): longos cachos laterais, atrás das orelhas, usados pelos judeus ortodoxos.
PESSACH: Páscoa. Nome da festividade judaica que se celebra a 15 de Nisan. Durante oito dias (sete em Israel), os judeus comem o pão ázimo. A festa comemora a saída de Israel do Egito. Cai entre março e abril.

PILPUL: disputa; por extensão, argúcia talmúdica.
PIUTIM: cântico litúrgico; eulogia.
PURIM: festa que cai a 13 e 14 de Adar. Celebra o feito de Ester que salvou os judeus no reinado de Assuero.
RAV: rabi, chefe, rabino.
REB: senhor, modo de tratamento ídiche.
REBE: forma ídiche de rabi, rabino.
REBETZIN: espôsa do rabi, idichismo.
SCHABAT: Sabá, dia do repouso.
SCHAVUOT: Pentecostes. Festa das primícias e comemoração do Decálogo. É celebrada a 6 de Sivan, entre maio e junho.
SCHMÁ: nome da primeira e mais importante oração judaica, a qual começa com as palavras "Schmá Israel", "Ouve, ó Israel..."
SCHMONE ESRÉ: lit. dezoito. Designa uma prece composta de dezoito bênçãos, que se pronuncia três vêzes ao dia, com a face voltada para o oriente.
SCHOFAR: côrno, chifre. Designa a trombeta de chifre de carneiro, usada pelos antigos hebreus em sinal de batalha e para as altas observâncias religiosas. Atualmente, é tocada na sinagoga antes e no decorrer da solenidade de Ano Nôvo, e no encerramento do Iom Kipur.
SCHOLEM ALEIHEM: forma ídiche de *schalom aleihem*. A paz seja convosco! Saudação usual entre os judeus.
SEFER-TOROT: rolos da Torá.
SETCH: núcleo de cossacos Zaporogues, às margens do Dniéper.
SIDUR: lit. ordenação. Livro de rezas para o ano inteiro. Ritual.
SOTNIK: comandante cossaco.
SIMHAT TORÁ: alegria, regozijo com a Torá. Festa jubilosa, no nono dia de Sucot, em que se comemora a dádiva da Torá aos israelitas. É celebrada a 23 de Tischri, ou seja, aproximadamente em outubro.
SUCOT: Festa dos Tabernáculos. Sobrevivência de antiga festividade em que os judeus tinham de ir em peregrinação a Jerusalém. É celebrada a 15 de Tischri.
TALES-KATAN: lit. pequeno *tales* (V. *talit*). Veste ritual quadrangular.
TALIT: xale de lã, com franjas nas extremidades, que os judeus devem usar nas cerimônias religiosas.
TALMUD: o mais famoso livro dos judeus, depois da Bíblia. É uma compilação dos escritos de diferentes épocas, sôbre inúmeros temas, por numerosos intérpretes da Bíblia e da Lei Oral. A coletânea talmúdica constitui uma verdadeira enciclopédia da legislação, do folclore, das lendas, das disputas

teológicas, das crenças, das doutrinas morais, das tradições históricas da vida judaica, durante sete séculos. Entre o término do Velho Testamento e o fim do século V da era cristã. Divide-se em Talmud de Jerusalém e Talmud da Babilônia, conforme o lugar em que foi redigido. Subdivide-se em Mischná e Guemara, cada qual com diversos tratados e ordens.

TAMUZ: décimo mês do calendário judaico e quarto do ano hebraico. Equivale a mais ou menos junho e julho.

TORÁ: lit. Lei. Designa ora a Bíblia, ora todo o código cívico--religioso dos judeus, constituídos pela Bíblia e pelo Talmud.

TZADIK: lit. devoto, justo, pio. Nome dado aos rabis hassídicos e aos intérpretes dos ensinamentos de Baal Schem Tov.

TZIMES: sobremesa, no mais das vêzes de ameixas cozidas, cenoura com açúcar.

ZOHAR: lit. esplendor. Nome dado à mais importante compilação da Cabala, também denominada Sefer ha-Zohar, o Livro do Esplendor. A obra é escrita em aramaico, sendo atribuída ao Rabi Moisés de Leon, místico judeu-espanhol do século XIII.

ÍNDICE

5   *Introdução*

13 *O Martírio da Fé*

GLORIFICADO E SANTIFICADO

31 *Glorificado e santificado*

KIDUSCH HA-SCHEM

Primeira Parte

55 *Bem longe nas estepes*
61 *Perdida a conta dos dias*
67 *Uma Sinagoga! Uma Sinagoga!*
73 *A consagração da sinagoga*
81 *O casal*
87 *Rumo à ieschiva*
93 *No coração da estepe*
99 *O Conselho dos Provedores*
107 *O pregador de Polno*
113 *A feira anual de Lublin*

Segunda Parte

121 Já começou
129 Schlomele retorna ao lar
133 A Festa dos Tabernáculos
137 O exílio de Zlotschev
143 Faremos e ouviremos
151 Nemirov
157 Do outro lado do rio
163 O prisioneiro
169 Os dados
175 Em pleno campo
181 Pela Fé e pela Torá
187 A carta
193 A provação
197 Kidusch ha-Schem
203 No pomar
207 Os sapatinhos dourados
213 Fé

A FEITICEIRA DE CASTELA

219 Prefácio

221 Uma introdução

225 Tesouros ocultos
231 Sagrado silêncio
239 O anátema
245 A fogo e a água
249 A inundação
255 O milagre
261 A lenda
265 O duplo coração
269 A imagem
273 Quando os sinos dobram
279 As pérolas da Madona
285 O carnaval em Roma
295 O Deus cativo
299 Os subterrâneos da Inquisição
305 O triunfo da fé
315 O auto-de-fé

327 Glossário

COMPÔS E IMPRIMIU
TELS.: 52-7905 e 52-3585
S. Paulo — Brasil